Epochenwende

Das Buch

Die Idee des »Wachstums« hat zwei Jahrhunderte lang die europäische Wirtschafts- und Sozialpolitik geprägt. Ohne Wachstum kein Wohlstand, keine Arbeitsplätze, keine ausgeglichenen Staatshaushalte. Doch die Wachstumsraten der Vergangenheit sind ein für alle Mal vorbei, Europa stagniert, wir sind Zeugen einer fundamentalen Epochenwende.
Meinhard Miegel fordert eine radikale Neuausrichtung der europäischen Wirtschafts- und Sozialpolitik, eine grundlegende Neubestimmung von Wachstum, Wohlstand und Beschäftigung. Das Erfolgsmodell des Westens in der globalisierten Welt des 21. Jahrhunderts kann nicht mehr quantitatives Wachstum sein; gefordert sind vielmehr die kreative, haushälterische Ausschöpfung unserer geistigen, kulturellen und materiellen Ressourcen, ein intelligenterer, nachhaltigerer, auch solidarischerer Umgang mit den vorhandenen Kräften. Nicht sinnleere Expansion, sondern Rückbesinnung auf die Tugenden der Beschränkung und des Ausgleichs ist das Rezept für die stagnierenden westlichen Gesellschaften, wenn sie die Zukunft gewinnen wollen.

Der Autor

Meinhard Miegel, geboren 1939 in Wien, ist einer der profiliertesten Sozialforscher Deutschlands. Er leitet seit 1977 das Institut für Wirtschaft und Gesellschaft in Bonn und wirkt zusätzlich als ständiger Berater von Politik und Wirtschaft und als Beiratsmitglied verschiedener wissenschaftlicher Einrichtungen, die sich mit gesellschaftspolitischen Zukunftsfragen befassen.

In unserem Hause ist von Meinhard Miegel bereits erschienen:

Die deformierte Gesellschaft

Meinhard Miegel

Epochenwende

Gewinnt der Westen die Zukunft?

List Taschenbuch

Besuchen Sie uns im Internet:
www.list-taschenbuch.de

Dieses Taschenbuch wurde auf FSC-zertifiziertem Papier gedruckt.
FSC (Forest Stewardship Council) ist eine nichtstaatliche,
gemeinnützige Organisation, die sich für eine ökologische und
sozialverantwortliche Nutzung der Wälder unserer Erde einsetzt.

Ungekürzte Ausgabe im List Taschenbuch
List ist ein Verlag der Ullstein Buchverlage GmbH, Berlin
1. Auflage März 2007
© Ullstein Buchverlage GmbH, Berlin 2005 / Propyläen Verlag
Umschlaggestaltung: RME – Roland Eschlbeck und Kornelia Bunkofer
(nach einer Vorlage von Morian & Bayer-Eynck, Coesfeld)
Satz: alias GmbH, Berlin
Gesetzt aus der Janson Text
Papier: Munken Print von Arctic Paper Munkedals AB, Schweden
Druck und Bindearbeiten: Clausen & Bosse, Leck
Printed in Germany
ISBN 978-3-548-60705-4

Inhalt

Vorbemerkung · 9

Prolog
  Langsamer Aufstieg · 13
  Europa schiebt an · 15
  Alternde Weltbevölkerung · 17
  Vor dem Gipfel · 19
  Verschiebung der Gewichte · 21
  Trendumkehr in Europa · 23
  Reiche, Aufsteiger und Arme · 25
  Wirtschaften auf dem Turm · 26
  Im Mahlstrom · 28
  Europa vor neuen Aufgaben · 31

Konflikte
  Bröckelnder Wohlstand · 33
  Bedrängte Erde · 35
  Fragwürdiger Schutz · 39
  Museale Kriege · 42
  Terror · 44
  Drogen · 48
  Diebstahl · 50
  Platzhirsche · 55
  Unfriedliches Miteinander · 59
  Asiens geräuschloser Aufstieg · 63
  Glückliche Erben · 64
  Eine Geschichte · 67
  Erbittertes Ringen · 70
  Weltweites Wirtschaften – Für und Wider · 73

Herausforderung Globalisierung · 76
Schwindende Unterschiede · 80
Hilfloser Westen · 83
Gipfelstürmer · 87
Zerrissene Gefühle · 89
Krankes Europa · 92
Gleicher Lohn für gleiche Arbeit · 95
Katz und Maus · 99
Ströme · 102

Wachstumsmythos – Wohlstandswahn
Ideale im Wandel · 105
Prägungen · 108
Wendepunkte · 110
Angebot und Nachfrage · 112
Wohlstand · 115
Starke und Schwache · 118
Ruhepausen · 121
Orientierungslos · 123
Öffentliche Schulden · 125
Vorreiter Schweiz? · 128
Phantastereien · 131
Sparen oder konsumieren · 135
Private Schulden · 139
Kauft, liebe Leute, kauft! · 142
Generation XXL · 146
Iss was, trink was! · 149
Wohlstand, der krank macht · 153
Volkskrankheiten · 156
Gelockerter Zusammenhalt · 160
Vandalen · 163
Wolfsgesellschaft · 166
Eigen- und Gemeinnutz · 169
Zukunftszweifel · 171
Leben für den Tag · 173
Kein Platz für Kinder · 175
500 000 Euro für ein Kind · 179

Weichenstellungen · 183
Zerbrochene Familien · 188
Was ist Reichtum? · 191
Nebenwirkungen · 194

DIE ZUKUNFT GEWINNEN
Cliquen · 197
Politiker · 200
Macht und Medien · 204
Ämter und Mandate · 206
Bürger · 210
Ende der Differenzierungen · 213
Schulterschluss der Europäer · 217
Friedfertiger Westen · 220
Potentiale · 224
Privilegiert durch Natur und Kultur · 226
Entgrenzt · 229
Steiniger Königsweg · 233
Verstiegen · 238
Überholte Verhaltensweisen · 243
Im Sog · 246
Idolisierung der Arbeit · 251
Ungeschönte Bilanzen · 255
Heilsame Schocks · 260
Vom Menschen entwöhnt · 264
Solidarität nach Vorschrift · 267
Teilen · 271
Verzicht · 275
Baustellen · 278

SCHLUSSBEMERKUNG · 285

DANKSAGUNG · 286
ABKÜRZUNGEN · 287
ANMERKUNGEN · 288
BIBLIOGRAPHIE · 300

Vorbemerkung

Alle reden vom Wetter und vom Wechsel der Jahreszeiten. Der Wandel des Klimas beschäftigt hingegen nur wenige. Das ist verständlich. Denn während sich die Menschen ständig an Wetter und Jahreszeiten anpassen müssen, werden sie nur selten von einem Klimawandel gefordert. Doch irgendwann kommt er und verändert ihre Lebensbedingungen von Grund auf.

Ähnliches gilt für Wirtschaft und Gesellschaft. Alle reden von Wachstumsraten und Beschäftigtenzahlen, von Strukturmaßnahmen und Parlamentswahlen, und nur gelegentlich richtet eine Minderheit ihren Blick auf die fundamentalen Verschiebungen im globalen Gefüge von Völkern, Volkswirtschaften, Handelsströmen und anderem mehr. Doch es sind diese Verschiebungen, die wie der Wandel des Klimas irgendwann alle und alles erfassen. Dann wird Altes durch Neues, Vertrautes durch Fremdes verdrängt. Eine Epoche wird durch eine andere abgelöst. Eine solche Epochenwende ist jetzt.

In der nunmehr zu Ende gehenden Epoche hatte der Westen[1] einen weiten Vorsprung vor der übrigen Welt. Jahrhundertelang war er ihr technisch-industriell überlegen. Seine Bevölkerungen waren weithin besser gebildet und ausgebildet. Der materielle Wohlstand stieg schneller als anderswo, und zugleich nahm die Zahl der Menschen rascher zu. Dadurch erlangte der Westen weltweite Vorherrschaft.

Nun aber sind immer mehr Länder dabei, diesen Vorsprung aufzuholen. Der Abstand wird von Jahr zu Jahr kleiner. Binnen weniger Jahrzehnte dürften Länder wie Deutschland, Frankreich oder Großbritannien, aber auch Japan und selbst die USA ihre derzeit noch hochprivilegierte Stellung weitgehend eingebüßt haben.

Sie werden von allen Seiten hart bedrängt. Das zeigt nicht zuletzt ihr hoher und immer noch steigender Aufwand für militärische Rüstung, Terror- und Drogenbekämpfung oder die Verteidigung ihrer Eigentumsrechte. Besonders bedrängt werden sie jedoch durch die zunehmende Wirtschaftskraft der Aufsteiger. Deren Erwerbsbevölkerungen sind heute oft genauso qualifiziert und motiviert wie diejenigen des Westens, und darüber hinaus sind sie jung, unverbraucht und vor allem genügsam. Mit ihren Leistungen können sie sich überall sehen lassen. In gewisser Weise befinden sich die Aufsteiger jetzt da, wo sich die Völker des Westens befanden, als sie aufbrachen, die Welt nach ihren Vorstellungen zu gestalten.

In diesem Wettbewerb auf Dauer mitzuhalten fällt dem Westen umso schwerer, als ihn der über Generationen gehaltene Vorsprung müde und mürbe gemacht hat. Die Ermüdungserscheinungen sind unübersehbar. Der gesellschaftliche Zusammenhalt zerfällt. Die Sozialverbände, an ihrer Spitze die Familie, befinden sich in Auflösung. Die abträglichen Nebenwirkungen des westlichen Lebensstils drängen immer stärker an die Oberfläche. Breite Bevölkerungsschichten suchen vor allem Ruhe und Zerstreuung. Mühen scheuen sie, zum Beispiel die Mühen, die mit dem Aufziehen von Kindern verbunden sind. Die Völker des Westens weisen nirgendwo mehr bestandserhaltende Geburtenraten auf. Vor allem aber plagen sie Zweifel an ihrer Zukunft. Oft handeln sie, als hätten sie keine.

Noch versucht die Politik, das alles zu übertünchen. Sie tut so, als könne der schwindende Vorsprung des Westens schon bald wieder ausgebaut und dann bis in alle Zukunft erhalten werden. Um ihrem Handeln mehr Glaubwürdigkeit zu verleihen, dopt sie Wirtschaft und Gesellschaft mit immer höheren Dosen öffentlicher Schulden und versucht so, eine Dynamik vorzugaukeln, die es schon längst nicht mehr gibt.

Verantwortungsbewusstes Handeln sieht anders aus. Die Völker des Westens müssen lernen, sich in einem veränderten globalen Gefüge einzurichten. Sie müssen hinnehmen, dass sie die Welt nicht länger dominieren, sondern von nun an mit anderen zu teilen haben. Das bedeutet Verzicht. Zu glauben, die Habenichtse würden wie bisher tatenlos zusehen, wenn sich die Völker des Westens die Teller voll häufen, ist wirklichkeitsfremd.

Das heißt nicht, dass der Westen künftig Not leiden muss. Seine Völker können durchaus ein hohes Wohlstandsniveau halten – unter der Voraussetzung, dass sie mit ihren Mitteln und Möglichkeiten haushälterischer umgehen sowie ihre Wirtschaft und Gesellschaft klüger gestalten als in den zurückliegenden Jahrzehnten der Vergeudung und des Überflusses. Doch eines müssen sie wissen: Mit ihren bisherigen Sicht- und Verhaltensweisen, mit ihren Attitüden sich selbst und der Welt gegenüber und mit ihrer Hoffnung, fast alle Probleme durch ein nie versagendes Wirtschaftswachstum zudecken zu können, werden sie nicht mehr erfolgreich sein.

Für den Westen geht ein goldenes Zeitalter zu Ende. Jetzt tritt er ein in ein eisernes, das allerdings ehrlicher, belastbarer und dauerhafter sein könnte als jenes goldene, das so golden oft gar nicht war. Und lebenswert ist auch die kommende Epoche! Allerdings verlangt sie stärker als die jetzt zu Ende gehende die Anspannung aller geistig-sittlichen Kräfte. Der überbordende materielle Wohlstand hat diese Kräfte erschlaffen lassen. Gelingt jedoch diese Anspannung, kann der Westen der Welt vorleben, wie an Zahl abnehmende und stark alternde Gesellschaften mit begrenzten Mitteln und Möglichkeiten ein hohes materielles und immaterielles Wohlstandsniveau aufrechterhalten können. Andere Völker werden dem mit großer Aufmerksamkeit folgen. Denn sie werden in wenigen Jahrzehnten dort sein, wo sich der Westen heute befindet.

Prolog

Langsamer Aufstieg

Sechs Millionen Jahre dauerte es, ehe aus dem knorrigen Stamm der Menschenähnlichen, der Ur-, Früh- und Altmenschen der Zweig unserer unmittelbaren Vorfahren, der Jetztmenschen, austrieb. Vor etwa 50 000 Jahren begannen sie sich durch Körperbau sowie handwerkliche und künstlerische Fertigkeiten deutlich von ihren näheren und ferneren Verwandten zu unterscheiden. In den dann folgenden 40 000 Jahren änderte sich wenig an ihrem Erscheinungsbild und ihrer Lebensweise. Nur nahmen sie an Zahl zu und verbreiteten sich über den größten Teil der bewohnbaren Erde. Gegen Ende dieser Epoche vor ungefähr 10 000 Jahren dürfte die Welt von etwa fünf Millionen Menschen besiedelt gewesen sein.[1]

Diese Zahl signalisiert ein extrem langsames Bevölkerungswachstum. Während der ersten vier Fünftel der Menschheitsgeschichte vermehrten sich hundert Menschen binnen eines Jahrhunderts um durchschnittlich knapp drei und binnen eines Jahrtausends um etwa dreißig. Ein solches Wachstum war für die jeweils Lebenden praktisch nicht wahrnehmbar, zumal jeder Zuwachs in Räume abgeleitet wurde, die noch nicht von Jetztmenschen besiedelt waren. Zugleich waren den Menschen immer nur kurze Zeiträume bewusst. Denn sie starben jung, die meisten im Kindesalter, und längere Überlieferungen waren unbekannt.

Erst vor ungefähr 10 000 Jahren hatte sich die Bevölkerung an wenigen Stellen so verdichtet, dass sie anfing, ihre Lebensweise zu ändern. Statt weiterhin zu sammeln und zu jagen, begann sie, Ackerbau und Viehzucht zu betreiben und ihre handwerklichen und künstlerischen Aktivitäten zu intensivieren. Auch entstanden erste größere Siedlungen. Mit der Ausbreitung dieser Lebensweise endete die naturnahe Phase des Jetztmenschen.

Dass er dieses Ende als Glück empfand, darf bezweifelt werden. Jedenfalls schildern große Sagas diese Veränderungen als einen Sturz aus dem Paradies. Die Menschen, die bis dahin durch die Natur auskömmlich versorgt worden waren, mussten nunmehr zunehmend für sich selbst sorgen. Beladen mit dem Joch der Arbeit, das sie zuvor nicht gekannt hatten, aßen sie fortan ihr Brot »im Schweiße ihres Angesichts«.[2] Zunächst verschlechterten sich ihre Lebensbedingungen, Krankheiten breiteten sich aus, die ohnehin kurze Lebenserwartung sank. Knochenfunde aus jener Zeit sprechen eine eindeutige Sprache.[3]

Dennoch beschleunigte die Sesshaftwerdung das Bevölkerungswachstum. Die Geburtenrate stieg kräftig an. Offenbar waren den Menschen die von ihnen selbst gestalteten Lebensbedingungen im Ergebnis zuträglicher als jene natürlichen, denen sie zuvor ausgesetzt gewesen waren. Im Laufe von 8000 Jahren, bis zum Beginn unserer Zeitrechnung, sollte sich die Menschheit von fünf auf schätzungsweise 300 Millionen versechzigfachen. Sie war damit aber noch immer nicht zahlreicher als heute beispielsweise die Bevölkerung Nordamerikas. Im Römischen Reich, das sich von Spanien bis in den Vorderen Orient erstreckte, dürften zur Zeit des Jesus von Nazareth etwa 50 bis 60 Millionen Menschen gelebt haben[4] – ebenso viele wie heute allein in Italien. Das war die Zeit, in der die Völker aufgerufen wurden, fruchtbar zu sein, sich zu mehren und sich die Erde untertan zu machen.

Mit der zahlenmäßigen Zunahme der Bevölkerung änderte sich allerdings nur wenig an ihrer Altersstruktur. Menschliche Populationen bestanden nach wie vor aus vielen Kindern, von denen die Mehrheit nicht das Erwachsenenalter erreichte, zahlreichen Jugendlichen und jungen Erwachsenen sowie einem recht überschaubaren Anteil an Menschen im reiferen

Erwachsenenalter. Die meisten starben, ehe sie eigentlich alt geworden waren – verbraucht, verschlissen, krank. Im heutigen Sinne »alte Menschen« waren selten. Kaiser Augustus war, als er 14 n. Chr. mit 77 Jahren starb, eine rare Ausnahme.

Vom Beginn unserer Zeitrechnung bis 1650 – die Pilgerväter hatten mittlerweile Siedlungen in Amerika errichtet und die Europäer ihren Dreißigjährigen Krieg geführt – wuchs die Weltbevölkerung weiter von 300 auf 500 Millionen. Das bedeutete gegenüber den vorangegangenen 8000 Jahren eine erhebliche Verlangsamung der durchschnittlichen Bevölkerungszunahme. Seuchen, namentlich die Pest, hatten in den am dichtesten besiedelten Regionen Mittel- und Vorderasiens die Bevölkerung wiederholt stark dezimiert. Auch in Europa ging sie zeitweise zahlenmäßig zurück. Weitgehend unverändert blieb hingegen die Altersstruktur. Wie schon in der Antike dominierten weiterhin junge und sehr junge Menschen.

Doch schon 150 Jahre später, um 1800 – Männer wie Goethe, Beethoven oder Napoleon schrieben sich gerade tief in die Geschichte Europas ein, und die Amerikaner hatten soeben ihre Unabhängigkeit erklärt – hatte sich die Weltbevölkerung von rund 500 Millionen auf knapp eine Milliarde verdoppelt. Stellenweise begann es eng zu werden, oder zumindest hatten manche diesen Eindruck. Immer häufiger wurde deshalb der Ruf nach Raum für die wachsende Zahl von Menschen laut. Das galt besonders für Europa.

Europa schiebt an

In Europa war das Bevölkerungswachstum seit dem 17. Jahrhundert besonders zügig vorangeschritten. Die beachtlichen Produktivitätsfortschritte jener Epoche führten unmittelbar zu steigenden Bevölkerungszahlen. Der individuelle Lebensstandard erhöhte sich hingegen nur schleppend. Wirtschaftswachstum regte Bevölkerungswachstum, dieses regte jenes an. Wirtschafts- und Bevölkerungswachstum waren eng aufeinander bezogen. Die Folge: Aufgrund seiner im globalen Vergleich hohen wirtschaftlichen Dynamik stellte Europa, der zweitkleinste Kontinent, um 1800 annähernd ein Fünftel der Weltbevölkerung.

Im 19. Jahrhundert setzte sich die zahlenmäßige Zunahme der Europäer beschleunigt fort. Werden die Menschen europäischen Ursprungs mitgezählt, die zwischen 1800 und 1900 in Nord- und Südamerika, Australien, Asien und in zahlreichen anderen Ländern ihr Fortkommen suchten, dann erhöhte sich in jenem Jahrhundert die Zahl der Europäer von 200 auf etwa 530 Millionen.[5] Die Weltbevölkerung ohne Europäer stieg hingegen nur von 775 Millionen auf 1,12 Milliarden, also um knapp fünfzig Prozent. Anders gewendet: Die starke Zunahme der Weltbevölkerung von knapp einer auf 1,65 Milliarden ging im 19. Jahrhundert fast zur Hälfte auf das Konto der Europäer. Um 1900 war rund ein Drittel der Weltbevölkerung europäisch. Von diesem Drittel lebten knapp 410 Millionen innerhalb und reichlich 120 Millionen außerhalb Europas.

Aber auch für die zahlenmäßige Zunahme der übrigen Menschheit gingen während des 19. Jahrhunderts entscheidende Impulse von Europa aus. Im Zuge der Kolonialisierung und damit Europäisierung weiter Teile der Welt verbreiteten sich europäische, insbesondere britische, spanische, französische und russische Sicht- und Verhaltensweisen und bewirkten innerhalb und außerhalb der jeweiligen Einflussbereiche Ähnliches wie zuvor in den Ursprungsländern. Die Wirtschaft wuchs, die Lebensbedingungen verbesserten sich, die individuelle Lebenserwartung stieg, die Bevölkerung nahm an Zahl zu. Die übrige Menschheit begab sich auf den Pfad, auf dem die Europäer vorangegangen waren. Die Bevölkerungsexplosion im 20. Jahrhundert war im Grunde nichts anderes als die Globalisierung der europäischen Bevölkerungsentwicklung im 19. Jahrhundert.

War die Zahl der Europäer im 19. Jahrhundert auf reichlich das Zweieinhalbfache gestiegen, so vervierfachte sich im 20. Jahrhundert die Weltbevölkerung, ohne dass die Europäer hierzu noch maßgeblich beitrugen. Von 1900 bis 2000 vermehrte sich die Menschheit um 4,4 Milliarden – von knapp 1,7 auf etwa 6,1 Milliarden. Die Riesenhaftigkeit dieser Entwicklung verdeutlicht der historische Vergleich. Am Ende des 20. Jahrhunderts lebten weltweit zwanzigmal so viele Menschen wie vor 2000 und zwölfmal so viele wie vor 350 Jahren. Allein in dem einen Jahrzehnt von 1990 bis 2000 kamen mehr Menschen hinzu, als Mitte des 18. Jahrhunderts weltweit lebten. Von den reichlich 100 Milliarden Menschen, die schätzungsweise während der zurückliegenden 50 000 Jahre insgesamt gelebt haben, leben gegenwärtig mehr als sechs Prozent. Nach vielen Jahrtausenden einer kaum wahrnehmbaren Bevölkerungszunahme und einigen Jahrhunderten mäßigen Bevölkerungswachstums schoss innerhalb weniger Generationen die Wachstumskurve fast senkrecht nach oben.

Da die Europäer hierzu nur noch unterdurchschnittlich beitrugen – ihre Zahl vergrößerte sich im 20. Jahrhundert von 408 auf 730 Millionen, also bloß um achtzig Prozent –, halbierte sich ihr Anteil an der Weltbevölkerung von einem Viertel auf ein Achtel. Und selbst wenn die aus Europa stammenden Cousins und Cousinen in Übersee mit eingerechnet werden, halbierte sich der europäische Anteil an der gesamten Menschheit ebenfalls – und zwar von einem Drittel auf knapp ein Fünftel.[6]

Alternde Weltbevölkerung

Im 19., vor allem jedoch im 20. Jahrhundert verschob sich das Bevölkerungsgefüge aber nicht nur quantitativ. Ebenso bedeutsam waren die Veränderungen seiner Altersstruktur. Während 99,5 Prozent der Menschheitsgeschichte bestanden menschliche Populationen im Wesentlichen aus zwei Generationen: den Eltern und ihren Kindern. Bis in das 18. Jahrhundert hinein spielten Großeltern, von Urgroßeltern gar nicht zu reden, zahlenmäßig eine untergeordnete

Rolle. Wilhelm Busch lässt sogar noch im 19. Jahrhundert seine literarische Gestalt Knopp sterben, nachdem dessen Tochter Julchen geheiratet hat. Und zwar nicht aus Kummer, sondern weil er »... hienieden nun eigentlich nichts mehr zu tun« hat. Waren die Kinder flügge, hatten die Eltern fast während der ganzen Menschheitsgeschichte ihre Aufgabe erfüllt.

Das änderte sich spätestens im 18. Jahrhundert von Grund auf. Bis zu dieser Zeit waren immer nur Individuen gealtert. Die Menschheit selbst war jung geblieben. Nunmehr begann auch die Menschheit zu altern – anfangs recht verhalten, später deutlich rascher und dann mit einer kaum noch fassbaren Geschwindigkeit. Jetzt verließ sie ihren seit Anbeginn verfolgten Pfad langsamen zahlenmäßigen Wachstums bei großer Jugendlichkeit und schwenkte ein auf den Pfad schneller Expansion und Alterung.

Zunächst erreichten immer mehr Kinder das Erwachsenenalter. Dann wurden allmählich auch die Reihen der Großeltern dichter, was nicht nur in den Märchen der Gebrüder Grimm seinen Niederschlag fand. Im 20. Jahrhundert, vor allem in dessen zweiter Hälfte, gab es schließlich kein Halten mehr. Allein von 1950 bis 2000 stieg die durchschnittliche Lebenserwartung weltweit um annähernd vierzig Prozent – von 47 auf 65 Jahre.

Dabei blieb kein Erdteil und kaum eine Region ausgespart. Nordamerikaner und Europäer, deren Lebenserwartung schon 1950 tief in das siebte Jahrzehnt hineinreichte, legten noch einmal sieben Jahre zu. In Asien stieg sie um spektakuläre 25 auf 66, in Lateinamerika um immerhin noch 18 auf 70 Jahre. Und auch die Afrikaner hatten im Jahre 2000 eine durchschnittliche Geburtslebenserwartung von 50 Jahren nach nur 38 Jahren 1950.

Aufgrund dieser Entwicklung war im Jahre 2000 die Hälfte der Bevölkerung in Europa bereits älter als 38 und in Nordamerika älter als 35 Jahre. In Asien, Lateinamerika und Afrika lagen die entsprechenden Werte bei 26, 24 beziehungsweise 18 Jahren. Das mag noch immer jung erscheinen. Aber schon im mittelfristigen Vergleich zeigt sich, dass beispielsweise die Deutschen und mit ihnen die meisten Europäer noch vor drei Generationen jünger waren als die heute so jugendlich erscheinenden Völker Asiens und Lateinamerikas. Allenfalls die Bevölkerung Afrikas kann im historischen Vergleich heute noch als jung angesehen werden.

Vor dem Gipfel

Wie wird, wie kann, wie soll es weitergehen? Wie bei fast allen Fragen, die die Zukunft betreffen, gehen die Meinungen hierüber auseinander. In zentralen Punkten besteht jedoch bemerkenswerte Übereinstimmung. Danach wird die Menschheit vorerst an Zahl weiter zunehmen und im Durchschnitt weiter altern. Die bisherige Entwicklung hält also noch eine Weile an. Vermutlich schon in der zweiten Hälfte dieses Jahrhunderts wird sich jedoch der Trend zahlenmäßiger Bevölkerungszunahme zum ersten Mal in der Menschheitsgeschichte umkehren. Nachdem die Zahl der Menschen 50 000 Jahre lang tendenziell immer nur gestiegen ist, wird sie – so die Meinung vieler Fachleute[7] – nach einer kurzen Phase des Stillstandes ab etwa 2070 rückläufig sein.

Regional sind solche Bevölkerungsrückgänge nichts Außergewöhnliches. So war das antike Rom, das in seiner Blütezeit ungefähr eine Million Einwohner zählte, bis zum frühen Mittelalter auf wenige tausend Menschen geschrumpft. Auf dem Kapitol, so berichten Chronisten, weideten verwilderte Ziegen. Die Päpste jener Epoche residierten in einer bescheidenen Landstadt mit großer Vergangenheit. Und was für Rom gilt, gilt auch für zahlreiche andere einst blühende Gemeinwesen. Doch wurden Bevölkerungsrückgänge in einer Region in aller Regel in anderen Regionen mehr als ausgeglichen. Die Menschheit insgesamt nahm ständig an Zahl zu.

Das wird in nicht allzu ferner Zukunft anders sein. Wenn die heutigen Kinder – gleichgültig ob in Europa, Amerika oder Asien – alt geworden sein werden, werden sie voraussichtlich einer Weltpremiere beiwohnen: dem zahlenmäßigen Rückgang der Menschheit. Der freilich beginnt auf hohem Niveau. Denn ehe er einsetzt, dürfte die Menschheit nach derzeitigem Erkenntnisstand noch einmal um annähernd drei Milliarden zunehmen. Das sind ebenso viele Menschen, wie 1960 weltweit lebten.

Allerdings wird diese Vorhersage seit einiger Zeit ständig nach unten korrigiert. Noch zu Beginn der 1990er Jahre wurde gemeinhin von einem Bevölkerungsanstieg auf bis zu 13 Milliarden bis 2050 ausgegangen. Von einem solchen Anstieg ist heute kaum noch die Rede. Als wahrscheinlich gilt vielmehr, dass die Bevölkerungswoge bei reichlich neun Milliarden brechen wird, wobei selbst diese Zahl zunehmend als zu hoch angesehen wird. Doch ob die Weltbevölkerung nun auf 8,9 oder 9,3 Milliarden anschwellen und dies bis 2050 oder erst bis 2070 geschehen wird, ist zwar nicht für die unmittelbar Betroffenen, wohl aber für die Entwicklung der Weltbevölkerung insgesamt ohne Belang.

Von erheblichem Belang ist hingegen ihre künftige Altersstruktur. Die Lebenserwartung, die ein Mensch bei seiner Geburt hat, dürfte sich weltweit bis 2050 von derzeit durchschnittlich 65 auf 75 Jahre erhöhen. Die Menschen in Europa, Nord- und Südamerika sowie Ozeanien, namentlich Australien, dürften dann im Durchschnitt rund 80 Jahre und älter werden, Asiaten das 77. und Afrikaner das 65. Lebensjahr erreichen. Damit hätten Afrikaner in weniger als zwei Generationen die gleiche Lebenserwartung wie Europäer Mitte des 20. Jahrhunderts erreicht.

Zugleich nähern sich die Durchschnittsalter der Völker einander zügig an. Die Bevölkerungen beider Amerikas, Asiens und Ozeaniens – sie dürften 2050 gut siebzig Prozent der Weltbevölkerung stellen – werden zu diesem Zeitpunkt ein Medianalter von 40 Jahren haben, das heißt, zur Hälfte jünger und zur Hälfte älter als 40 Jahre sein. Nur die Europäer werden mit 47 Jahren ein deutlich höheres und die Afrikaner mit 27 Jahren ein deutlich niedrigeres Medianalter aufweisen. Insgesamt wird die Menschheit jedoch in zwei

Generationen im Durchschnitt ungefähr so alt sein wie die Ältesten heute: die mit ihren Alters-, Kranken- und Pflegeversicherungssystemen ringenden Europäer.

Verschiebung der Gewichte

Während das allgemeine Altern um sich greift, wird sich das Gefüge der Weltbevölkerung quantitativ weiter verschieben. Nach derzeitigen Einschätzungen wird die Zahl der Menschen zwischen 2005 und 2050 um etwa 2,9 Milliarden steigen, von denen annähernd 2,6 Milliarden in Asien und Afrika leben werden.

Allein in Asien liegt die prognostizierte Bevölkerungszunahme bei 1,5 Milliarden. Allerdings ist Ostasien mit China, Japan, Korea und der Mongolei nur noch mäßig an dieser Zunahme beteiligt. In diesem Raum wird der Scheitelpunkt der Bevölkerungsentwicklung voraussichtlich in zwanzig Jahren überschritten sein. Um 2050 werden die Völker Ostasiens bereits an Zahl abnehmen und zugleich hohe Altenanteile bei geringen Kinderzahlen aufweisen.

Ganz anders sind die Erwartungen für Indien, Pakistan und Bangladesch sowie Afghanistan, Iran und einige weitere Länder in Südzentralasien. Zwar wird sich das Bevölkerungswachstum auch hier allmählich verlangsamen. Aber bis es endgültig zum Stillstand kommt, dürfte sich die Zahl der Menschen hier noch einmal um knapp eine Milliarde vergrößern. Das entspricht der Weltbevölkerung um 1800. Entsprechend hoch wird vorerst der Anteil der Jungen bleiben, auch wenn der Altenanteil ständig steigt. Um 2050 dürften auf den knapp vier Millionen Quadratkilometern Indiens und Pakistans mit insgesamt etwa 2,2 Milliarden weit mehr Menschen leben als auf den annähernd 60 Millionen Quadratkilometern Europas sowie des europäisierten Nord- und Südamerikas, Australiens und Neuseelands zusammengenommen.

Verglichen mit der Bevölkerungsdynamik Südzentralasiens erscheinen die Zuwächse Südostasiens mit Indonesien,

Malaysia oder den Philippinen von rund 250 Millionen sowie Westasiens mit Syrien, Jordanien, Saudi-Arabien oder dem Irak von knapp 200 Millionen recht moderat. Bezogen auf die dort derzeit vorhandenen Bevölkerungen sind sie jedoch zum Teil hoch. So dürften sich die Bevölkerungen von Kambodscha, Laos, Jordanien, Kuwait, Palästina, Oman, Saudi-Arabien, Syrien oder dem Irak bis 2050 mindestens verdoppeln, während die Einwohnerzahl der Philippinen wohl auf etwa 150 Millionen ansteigt. Aber auch die Bevölkerung der Türkei wird dicht an die Marke von 100 Millionen heranwachsen.

Mehr als verdoppeln wird sich voraussichtlich auch die Bevölkerung Afrikas – von 900 Millionen auf 1,9 Milliarden, obwohl, wie in Asien, die regionalen Entwicklungen höchst unterschiedlich verlaufen werden. Das stärkste Wachstum wird mit jeweils etwa 370 Millionen für Ostafrika mit Äthiopien, Kenia oder Uganda sowie Westafrika mit Ghana, Mali oder der Elfenbeinküste erwartet. Damit wird allein der Zuwachs der ost- und westafrikanischen Bevölkerung bis 2050 weit höher sein als die Zahl der Menschen, die dann in Europa leben werden. In absoluten Zahlen schwächer, aber relativ gesehen noch immer hoch ist die Bevölkerungszunahme in Zentralafrika mit knapp 200 und in Nordafrika mit 133 Millionen. Im aidsgeplagten Südafrika dürfte die Entwicklung hingegen stagnieren oder die Zahl der Menschen sogar abnehmen.

Der übrige Zuwachs verteilt sich auf Südamerika, dessen Bevölkerung um 230 Millionen auf 780 Millionen ansteigen dürfte, Nordamerika, wo von einem Anstieg um 131 Millionen auf 457 Millionen ausgegangen wird, und Ozeanien, also vor allem Australien, wo die Bevölkerung um 14 Millionen auf 47 Millionen zunehmen dürfte. Eine solche Zunahme ist vor dem Hintergrund der zurückliegenden hundert Jahre, aber auch im internationalen Vergleich eher gering. Schon heute ist absehbar, dass die Zuwächse in den beiden Amerikas und Ozeanien die weitere globale Verschiebung des zahlenmäßigen Bevölkerungsgefüges nur mäßig beeinflussen werden. So ist der voraussichtliche Zuwachs des derzeit noch recht dünn besiedelten Südamerikas nicht größer als derjenige des schon jetzt dicht besiedelten Südostasiens, und in den Weiten der USA und Kanadas werden wohl nicht mehr Menschen hinzukommen als auf dem schmalen bewohnbaren Küstensaum zwischen Marokko und Ägypten.

Trendumkehr in Europa

Und was tut sich in Europa? Vor zweihundert Jahren nahm hier die globale Bevölkerungsexplosion ihren Ausgang. Nunmehr geht von hier auch die Umkehr dieses Trends aus. In Europa ist bereits Wirklichkeit, was für die zweite Jahrhunderthälfte im globalen Rahmen erwartet wird: Bevölkerungsstillstand, der in Bevölkerungsrückgang übergeht. Europas Bevölkerung nimmt seit Jahren kaum noch zu. Nach Berechnungen von Experten wird sie – Russland eingeschlossen – bis 2025 um etwa sechs und bis 2050 um ungefähr 60 Millionen abnehmen. Das sind mehr als acht Prozent der Gesamtbevölkerung.

Von dieser Abnahme ist besonders der Raum östlich von Oder und Neiße, oder genauer: östlich von Elbe und Werra betroffen. Hier dürfte die Bevölkerungszahl bis 2050 um etwa 56 Millionen zurückgehen. Das entspricht der derzeitigen Einwohnerzahl von Großbritannien. Von diesen 56 Millionen entfällt knapp die Hälfte auf Russland, dessen Bevölkerung von 144 auf voraussichtlich 119 Millionen abnehmen dürfte. Erhebliche Einbußen werden darüber hinaus Länder wie Rumänien, Bulgarien oder Ungarn zu verzeichnen haben. Nirgendwo östlich von Elbe und Werra wird die Bevölkerungszahl auch nur annähernd auf ihrem derzeitigen Niveau verharren.

Während der mittel- und osteuropäische Raum bis 2050 fast ein Fünftel seiner Einwohner verlieren dürfte, werden es in Südeuropa schätzungsweise sieben Prozent sein. Das sind rund elf Millionen Menschen – so viele wie heute etwa in Griechenland leben. Allein für Italien wird ein Verlust von knapp sechs

Millionen vorhergesagt. Das ist ein Zehntel der Bevölkerung in nur zwei Generationen. Aber auch Spanien, Griechenland und die Balkanstaaten sind betroffen. Der einst so fruchtbare Süden ist unfruchtbar geworden. Italiener und andere mögen Kinder lieben, doch sie haben keine. Von stabilen Bevölkerungszahlen kann nirgends die Rede sein.

Verglichen mit dem Osten und Süden sind die Veränderungen in Westeuropa, zu dem auch Deutschland zu rechnen ist, gering, auch wenn es wiederum beträchtliche Unterschiede von Land zu Land und von Region zu Region gibt. Deutlich zurückgehen wird beispielsweise die Bevölkerung Deutschlands, während die Zahlen für Belgien und die Niederlande wahrscheinlich recht konstant bleiben werden. Für Frankreich wird sogar eine Bevölkerungszunahme erwartet. Sie könnte die Verluste im übrigen Westeuropa annähernd ausgleichen.

Einzig für Nordeuropa wird noch von einem bescheidenen Wachstum von insgesamt sieben Millionen ausgegangen, das sich allerdings fast ausschließlich auf Großbritannien, Schweden und Norwegen beschränkt. In diesen drei Ländern soll die Bevölkerung bis 2050 um insgesamt etwa neun Millionen zunehmen. In fast allen anderen nordeuropäischen Staaten, unter ihnen Finnland und die baltischen Staaten, sind dagegen Rückgänge wahrscheinlich.

Ursächlich für diesen Bevölkerungsrückgang in Europa sind die seit Jahren niedrigen Geburtenraten. Um den Bestand einer Bevölkerung zu sichern, müssen in entwickelten Ländern von jeweils zehn Frauen im Durchschnitt 21 Kinder geboren werden. 1950 wurden in Europa von zehn Frauen 26 Kinder geboren. 2000 waren es nur noch reichlich halb so viele, nämlich 14, oder gerade zwei Drittel der Zahl, die zur Aufrechterhaltung des Bevölkerungsbestandes erforderlich ist. Deutschland schritt auf diesem Pfad zusammen mit anderen Ländern voran. Die meisten übrigen Europäer folgten. Mittlerweile unterscheiden sich die deutsche und die durchschnittliche europäische Geburtenrate kaum noch voneinander.

Das spiegelt sich wider in der Altersstruktur. Heute ist knapp ein Viertel der Europäer jünger als zwanzig Jahre. 2050 wird es noch nicht einmal mehr ein Fünftel sein. Der Anteil derer, die sechzig Jahre und älter sind, wird von derzeit einem Fünftel auf weit über ein Drittel ansteigen, wobei sich der Anteil der über 79-Jährigen reichlich verdreifachen wird. Rund 65 Millionen der dann noch etwa 670 Millionen Europäer dürften 2050 das achtzigste Lebensjahr erreicht oder überschritten haben. Die 20- bis 59-Jährigen werden dann wohl europaweit mit 45 Prozent in der Minderheit sein. Gegenwärtig bilden sie noch eine Mehrheit von 55 Prozent.

Reiche, Aufsteiger und Arme

Von den 6,3 Milliarden Menschen, die derzeit die Erde bevölkern, leben etwa 1,2 Milliarden – die meisten von ihnen in Europa und den europäisch geprägten Teilen der Welt – in mehr oder minder großem Wohlstand, nicht wenige sogar in materiellem Überfluss. Weitere 4,4 Milliarden bemühen sich mit unterschiedlichem Erfolg, zu den Wohlhabenden aufzuschließen oder sich ihnen zumindest zu nähern. Die verbleibenden 700 Millionen leiden existentielle Not. Sie verfügen noch nicht einmal über das Lebensnotwendige.

In den kommenden 45 Jahren wird sich an der Bevölkerungszahl in den derzeit wohlhabenden Ländern nur wenig ändern. Den Zugewinnen in Nordamerika und Ozeanien stehen ähnlich große Verluste vor allem in Europa und Japan gegenüber. Wie gegenwärtig dürften in diesen Ländern auch 2050 etwa 1,2 Milliarden Menschen leben.

Ganz anders ist die Entwicklung in den wirtschaftlich aufstrebenden Ländern. Ihre Bevölkerungszahl dürfte sich bis 2050 von gegenwärtig 4,4 Milliarden um schätzungsweise 1,7 Milliarden auf 6,1 Milliarden erhöhen. Die Bevölkerungen dieser Länder werden dann etwa so zahlreich sein wie die gesamte Menschheit heute und fünfmal so zahlreich wie die Bevölkerungen in den jetzt wohlhabenden Ländern.

Die Bevölkerungen der wirtschaftlich wenig oder gar nicht entwickelten Länder, namentlich Afrikas, dürften schließlich von derzeit etwa 700 Millionen auf 1,8 Milliarden anwachsen. Ob dieser Zuwachs einhergeht mit einer Verbesserung ihrer Lebensbedingungen, ist zweifelhaft. Anhaltspunkte hierfür gibt es kaum. Wahrscheinlicher ist das Gegenteil.

Entsprechend verschiebt sich das Zahlenverhältnis von Reichen, Aufsteigern und Armen. Gegenwärtig leben von 100 Erdenbürgern 19 in einem wohlhabenden, 70 in einem wirtschaftlich aufstrebenden und elf in einem unentwickelten Land. 2050 werden voraussichtlich nur noch 13 zu den »Altreichen« zählen, also ein Drittel weniger als heute. 67, das entspricht zwei Dritteln der Menschheit, werden es auf ihrem Weg nach oben unterschiedlich weit gebracht haben, und einige werden die Ränge der Altreichen verstärken. Die Mehrheit wird jedoch hart an die Türen der Alt- wie Neureichen pochen und diese bei jeder sich bietenden Gelegenheit stellen. Und 20 werden, so ist zu befürchten, noch immer existentielle Not leiden. Das ist ein fast doppelt so hoher Anteil wie heute.

In Europa werden von diesen 100 Erdenbürgern im Jahre 2050 nicht mehr, wie gegenwärtig, reichlich elf, sondern nur noch sieben zu Hause sein, und in Deutschland wird weit weniger als einer seine Heimat haben. Vor hundert Jahren waren es noch drei. Damit wird binnen 150 Jahren der Anteil der Deutschen an der Weltbevölkerung – ähnlich wie der Anteil der Europäer – auf rund ein Viertel des einstigen Wertes geschrumpft sein.

Wirtschaften auf dem Turm

Gemessen an ihrem materiellen Wohlstand, stehen die Bevölkerungen der frühindustrialisierten Länder heute turmhoch über dem Rest der Welt.[8] So produzieren die reichlich elf Prozent der Menschheit, die gegenwärtig in Europa leben, mehr als 30 Prozent aller weltweit auf dem Markt angebotenen und nachgefragten Güter und Dienste. Noch eindrucksvoller ist die Wirtschaftskraft der Europäischen Union. Obwohl diese 2004 um zehn wirtschaftlich mehrheitlich schwache Länder erweitert worden ist, erarbeiten hier sieben Prozent der Weltbevölkerung 27 Prozent der globalen Wertschöpfung, also rund viermal so viel, wie aufgrund ihrer Bevölkerungszahl zu erwarten wäre. Allein die 1,3 Prozent der Menschheit, die in Deutschland beheimatet sind, tragen 6,2 Prozent zur Güter- und Dienstemenge der Welt bei, fast das Fünffache ihres Bevölkerungsanteils.

Werden auch die von Europa geprägten Gesellschaften Nord- und Südamerikas, Australiens und Neuseelands in die Betrachtung einbezogen, produziert das eine Viertel der Menschheit, das diese Regionen besiedelt, mehr als siebzig Prozent des Weltsozialprodukts. Und von dem Rest bestreitet allein Japan die Hälfte. Wird ausschließlich auf die drei Weltschwergewichte, die USA, die Alt-EU der 15 und Japan abgestellt, erwirtschaftet sogar nur ein Achtel der Menschheit reichlich siebzig Prozent aller Güter und Dienste. Den übrigen sieben Achteln der Weltbevölkerung verbleiben – recht ungleich verteilt – nicht einmal dreißig Prozent. Damit steht den Bevölkerungen der USA, der Alt-EU und Japans pro Kopf ungefähr das Siebzehnfache dessen an Gütern und Diensten zur Verfügung, was der Durchschnitt der übrigen Menschheit hat.

Diese Zahlen zeigen, dass sich die globale Wirtschaftskraft noch immer auf den europäisch geprägten Kernbereich zusammen mit Japan und einigen kleineren Volkswirtschaften konzentriert. Alle anderen folgen in weitem Abstand. China, in dem mehr als ein Fünftel der Menschheit lebt, trägt zur globalen Wertschöpfung noch nicht einmal vier Prozent bei. Ein Chinese erwirtschaftet im statistischen Durchschnitt nur fünf Prozent von dem, was ein EU-Bürger erwirtschaftet, ein Inder sogar nur 2,5 Prozent. Anders gewendet: Zwanzig Chinesen oder vierzig Inder produzieren die gleiche Güter- und Dienstemenge wie ein Deutscher, Franzose oder Brite. Dabei gehören China und Indien zu den dynamischsten und am stärksten aufstrebenden Volkswirtschaften. Der Abstand zu vielen anderen Ländern, besonders in Afrika, ist noch weit größer.

Freilich gelten diese Feststellungen nur für die über den regulären Markt erbrachten und deshalb unmittelbar erfassbaren Leistungen. Werden auch Leistungen, die außerhalb des Marktes erbracht werden, berücksichtigt, sind die Unterschiede zwischen den Volkswirtschaften weniger krass. Denn gerade in wirtschaftlich schwach entwickelten Ländern wird ein Großteil der Güter und Dienste nicht auf dem regulären Markt angeboten und nachgefragt. Das schlägt sich nicht zuletzt in der Kaufkraft der Bevölkerung nieder.

Wird diese zugrunde gelegt, vermindert sich der Beitrag Europas zur globalen Wertschöpfung von 30 auf etwa 27 Prozent, derjenige der Europäischen Union von rund 27 auf knapp 22 Prozent und derjenige Deutschlands von 6,2 auf 4,5 Prozent. Der Anteil der im weitesten Sinne europäisch geprägten Volkswirtschaften sinkt von mehr als 70 auf reichlich 60 Prozent und derjenige der drei Schwergewichte von rund 70 auf knapp 50 Prozent. Umgekehrt trägt China nunmehr nicht nur knapp vier, sondern ansehnliche zwölf Prozent bei, und Indiens Anteil steigt von 1,5 auf 5,4 Prozent. Der Anteil Japans halbiert sich hingegen von 14,5 auf 7,5 Prozent.

Im Mahlstrom

Die Fülle der Zahlen zeigt zum einen, dass die heutige Welt geprägt ist von einem steilen Wohlstands- und Machtgefälle, das mit der großen europäischen Expansion vor über zweihundert Jahren seinen Anfang nahm. Dieser Expansion haben es (West-) Europäer, Nordamerikaner und einige andere im Wesentlichen zu verdanken, dass ihr materieller Wohlstand heute um ein Vielfaches höher ist als derjenige der überwältigenden Mehrheit der Menschheit. Dank ihrer Vorfahren verfügten die Europäer samt ihrer überseeischen

Cousins und Cousinen lange Zeit über Vorsprünge an Wissen und Können, die ihnen ein angenehmes Leben ermöglichten.

Zugleich zeigen diese Zahlen aber auch, dass sich der Kreis derer, die den reichen Völkern auf den Fersen sind, rasch ausdehnt. Viele sind entschlossen und manche mittlerweile auch fähig, sich größere Stücke als bisher vom Wohlstandskuchen abzuschneiden. Bislang haben die Reichen das kaum gespürt, weil auch der Kuchen größer wurde. Doch künftig wird er voraussichtlich langsamer wachsen als der Appetit derer, die sich neu zu Tische setzen. Die Reichen fangen an, unruhig zu werden. Sie haben immer größere Mühe, den Zuschnitt ihrer Kuchenstücke zu verteidigen. Während in den aufstrebenden Ländern mit ihren jungen, expandierenden Bevölkerungen – etwa China oder Indien – die Wirtschaft nicht selten stürmisch wächst, hat sie bei den wohlhabenden, alternden und an Zahl stagnierenden Völkern namentlich Europas ein recht verhaltenes Tempo eingeschlagen.

Dass diese unterschiedliche Dynamik nicht zuletzt Folge der demographischen Verschiebungen zwischen Völkern und Kontinenten ist, wurde vom Westen lange verdrängt. Die Europäer wollten nicht sehen, welche Folgen es hat, dass sich die Entwicklung auf ihrem Kontinent gegenläufig zur übrigen Welt gestaltet. Die Osteuropäer, die am stärksten vom Bevölkerungsrückgang betroffen sind, verschlossen ihre Augen aus politischen Gründen. Vor allem die Russen hielten an der Mär von der unerschöpflichen Jugend und Kraft ihres Volkes fest. Der Westen hingegen beschwichtigte sich mit dem Gedanken, dass der Geburtenrückgang nur eine vorübergehende Erscheinung sei. Familien- und gesellschaftspolitische Maßnahmen sollten alles wieder richten. Dabei wurde übersehen, dass in der Zwischenzeit nicht mehr die Mütter geboren wurden, die eines Tages den Bevölkerungsschwund hätten aufhalten können. Den Deutschen beispielsweise geriet aus dem Blick, dass ihre Zahl auch dann um ein Drittel zurückgehen würde, wenn alsbald wieder eine bestandserhaltende Geburtenrate zu verzeichnen wäre. Denn ersetzt würde dann nur die bereits arg dezimierte Elterngeneration, nicht aber die weit zahlenstärkere Generation der Groß- und Urgroßeltern.

Inzwischen lässt sich kaum noch verdrängen, dass die umwälzenden Veränderungen der regionalen Verteilung und Altersstruktur der Weltbevölkerung Europas bisherige Stellung in der Welt nachhaltig schwächen werden. Die Europäer, die vor über zweihundert Jahren einen Mahlstrom von Menschen, Gütern und Ideen in Gang gesetzt haben, sind mittlerweile gefährlich nahe an dessen Zentrum geraten. Sie, die noch zu Beginn des 20. Jahrhunderts die Welt schon aufgrund ihrer schieren Masse prägen konnten, werden in vierzig Jahren zu einer kleinen Minderheit zusammengeraspelt worden sein. Um hiervon einen Vorgeschmack zu bekommen, braucht man nicht weit zu reisen. Ein Bummel durch heimische Straßen genügt.

Im globalen Miteinander der Völker und Kontinente waren die Europäer über Generationen hinweg Spielmacher und Schiedsrichter in einem. Diese Rolle haben sie genossen. Aber sie ist ausgespielt. Die Europäer sind nur noch Mitspieler. Andere zeigen ihnen immer öfter, wo es langgeht. Dagegen begehren sie mitunter noch auf. Löhne wie in Indien, so protestieren sie lautstark, seien ihnen nicht zuzumuten. Warum eigentlich nicht? Wer oder was kann ihre hohen Einkommen sichern, sollten sie nicht dauerhaft mehr leisten – und zwar sehr viel mehr als ihre indischen Kollegen? Die ehrliche Antwort: auf Dauer niemand und nichts. Dass ihr Einkommensniveau sinkt, dafür sorgen nicht irgendwelche perfiden Unternehmer, sondern Arbeitnehmerinnen und Arbeitnehmer in den Niedriglohnländern. Diese Lektion ist für die Europäer bitter. Aber sie werden sie mit jedem verlorenen Arbeitsplatz und mit jeder Betriebsschließung tiefer verinnerlichen.

Europa vor neuen Aufgaben

Der bisherige Auftritt der Europäer auf der Weltbühne geht seinem Ende entgegen. Das gilt sowohl diesseits als auch – zeitlich ein wenig versetzt – jenseits des Atlantiks. Vermutlich brauchen die Europäer samt ihren überseeischen Cousins und Cousinen noch ein wenig Zeit, um das zu begreifen. Wenn sie es aber begriffen haben, werden sie erkennen, dass dies keineswegs Anlass zu Resignation oder gar Untergangsvisionen ist. Europa geht nicht unter. Denn auf seine Menschen wartet eine neue Aufgabe, die – bereitwillig angenommen und gut gelöst – faszinierender und letztlich befriedigender sein wird als das Bisherige.

Der bisherige Auftritt der Europäer bedeutete vor allem Expansion. Ähnliches hatte die Menschheit zuvor noch nie erlebt. Aber sie folgte der gewiesenen Richtung. Jetzt haben die Europäer die Kehrtwende eingeleitet. Und wieder wird die Welt ihnen mit einer zeitlichen Verzögerung von vielleicht zwei, allenfalls drei Generationen folgen, folgen müssen. Begrenzung, Konsolidierung und wo nötig auch Rückführung – das sind die neuen Vorgaben, denen sich auf Dauer niemand entziehen kann.

Schon wird hinter der sich zunächst weiter steil aufbauenden Bevölkerungsflut – ganz wie vor wenigen Generationen in Europa – weltweit Bevölkerungsabbau vorbereitet. 1950 wurden auf der gesamten Erde von jeweils zehn Frauen fünfzig Kinder geboren. Bis zum Jahr 2000 war diese Zahl auf 28 zurückgegangen, was unter Berücksichtigung der weltweit noch immer höheren Säuglingssterblichkeit recht genau dem europäischen Geburtenverhalten von 1950 entsprach. Zugleich weist vieles darauf hin, dass mit einer abermaligen zeitlichen Verzögerung von fünfzig Jahren das Geburtenverhalten der Weltbevölkerung dem derzeitigen europäischen recht ähnlich sein wird. Je nach Szenario sollen nach den Projektionen der Vereinten Nationen um 2050 von zehn Frauen in Europa zwischen 13 und 18, in Asien, den beiden Amerikas und Ozeanien zwischen 14 und 19 und in Afrika zwischen 20 und 25 Kinder geboren werden.[9] Mit diesen Kinderzahlen kann in einigen Jahrzehnten nirgendwo die jeweils erreichte Bevölkerungszahl dauerhaft gehalten werden.

Für die Europäer bedeutet das, dass die Gegenläufigkeit der eigenen Bevölkerungsentwicklung im Vergleich zur übrigen Welt voraussichtlich noch in diesem Jahrhundert enden wird. Dann wird sich die Menschheit wieder wie früher einheitlich in die gleiche, wenn auch entgegengesetzte Richtung bewegen: Auf eine lange Phase der Expansion folgt die Kontraktion, wie dem Einatmen das Ausatmen folgt. In dieser historischen Situation wird von den Europäern nichts Geringeres erwartet als eine verallgemeinerungsfähige Antwort auf die Frage: Welchen Weg können und sollen Völker einschlagen, die an Zahl abnehmen und stark altern, die ein mehr oder minder hohes Versorgungsniveau erreicht haben und deren sozialer Zusammenhalt schwach geworden ist? Bisher hatte die Menschheit keinen Grund, sich mit dieser Frage zu befassen. Die Europäer betrifft sie als Erste. Deshalb stellen sie mit ihrer Antwort Weichen weit über das 21. Jahrhundert hinaus. Wieder sind sie es, die – wenn sie ihrer neuen Rolle gerecht werden – eine globale Entwicklung einleiten. Vielleicht gehört auch das zu den Ironien der Geschichte.

Doch vorerst müssen die Europäer alles daransetzen, um nicht von den wirtschaftlichen und sozialen Folgen des demographischen Wandels überrollt zu werden. Sie dürfen nicht zulassen, dass immer nur Sachzwänge und nicht langfristig angelegte Strategien ihr Handeln bestimmen. Sie müssen Weichen stellen für sich selbst und fast unvermeidlich auch für andere. Das vergrößert ihre Verantwortung. Wohl selten waren die zu lösenden Aufgaben anspruchsvoller. Mit läppischem Fingerhakeln sind sie nicht zu bewältigen.

Konflikte

Bröckelnder Wohlstand

Trendänderungen sowohl der Bevölkerungs- als auch der Wirtschaftsentwicklung beginnen zumeist schleichend. Lange können sie als vorübergehend abgetan werden. An Stammtischen und auf Cocktailpartys heißt es dann: Die Leute werden schon wieder Kinder kriegen, die Wirtschaft wird schon wieder Tritt fassen. Dann aber beschleunigen sie sich, bis sie schließlich nicht länger verdrängt werden können. Diesem Punkt nähern sich jetzt Europäer und Japaner. Amerikaner und andere werden folgen.

Das globale Wohlstandsgefälle, das so lange in Granit gemeißelt zu sein schien, wird abgetragen – und zwar nicht allmählich, sondern in großen Brocken. Die Millionen von Menschen, die von den armen in die reichen Länder drängen, wollen an deren Wohlstand teilhaben, und es wird schwer fallen, sie hieran dauerhaft zu hindern. Umgekehrt sinkt in den reichen Ländern für viele der Wohlstand, weil dessen Grundlagen verfallen. Und weltweit konkurrieren Aufsteiger mit den Arrivierten zunehmend um Rohstoffe, Märkte, Ideen und Kapital. Auch wenn die Aufholjagd noch lang ist – die Aufsteiger dieser Welt sind entschlossen, das bestehende Wohlstandsgefälle zu beseitigen.

Die Europäer haben zu dieser Entwicklung nach Kräften beigetragen – teils gewollt, mehr aber noch ungewollt. Hätten sie den großen Vorsprung, den sie seit Generationen genießen, länger aufrechterhalten wollen, hätten sie ihn wohl vor den Habenichtsen dieser Welt ein wenig abgeschirmt und nicht versucht, diese mit Almosen abzuspeisen. Wie es im privaten Leben klug und rücksichtsvoll ist, mit Reichtum nicht zu protzen und Bedürftige daran zu beteiligen, ist es auch unter Völkern ein Gebot von Klugheit und Rücksichtnahme, weit überragende Wirtschaftskraft nicht demonstrativ zur Schau zu stellen und den Schwächeren eine faire Chance zu geben.

Die Europäer haben dieses Gebot selten befolgt. Wo immer sich eine Gelegenheit bot, führten sie der Welt ihre Stärke vor. Zugleich achteten sie peinlich darauf, dass ihre Märkte den wirtschaftlich Schwächeren immer nur so weit offen standen, wie es ihnen selbst von Nutzen war. Die Interessen der anderen waren in aller Regel nachrangig. Noch weniger klug und rücksichtsvoll verhielten und verhalten sich ihre überseeischen Verwandten. Als diese nach dem Zweiten Weltkrieg das Ruder übernahmen, rasteten und ruhten sie nicht, ihre Lebensart als einzig mögliche und menschengemäße zu propagieren. Bis in den tiefsten afrikanischen Busch und die entlegenste nepalesische Hochlandhütte sangen sie das Hohelied vom American Way of Life, begleitet von Büchern, Filmen und Warenproben.

Dabei ging es keineswegs nur um Menschenwürde und Menschenrechte. Es ging auch um wirtschaftliche Interessen, um Rohstoffe und Märkte, um Coca-Cola und Blue Jeans und mitunter auch um weniger harmlose Dinge. Das europäisch-amerikanische Konsumniveau zu erklimmen wurde zu einer Art Daseinszweck stilisiert. Die Erfolge waren durchschlagend. Hunderte von Millionen Menschen, die zuvor ganz zufrieden waren, wollten nunmehr wie jene Traumgeschöpfe leben, die ihnen ständig auf Leinwänden und Fernsehschirmen entgegenflimmerten: stets gepflegt und nach der neuesten Mode gekleidet, in großen Häusern mit riesigen, vollgepfropften Kühlschränken, vor der Tür ein schnittiges Auto ... Wer in den zurückliegenden Jahrzehnten öfter Entwicklungsländer besuchte, konnte beobachten, wie sich diese Bilder in den Hirnen der Menschen festfraßen, bis auch der Letzte begriffen hatte: Ich bin arm, die sind reich. Ich möchte sein wie die.

Das mag inspiriert und motiviert haben. Es hat aber auch Frustration und Hass ausgelöst. Was letztlich überwiegen wird, ist heute noch nicht zu sagen. Solche Dinge reifen langsam. Gewiss ist jedoch, dass der europäisch-amerikanische Auftritt auf der Weltbühne von Anbeginn höchst zwiespältige Wirkungen gezeitigt hat.

Dazu beigetragen hat seine bizarre Mischung aus manischer Rechenhaftigkeit, religiös überhöhtem Sendungsbewusstsein und umwerfender Selbstgewissheit. Die Europäer waren es, die alles nach Länge, Breite, Höhe und Gewicht vermaßen und vor allem mit einem Preisschild versahen. Alles, aber auch alles wurde taxiert. Diese totale Kommerzialisierung und Monetarisierung der belebten und unbelebten Natur, von Gütern, Diensten und nicht zuletzt Menschen hatte es so zuvor nicht gegeben. Und neu war auch die oft unschuldige Verquickung des prosaischsten Kommerzes mit den heiligsten Glaubensgütern. Einen solchen Mix zu servieren erforderte viel Selbstbewusstsein. Aber auch das hatten die Europäer. Sie waren sich ihrer Sache so sicher, dass sie sich kaum vorstellen konnten, anderen nicht nur Gutes zu tun.

Heißt das, dass bei einem anderen Verhalten von Europäern und Amerikanern das steile Wohlstandsgefälle hätte aufrechterhalten werden können? Ganz sicher nicht. Eine solche Vorstellung wäre wirklichkeitsfremd und unhistorisch. Unterschiede drängen immer zum Ausgleich. Nur haben die reichen Länder die Aufholjagd so aufgepeitscht, dass sie selbst außer Atem geraten sind und nicht auszuschließen ist, dass sie eher früher als später straucheln werden.

Bedrängte Erde

Der Traum, eines Tages könnte zumindest der Großteil der Menschheit den gleichen materiellen Lebensstandard genießen wie die heute reichen Völker, ist vorerst ausgeträumt. Seine Verwirklichung hätte ein ungleich intelligenteres Wirtschaften vorausgesetzt, als die meisten Menschen im Westen gewohnt sind. Sie umzugewöhnen, ihre tief eingeschliffenen Verhaltensweisen zu ändern und sie zu großen, vor allem auch intellektuellen Leistungen anzuspornen ist eine Jahrhundertaufgabe, deren erfolgreiche Bewältigung keineswegs sicher ist.

Der Aufstieg der einen bedeutet deshalb auf nicht absehbare Zeit den Abstieg der anderen. Dabei werden die einen alles daransetzen, möglichst hoch aufzusteigen, und die anderen, den Abstieg gering zu halten. Wenn das gelänge, ginge es Letzteren zwar immer noch schlechter, aber allen zusammen besser als gegenwärtig. Das ist ein realistisches Ziel. Ob es erreicht werden wird, ist jedoch ebenfalls nicht sicher.

Langsam begreifen die reichen wie die armen Völker, dass der europäisch-amerikanische Lebensstil, der der Menschheit so lange als Maßstab für Erfolg und Misserfolg angetragen worden ist, in seiner konkreten Ausprägung nicht verallgemeinert werden kann. So wie er ist, kann er immer nur von Minderheiten gelebt werden. Versuchen viele ihn zu leben, verkehren sich seine Wohltaten in Plagen. Aus dem Traum wird ein Albtraum. Diese Erfahrung breitet sich aus.

Die Medien tragen tatkräftig dazu bei. In Filmen und Fernsehberichten wird die Bevölkerung mit Hitze- und Kältekatastrophen, Fluten, Dürren und Stürmen konfrontiert, wie es sie seit Menschengedenken nicht gegeben hat. Die größte deutsche Boulevardzeitung brachte vor einiger Zeit den Aufmacher »Patient Erde – Ist die Katastrophe noch zu stoppen?«, und zu sehen war eine Fotomontage, die das Brandenburger Tor in metertiefem Wasser zeigt.[1]

Aber es gibt auch weniger Spekulatives: Das letzte Jahrzehnt des 20. Jahrhunderts war das wärmste während der zurückliegenden tausend Jahre. Die Versicherer melden eine steile Zunahme wetterbedingter Schadensfälle. Seit den 1960er Jahren verachtfachte sich der Mittelwert entsprechender volkswirtschaftlicher Schäden weltweit von knapp 8 auf rund 66 Milliarden US-Dollar.[2] Auch wenn bei diesen Zahlen der seitherigen Geldentwertung und vor allem der zunehmenden Besiedlungsdichte Rechnung zu tragen ist, bleibt doch genug, was der Erklärung bedarf. Unter den möglichen Erklärungen ragt eine weit heraus: der westliche Lebensstil.

»Würden alle Erdenbürger so viel CO_2 emittieren, wie die Deutschen es tun, benötigte die Menschheit fünf Erdbälle, damit die Natur diese Abgase verarbeiten könnte.«[3] Diese Aussage des Wuppertaler Instituts für Klima, Umwelt und Energie aus dem Jahre 1996 blieb nicht unwidersprochen. Doch dass der Kohlendioxidausstoß der Industrieländer ein Problem darstellt, wird kaum noch in Frage gestellt. Die Völker, von den US-Amerikanern und wenigen anderen abgesehen, sind sich einig: Es muss etwas geschehen.[4] Folgen für den globalen CO_2-Ausstoß hatte das bislang nicht. Er nimmt weiter zu.[5] Den größten Beitrag dazu leisten die USA und Kanada. Das hier lebende eine Zwanzigstel der Menschheit erzeugt weit mehr als ein Viertel des weltweit emittierten Kohlendioxids, pro Kopf rund 19 Tonnen im Jahr. Die anderen Industrieländer folgen ihnen mit einigem Abstand. Die übrigen Völker treten bislang kaum in Erscheinung. Zum Glück für alle.

Der CO_2-Ausstoß ist Spiegelbild des Energieverbrauchs. Folglich stehen auch hier die Nordamerikaner weit an der Spitze. Pro Kopf verbrauchen sie – umgerechnet in Öleinheiten – rund acht Tonnen Energie im Jahr. Damit beanspruchen sie etwa 29 Prozent des Menschheitsverbrauchs.[6] Die Westeuropäer und Japaner verbrauchen pro Kopf knapp halb so viel, gehören damit aber noch immer zu den Großverbrauchern. Da trifft es sich gut, dass sich Chinesen (noch) mit sieben Prozent und Inder mit drei Prozent des amerikanischen Pro-Kopf-Verbrauchs begnügen.[7] Andernfalls müsste die Weltenergieerzeugung mit allen Neben- und Folgewirkungen vervielfacht werden. So soll sie bis 2030 »nur« um zwei Drittel steigen,[8] nachdem sie sich von 1950 bis heute vervierfacht hat.[9]

Was für die Energieressourcen gilt, gilt auch für andere Rohstoffe. Die Welt war halbwegs im Lot, solange nur die frühindustrialisierten Länder als Nachfrager auftraten. Kaum melden jedoch auch andere Bedarf an, schon schlagen Amerikaner, Europäer und Japaner Alarm:[10] Stahl wird knapp, Schrott wird knapp, überhaupt werden alle Metalle knapp, die Produktion muss gedrosselt, Mitarbeiter müssen entlassen werden. Hier mag gezielter Zweckpessimismus im Spiel sein und einige Hysterie mitschwingen. Das eine oder andere wird sich wohl wieder einrenken. Noch bewegen sich die Preise für die meisten Rohstoffe auf historisch niedrigem Niveau.[11] Nicht zu bestreiten ist jedoch, dass der durchschnittliche Rohstoffverbrauch pro US-Bürger oder Westeuropäer multipliziert mit der Kopfzahl der Weltbevölkerung und hochgerechnet auf das Jahr 2050 zu absurden, globussprengenden Ergebnissen führt.

Dagegen kann eingewandt werden, dass der menschliche Einfallsreichtum solche Ergebnisse zu verhindern wissen werde. Vielleicht. Doch bislang mehren sich die Anzeichen, dass, nicht zuletzt bedingt durch den westlichen Lebensstil, der Umwelt mehr abverlangt wird, als ihr und der Menschheit gut tut. Weithin sinkt der Grundwasserspiegel. Trinkwasser wird an vielen Stellen der Erde knapp. Ursächlich hierfür ist oft die explodierende Bevölkerungszahl. Nicht selten spielt aber auch eine nicht umweltgemäße Bodennutzung eine entscheidende Rolle. Baumwolle für den westlichen Massenkonsum in Halbwüsten anbauen zu wollen kann nicht lange gut gehen.

Gleiches gilt für das Abholzen riesiger Regenwaldgebiete. Kurzfristigen Vorteilen stehen dauerhafte Schäden gegenüber. Werden Vor- und Nachteile gegeneinander abgewogen, überwiegen die Nachteile bei weitem. Die Europäer haben das erkannt. Vielerorts hegen und pflegen sie ihre Wälder, und in manchen Regionen, so auch in Deutschland, sind die bewaldeten Flächen heute größer als im Mittelalter. Aber die Wälder sind weithin krank, luftkrank, bodenkrank. In Deutschland – so die offiziellen Zahlen des zuständigen Ministeriums – ist seit vielen Jahren nur noch jeder dritte Baum gesund.[12]

In den Meeren breiten sich in Küstennähe als Folge von Überdüngung tote Zonen aus. Manche sind nur einen Quadratkilometer groß, andere so groß wie Bayern.[13] Modernste Fischfangflotten, ausnahmslos im Dienste der reichen Länder, sind dabei, die leichter erreichbaren Regionen der Weltmeere leer zu fischen, wenn sie es nicht schon getan haben. Die Meere beginnen zu veröden und – zu vermüllen. Die 125 Millionen Tonnen Plastik, die jährlich weltweit produziert werden, müssen irgendwohin. Vieles davon landet, beabsichtigt oder nicht, im Meer, wo es an bestimmten Stellen inzwischen riesige Teppiche bildet.[14]

Das alles sind keine Tatarenmeldungen von Umweltfreaks, sondern Grundinformationen, wie sie an europäischen Schulen vermittelt werden und in jeder Tageszeitung zu finden sind. Ihre Richtigkeit bestreitet niemand. Die Erde wird bedrängt. Sie wird bedrängt von einer weiterhin zahlenmäßig stark zunehmenden Weltbevölkerung, noch mehr aber von dem sich ausbreitenden westlichen Lebensstil. Versuchen viele so zu leben wie Europäer, Nordamerikaner und einige andere, lebt bald keiner mehr so. Das wird eine der wichtigsten Erfahrungen des 21. Jahrhunderts sein. Die reichen Länder haben allen Anlass, über ihren Wohlstand nachzudenken.

Fragwürdiger Schutz

Vorerst glauben sie noch, sich samt ihrem Wohlstand hinter militärischer Hochrüstung verschanzen zu können. Zu der rund einen Billion US-Dollar, die derzeit weltweit für diesen Zweck ausgegeben wird, tragen die Länder, die gemeinhin als westliche Welt apostrophiert werden, etwa 800 Milliarden US-Dollar, also achtzig Prozent, bei. Die verbleibenden 200 Milliarden US-Dollar entfallen auf alle übrigen Länder, unter ihnen so bevölkerungsreiche wie China, Indien oder Russland.[15]

Allein die USA erbringen annähernd die Hälfte des globalen Rüstungsaufwands. Mit einem Anteil von 47 Prozent geben sie zehnmal so viel aus, wie ihrem Anteil an der Weltbevölkerung entspricht. Das sind pro Kopf jährlich rund

1600 US-Dollar. Einen ähnlich hohen Aufwand betreibt nur noch Israel. Hinzu kommen die Mittel für die Terrorismusbekämpfung, die gerade in den Vereinigten Staaten hoch sind.

Den USA, die mit weitem Abstand den ersten Platz auf der Liste der rüstungsintensivsten Länder einnehmen, folgen mit Japan, Großbritannien und Frankreich drei weitere westliche Länder. Zusammen bringen sie nochmals 13 Prozent des Weltrüstungsetats auf. Erst dann kommt China, das etwa ebenso viel ausgibt wie Großbritannien oder Frankreich, allerdings zwanzigmal so bevölkerungsreich ist wie diese Länder.

Unter den Ländern auf den Positionen sechs bis zehn ist nur der Iran nicht prowestlich eingestellt. Die anderen sind Deutschland, Italien, Saudi-Arabien und Südkorea. Und auch unter den Ländern, die die Plätze elf bis fünfzehn belegen, dominiert mit Israel, der Türkei und Brasilien die westliche Welt. Russland und Indien, die die Plätze elf und zwölf einnehmen, tragen zu den Weltrüstungsausgaben jeweils nur ein Prozent bei – ebenso viel wie Italien.

Die Relationen verschieben sich, wenn – ähnlich wie bei der Bewertung der wirtschaftlichen Leistungsfähigkeit – der Tatsache Rechnung getragen wird, dass ein US-Dollar in China, Indien oder Russland eine erheblich höhere Kaufkraft hat als in den USA, Japan oder Deutschland. Der Sold der Soldaten ist extrem unterschiedlich, und Gleiches gilt für die Kosten ihrer Unterbringung, Verpflegung und anderes mehr. Aber selbst dann wenden China, Indien und Russland insgesamt nur zwei Drittel der Mittel auf, die allein die USA für Militärisches ausgeben, und nur ungefähr die Hälfte dessen, was die USA zusammen mit Frankreich, Großbritannien, Deutschland und Italien einsetzen. Hinzu kommen technische und innovative Vorsprünge Letzterer, die ihre militärische Übermacht zusätzlich sichern.

Von der »Friedensdividende«, die vom Ende des Kalten Krieges erhofft worden war, ist nicht viel geblieben. Zwar sind die weltweiten Rüstungsaufwendungen gegenwärtig real geringer als Ende der achtziger Jahre. Doch nur ein Land leistete hierzu einen wirklich substantiellen Beitrag: die Gemeinschaft Unabhängiger Staaten, die frühere Sowjetunion, die ihren Mitteleinsatz um knapp vier Fünftel zurückgeführt hat.[16] In allen anderen Weltregionen waren die Rückgänge bescheiden, und fast überall steigen seit Mitte der 1990er Jahre die Rüstungsausgaben wieder an. Weltweit wurden 2004 – in gleicher Kaufkraft – reichlich 200 Milliarden US-Dollar mehr ausgegeben als 1994, wobei sechzig Prozent dieses Mehraufwandes auf die USA entfielen.

Warum unterhalten die reichen Länder eine so mächtige, kostspielige Armada? Warum rüsten sie weiter auf? Ihre Antwort: Um den Frieden in einer friedlosen Welt zu sichern. Das klingt edel, kann aber vieles bedeuten. Es kann bedeuten, dass paranoide, verbrecherische Regime verjagt, staatlich sanktionierte Banden von Raubmördern in ihre Schranken verwiesen oder demokratisch legitimierte Regierungen in ihrem Kampf gegen Aggressoren unterstützt werden. Das und einiges mehr kann es bedeuten und bedeutet es auch. Nur lässt sich damit allenfalls ein Bruchteil des gigantischen Rüstungsaufwandes erklären. Friedenssicherung, was immer darunter zu verstehen ist, wäre auch mit geringeren Mitteln möglich.

Nachvollziehbar wird dieser Aufwand erst, wenn man begreift, dass er – neben den Interessen einer politisch einflussreichen, hocheffizienten Rüstungsindustrie – der Prävention dient. Niemand soll angesichts solcher eindrucksvoll einschüchternd zur Schau gestellten militärischen Stärke auf den Gedanken kommen, das bestehende Machtgefüge gewaltsam verändern zu wollen. Man kann es auch anders sagen: Niemand soll den Status quo antasten, einen Status, der ganz wesentlich vom steilen globalen Wohlstandsgefälle bestimmt wird.

Dieses Gefälle ist aus der Sicht der reichen Länder bedroht. Nicht, dass sie gegen den Aufstieg der Ärmeren wären. Aber sie fürchten, dass deren Aufstieg mit dem eigenen Abstieg einhergehen könnte, und den wollen sie verhindern. Mit Argumenten ist das kaum noch möglich. Denn die technischen, organisatorischen und sonstigen Vorsprünge, mit denen sie ihren großen Wohlstand einst begründeten, schwinden.

Da liegt es nahe, Zuflucht unter dem Schirm militärischer Macht zu suchen. Doch wie lange wird dieser Schirm noch schützen? Die Zweifel wachsen, ob die 800 Milliarden US-Dollar, die die westliche, und die 200 Milliarden US-Dollar, die die übrige Welt jährlich für Rüstungszwecke ausgeben, im Ergebnis gut angelegt sind. Kriege, für die diese Art von Rüstung taugt, gibt es nämlich kaum noch. Konflikte werden nur noch selten auf Schlachtfeldern ausgetragen. Seit Jahrzehnten wird subtiler gestritten, aber keineswegs weniger erbittert.

Museale Kriege

Der Koreakrieg zu Beginn der fünfziger Jahre war wahrscheinlich der letzte, in dem die alten Schlachtordnungen Gültigkeit hatten. Mit Infanterie und Artillerie, Panzerverbänden und Flugzeuggeschwadern konnten Störungen des Machtgefüges, wie es im Zuge des Zweiten Weltkrieges in diesem Raum etabliert worden war, beseitigt werden. Ob das für alle Betroffenen ein Segen war, soll dahingestellt bleiben. Immerhin wurden auf diese Weise viele Millionen Menschen Opfer einer bis heute andauernden gnadenlosen Diktatur. Wenn aber das Kriegsziel die Wiederherstellung des vorangegangenen Zustands gewesen sein sollte, dann wurde es dieses eine Mal noch erreicht.

Vom Vietnamkrieg der sechziger Jahre lässt sich das nicht mehr sagen. Mit ihm sollte ebenfalls eine Veränderung der Nachkriegsordnung, diesmal in Südostasien, abgewendet werden. Doch das Vorhaben scheiterte. Der Westen, namentlich die Streitmacht der USA, erlitt hohe Verluste, und dennoch wurde Vietnam unter kommunistischer Führung wiedervereinigt. Das Vordringen des Kommunismus, das durch diesen Krieg verhindert werden sollte, wurde eher noch beschleunigt. Zum ersten Mal wurden dem Westen – an seiner Spitze den USA – die Grenzen militärischer Problemlösungen schmerzhaft bewusst gemacht. Ganz vernarbt sind die Wunden bis heute nicht.

Was den USA in Vietnam widerfuhr, widerfuhr der anderen Supermacht, der Sowjetunion, in den achtziger Jahren in Afghanistan. Ihre gewaltige Militärmaschine erwies sich als nutzlos. Sie stieß ins Leere. Der Gegner war nicht zu fassen. Wie in Vietnam waren die Kämpfer der Nacht am Tage Händler, Handwerker, Bauern und Lehrer. Die bis dahin unbesiegte Rote Armee musste sich zurückziehen. So weit ist es bei den USA und ihren Verbündeten, die gegenwärtig die Brandherde in diesem Land auszutreten versuchen, noch nicht. Aber sollte dort Frieden einkehren, dürften hierfür militärische Aktionen zwar wichtig, nicht jedoch entscheidend gewesen sein.

Das jedenfalls sind die Erfahrungen aus dem jüngsten Balkankonflikt, aus dem blutigen Zerfall des einstigen Jugoslawien in fünf selbständige Staaten. Wohl konnten militärische Interventionen der NATO grausame Ausschreitungen etwas eindämmen und gelegentlich verhindern. Die Neuordnung des Balkans wurde im Ergebnis aber doch von den dort lebenden Völkern nach ihren Vorstellungen bewerkstelligt. Nach einer Phase schlimmer Irrungen und Wirrungen nahmen sie ihr Schicksal selbst in die Hand. Das unterscheidet diese Neuordnung, auch wenn sie noch nicht ganz abgeschlossen ist, von derjenigen Europas nach dem Zweiten Weltkrieg.

Gleiches könnte eines Tages für den Irak gelten. Möglicherweise markiert dieser Konflikt das Ende aller Versuche der westlichen Welt, auf traditionelle Weise Krieg führen zu wollen. Der Aufwand war enorm und übertraf an technischer Perfektion alles Bisherige. Nur – der Gegner stellte sich nicht und konnte deshalb auch nicht besiegt werden. Wer war überhaupt der Gegner? Irakische Truppen? Republikanische Garden? Oder wieder zwiegesichtige Zivilisten: eben noch Taxifahrer und im nächsten Moment Bombenleger? Auf einen solchen Gegner ist der Westen nicht vorbereitet. Er droht ihn zu überfordern.

Zwischen diesen fünf Großkonflikten des zurückliegenden halben Jahrhunderts liegen zahlreiche weitere. Sie alle haben eines gemeinsam: Die tradierten Kriegsregeln kamen nicht mehr oder allenfalls bruchstückhaft zur Anwendung. Das aber heißt: Die Hochrüstung des Westens taugt – wenn überhaupt – nur noch bedingt dazu, den Status quo einschließlich des bestehenden Wohlstandsgefälles aufrechtzuerhalten. Was zu Zeiten der Pax Britannica fast immer funktionierte – die Niederschlagung irgendwelcher Aufstände durch Scottish Highlanders und ähnliche Truppen –, funktioniert heute nicht mehr. Heute werden Konflikte entweder politisch gelöst, oder sie schwelen fort.

Terror

Die Hochrüstung des Westens hat militärische Konfrontationen mit ihm chancenlos werden lassen. Der letzte Herausforderer, der dies zur Kenntnis nehmen musste, die Sowjetunion, wurde buchstäblich zu Tode gerüstet. Das aber bedeutet nicht das Ende aller Gewalt. Denn Gewaltanwendung ist Teil der menschlichen Natur und der menschlichen Gesellschaft. Das ist zu bedauern, und vielleicht ist die Hoffnung ja nicht unbegründet, dass sich diese verhängnisvolle Neigung irgendwann verlieren wird. Aber noch ist es nicht so weit. Die Welt ist voller Gewalt.

Dabei wird Gewalt von jeher in unterschiedlichen Formen ausgeübt: bei annähernder oder zumindest erhoffter Chancengleichheit in ritterlichem Zweikampf oder in offener Feldschlacht, bei extremer Chancenungleichheit durch Angriffe aus dem Dunkeln. Der Angreifer gibt sich nicht zu erkennen, er bekennt nicht Farbe und zeigt nicht Flagge. Jedenfalls nicht vor der Tat. Diese Formen der Gewaltanwendung unterliegen eindeutigen Wert- und Unwerturteilen. Als mutig und tapfer gilt die eine, als feige und meuchlerisch die andere. Doch beide sind Zwillinge, Zwillinge der Gewalt, und beide verbreiten Angst und Schrecken.

Den größeren Schrecken verbreitet jedoch zumeist der Angreifer aus dem Dunkeln, der Terrorist. Solche Schreckensverbreiter treiben schon in der Antike als nimmermüde Königsmörder ihr Unwesen. Die griechische und die römische Geschichte strotzen vor politisch-ideologisch motivierter Gewaltkriminalität – Terrorakten. Sie halten im Mittelalter an. Die terroristische Vereinigung der Assassinen, der Mörder, hält große Teile des Nahen und Mittleren Ostens sogar für zweihundert Jahre, vom 11. bis zum 13. Jahrhundert, in Atem.

Ihr Erbe lebt fort. Immer und überall müssen Herrschende mit Angriffen aus dem Hinterhalt rechnen, drangsalieren und töten Terroristen wahllos Menschen, um auf diese Weise bestehende Ordnungen und Herrschaftsverhältnisse zu erschüttern. Ob englische Könige, russische Zaren oder österreichische Erzherzöge – sie alle waren Zielscheiben von Terror, der sich in Deutschland als Rote Armee Fraktion, in Italien als Brigate Rosse oder in Frankreich als Action Directe fortsetzte und bis heute als irische IRA, baskische ETA oder arabische al-Qaida weiterbesteht. Terror war und ist immer mit uns.

Seit einiger Zeit hat sich jedoch seine Stoßrichtung erheblich verändert. Während es in der Vergangenheit eher um kleinräumige oder allenfalls regional begrenzte Aktionen ging, hat der heutige Terror oft internationale und zum Teil sogar globale Dimensionen. Auch geht es nicht mehr nur um die Erschütterung konkreter Herrschaftsverhältnisse. Es sollen nicht lediglich Personen ausgetauscht oder regionale Machtstrukturen verschoben werden. Das Ziel ist die Zerstörung eines Lebensstils – des westlichen Lebensstils. Er soll zum Einsturz gebracht werden und mit ihm das steile Wohlstandsgefälle.

Zugleich haben sich die physischen und psychischen Wirkungen des Terrors außerordentlich erhöht. Das liegt zum einen an den Mitteln, die Terroristen heute einsetzen können. Sie haben mit der allgemeinen Entwicklung Schritt gehalten. Was 2001 in New York, 2002 auf Bali, 2004 in Madrid oder 2005 in London geschah, bedurfte eines technischen und logistischen Umfeldes, wie es vor fünfzig oder hundert Jahren ganz einfach nicht existierte. Noch bedeutsamer ist allerdings der gewaltig dröhnende Resonanzboden, den Terrorakte jetzt haben.

Die unmittelbaren Opfer des Terrors, die Toten, Verstümmelten, Witwen und Waisen sind das eine. Ihr Schicksal ist hart, aber nicht einzigartig. Die vielen, die einen Angehörigen durch ein Verbrechen verloren haben, teilen es. Das andere sind die Millionen, die – ohne jemals gefährdet zu sein – von Terrorakten in Angst und Schrecken versetzt werden. Der heutige Terrorist kann sich darauf verlassen, dass in einer auf Terror geeichten Weltöffentlichkeit jedes noch so lokale Ereignis sogleich globalen Widerhall findet.

Ebenso kann er sich darauf verlassen, dass die wirtschaftlichen Folgen seines Tuns enorm sind. Nicht für ihn. Er mag sein Leben aufs Spiel setzen. Sein wirtschaftlicher Einsatz ist minimal. Umso höher ist er bei den Betroffenen. 1,5 Billionen US-Dollar, so eine Schätzung,[17] werden derzeit jährlich für die weltweite Bekämpfung des Terrorismus ausgegeben. Das ist mehr, als ein Land wie Großbritannien in einem Jahr erwirtschaftet. Die Kosten der Terrorismusbekämpfung sind damit in die Größenordnung der Kriegskosten des 20. Jahrhunderts gerückt.

Diese Kosten erstrecken sich von der Bezahlung von 15 000 Mann Bewachungspersonal, das allein für die irakischen Ölleitungen benötigt wird, über 75 bis 80 Milliarden US-Dollar, die für zusätzliche Sicherheitsmaßnahmen im Warentransport aufgebracht werden, weiter über Sicherheitsgebühren, die täglich millionenfach von Flugpassagieren zu entrichten sind, bis hin zu Bergen von Nagelfeilen, perlmuttbesetzten Obstmesserchen und ähnlichen Gegenständen, die als gewaltverdächtig auf den Flughäfen dieser Welt eingesammelt und vernichtet werden.

Neben diesen direkten Kosten fallen indirekte an – durch abgeschreckte Touristen, stockende Kapital- und Warenströme, erratische Börsenschwankungen und anderes mehr.

Wohlstandsmindernd wirkt ferner, dass die Bindung von Kapital für Sicherheitsmaßnahmen seine Verwendung in wertschöpfenden Bereichen ausschließt. Dadurch erleiden allein die USA jährlich Wohlstandseinbußen von rund 70 Milliarden US-Dollar.[18] In Europa, Japan und anderen Weltgegenden dürften die Einbußen ähnlich hoch sein.

Nie zuvor konnten Terroristen ihre Opfer so tanzen lassen, nie zuvor ihnen ähnlichen wirtschaftlichen Schaden zufügen. Die große Verletzlichkeit der frühindustrialisierten Länder und damit der gesamten westlichen Welt hat ihnen einen langen Hebel in die Hand gegeben. Ein verdächtiges Schreiben, adressiert an eine obskure Presseagentur, genügt, um den Globus in Schwingungen zu versetzen. Der Terrorist muss nur mit dem Finger schnipsen, und schon bröckelt vom westlichen Wohlstandskuchen ein beachtliches Stück.

Und schließlich die psychischen Schäden, die Terrorakte nicht nur, aber vor allem in westlichen Gesellschaften verursachen. Am Abend des 11. September 2001 erklärte der US-Präsident unter dem Eindruck der Anschläge von New York und Washington: »Wir werden unseren amerikanischen Lebensstil niemals ändern.« Wie sehr der Mann irrte. Seitdem werden die Vereinigten Staaten zu einem Hochsicherheitstrakt ausgebaut, Misstrauen und Fremdenfeindlichkeit greifen um sich. Der Lebensstil hat sich verändert – gründlich und nicht zum Besseren.

Dem internationalen Terror ist es gelungen, die westliche Welt für seine Zwecke einzuspannen. Er lässt sie für sich arbeiten. Sein Ziel ist die Zerstörung freiheitlicher, offener Gesellschaften. Was liegt da näher, als diese Gesellschaften dazu zu bringen, sich einzuigeln und abzuschotten, alles ängstlich zu kontrollieren und möglichst viele zu überwachen. Dann dauert es nicht lange, bis der Freiheitlichkeit die Luft ausgeht. Die Terroristen sind bei der Verfolgung dieses Ziels beängstigend erfolgreich. Das sollte die westliche Welt nicht aus den Augen verlieren: Die Schäden, die durch Terroranschläge verursacht werden können, sind groß. Aber sie sind gering im Vergleich zu den Schäden, die sich der Westen durch Überreaktionen und sein nicht selten hysterisches Verhalten selbst zufügt. Die Wirkungen des Terrorismus hängen entscheidend ab von der Mitwirkung seiner potentiellen Opfer. Wird diese Mitwirkung verweigert, verliert er einen Großteil seiner Macht.

Drogen

Terror lohnt nur selten. Zwar können Terroristen großen Schaden anrichten. Nutzen, namentlich wirtschaftlichen Nutzen, ziehen sie daraus jedoch kaum. Ihr Lebensstandard sinkt sogar häufig mit dem ihrer Opfer. Niemand profitiert von der Abtragung des Wohlstandsgefälles. Den Einbußen der reichen Länder stehen keine Zugewinne der armen gegenüber. Ein derart unökonomisches Verhalten entspricht nicht den Denk- und Handlungsmustern einer zu ökonomischer Rationalität neigenden Welt. Deshalb ist Terror – trotz all seiner Präsenz – zu einem Relikt vergangener Zeiten geworden. Ihm haftet etwas Archaisches an.

Zeitgemäßer, ökonomisch rationaler und aus der Sicht der Kombattanten wirkungsvoller ist eine andere Form der Konfliktaustragung: der Drogenkrieg. In diesem Krieg werden nicht nur wie sonst durch Kriege und Terroranschläge Menschen und Material vernichtet. In diesem Krieg wird zugleich auf höchst makabre Weise Wohlstand umverteilt. Dass diese Umverteilung nach Lage der Dinge vor allem zu Lasten des Westens geht, ist zwangsläufig, auch wenn viele der Drogensyndikate vorwiegend oder sogar ausschließlich von Bürgern frühindustrialisierter Länder betrieben werden und deshalb ein Großteil des Geldes hier verbleibt. Dennoch: Die Hauptrichtung des Drogenstroms verläuft – begünstigt durch Klima, Topographie, Kultur und Geschichte – von den Elends- in die Wohlstandsregionen, und folglich verläuft ein Teil des Geldstroms in die entgegengesetzte Richtung.

Was der Drogenstrom in den Wohlstandsregionen anrichtet, ist der mohn- oder hanfanbauenden Landbevölkerung in Afghanistan, Kolumbien oder wo auch immer durchaus bewusst. Aber es ist diesen Menschen gleichgültig. Sie wollen leben, und wenn das nur zum Preis von Siechtum und Tod ihrer Endabnehmer möglich ist, nehmen sie das in Kauf. Andere gehen weiter. Für sie ist jeder Drogentote im Westen ein Kriegstoter im Ringen mit dem Gegner – der westlichen Welt und ihrem Lebensstil. In Kolumbien beispielsweise ist das auf offener Straße zu hören.

Dem Westen macht das erheblich zu schaffen. Welche Wohlstandsverluste er durch Drogen erleidet und welchen Aufwand er für deren Bekämpfung leistet, kann ähnlich wie beim Terror nur geschätzt werden. Die Größenordnungen dürften jedoch ähnlich sein.[19] Würden die Lebensbedingungen vor allem der Landbevölkerung in den Ursprungsländern verbessert, ließe sich der Aufwand des Westens auf längere Sicht vermutlich vermindern. Doch solange es eine zahlungskräftige Nachfrage gibt, wird der Drogenstrom weiter fließen und die westlichen Gesellschaften unterspülen.

Was das bedeutet, haben die Briten in der ersten Hälfte des 19. Jahrhunderts der Welt vorgeführt. Damals zwangen sie China mit militärischer Gewalt, sich Rauschgiftimporten aus Indien zu öffnen. Die Folgen waren absehbar, gewollt und – verheerend. Den Absturz Chinas vor 160 Jahren beförderte nicht zuletzt seine Durchtränkung mit Drogen. Das Land wurde auf diese Weise für rund ein Jahrhundert zum Spielball des Westens. Die Chinesen haben ihm das bis heute nicht vergeben. Vergessen werden sie es nie. Und auch der Westen täte gut daran, jene Ereignisse nicht zu verdrängen. Denn jetzt ist er das wichtigste Zielgebiet für Drogen, die nicht nur bei Einzelnen, sondern in der Gesellschaft insgesamt ihre zerstörerischen Wirkungen entfalten.

Diebstahl

Die Verletzung von Eigentumsrechten, also Diebstahl in allen seinen Erscheinungsformen, ist eine weitere Vorgehensweise, um Wohlstandsgefälle zwischen Individuen, Gruppen und gegebenenfalls auch Völkern abzutragen. Diese Vorgehensweise ist so alt wie das Eigentum selbst. Schon im ältesten erhaltenen Gesetzgebungswerk der Menschheit[20] wird sie geächtet. In der jüdisch-christlichen Überlieferung ist es sogar Gott selbst, der den Menschen gebietet, anderer Leute Eigentum zu achten und nicht zu stehlen.

Gefruchtet hat dieses Gebot allerdings wenig. Deshalb befestigten es die Menschen durch oft drakonische Strafen. Im elisabethanischen England des 16. Jahrhunderts genügte mitunter ein Taschendiebstahl, um hingerichtet zu werden. Später reichte derselbe Tatbestand aus, um als Strafgefangener in Australien zu landen. Doch ein vollständiger Schutz des Eigentums war auch dadurch nicht zu erlangen. Zusätzlicher Aufwand war erforderlich – meterdicke Mauern, schwere Gitter, teure elektronische Alarmanlagen. Gelegentlich waren und sind die Kosten des Eigentumsschutzes höher als der Wert der zu schützenden Sache. Dennoch werden Eigentumsrechte weiter massiv verletzt. Wie in vergangenen Zeiten stehen solche Delikte auch heute ganz oben in den Kriminalitätsstatistiken.

Täter und Opfer sind alle: Individuen und Institutionen, Organisationen und Staaten. Und gestohlen wird alles: Geldbörsen, Gemälde, Kampfjets und nicht zuletzt Ideen, Ideen sogar besonders. Bereits Goethe und Beethoven – sie seien stellvertretend für andere genannt – beklagten zu Beginn des 19. Jahrhunderts in bewegten Worten, dass sie vermögende Männer sein könnten, wenn ihre Einnahmen nicht durch Raubdrucke ihrer Werke empfindlich geschmälert würden. Derartige Raubdrucke sind bis heute ein Thema. Aber die Palette geistigen Diebstahls hat sich beträchtlich vergrößert.

Erheblich dazu beigetragen hat das globale Ringen zwischen Arm und Reich, zwischen Etablierten und Aufsteigern.

Durch dieses Ringen sind Eigentumsdelikte zu einer Waffe geworden. Das gilt nicht nur für die Milliardenwerte entwendeter Personen- und Lastkraftwagen, Baumaschinen, Ersatzteile, Navigationsgeräte und anderes mehr, die seit Jahren von West- nach Osteuropa oder von Nord- nach Mittelamerika verbracht werden. Sie sind lediglich die kleine, wenn auch weithin sichtbare Spitze eines Eisbergs. Das gilt vor allem für dessen nur schemenhaft sichtbare Masse: die unberechtigte Nutzung von Ideen. Was an fremden Ideen ausgebeutet werden kann, wird ausgebeutet, gleichgültig, ob legal oder illegal: Produktideen, Marketingkonzepte, Fertigungsmethoden, Verkaufsstrategien – kurz, alles worauf Menschen so kommen können und was sich zu Geld machen lässt.

Die Zeitspanne, die zwischen der ersten Präsentation einer Neuerung und deren Nachahmung liegt, wird immer kürzer. Mitunter bedarf es dieser Präsentation gar nicht mehr, weil der Nachahmer die Neuerung längst ausgespäht hat und schneller auf dem Markt ist. Dann war alle Mühe vergebens. Denn verkauft werden kann nur, was nicht zuvor gestohlen worden ist. Erst unlängst stöhnte der Chef eines weltweit agierenden Elektronikkonzerns, sein Haus sei schon froh, wenn es nach oft jahrelanger Forschungsarbeit wenigstens sechs Monate lang die Früchte dieser Arbeit ernten könne. Danach werde sowieso alles kopiert.

Die Ausbeutung des Wissenderen, Ideenreicheren, Fleißigeren gehört – wenn es auch oft illegal geschieht – zum Kodex nationalen wie internationalen Wettbewerbs. Die Ausbeuter sparen sich so Milliardensummen. Warum selbst lange tüfteln und dafür viel Geld ausgeben? Einfacher und billiger ist es, die Tüftler zu belauschen oder sich ihre Erkenntnisse auf andere Weise zugänglich zu machen. Noch einfacher ist es, auf die Fertigstellung eines Produktes zu warten und es dann, mit oder ohne Veränderungen, nachzubauen.

Vor Jahrzehnten stand Japan in dem zweifelhaften Ruf, es hierbei zu wahrer Meisterschaft gebracht zu haben. Die Geschichten über japanische Produktinnovationen, die so gar nichts Japanisches aufwiesen, kursieren bis heute. Aber das ist

Vergangenheit. Andere Länder haben Japan längst den Rang abgelaufen. Nüchtern betrachtet gehört Wirtschaftsspionage zu den Grundfunktionen moderner Staaten. Mit entwaffnender Offenheit erklärte seinerzeit US-Präsident Bill Clinton, dass aktive Wirtschaftsspionage eine der Hauptaufgaben der Geheimdienste sei.[21] Nicht minder freimütig bezeichnet in Russland sogar der Gesetzgeber die Beschaffung wirtschaftlicher und wissenschaftlich-technischer Informationen als Aufgabe der russischen Nachrichtendienste.[22]

Was für die Großen gilt, gilt auch für die Kleinen. Wer dazu in der Lage ist, versucht durch Spionage dem eigenen Unternehmen, dem eigenen Land, der eigenen Volkswirtschaft Vorteile zu verschaffen, wobei Nachteile für die Ausspionierten nicht ungern gesehen werden. Unvergessen ist der Fall der Firma Siemens, die einen rund zwei Milliarden Euro schweren Auftrag zur Lieferung des ICE nach Südkorea nicht bekam, weil die französische Konkurrentin GEC Alsthom den Zuschlag erhielt. Siemens war zuvor vom französischen Geheimdienst ausspioniert worden, und dieser hatte seine Erkenntnisse an Alsthom weitergeleitet.[23]

Die Nase vorn zu haben, egal wie, ist alles, was zählt. Denn »betrachten wir die Weltwirtschaft«, so der damalige französische Staatspräsident François Mitterrand 1989 in seinem »Brief an alle Franzosen«, »so sieht man ein Schlachtfeld vor sich, auf dem sich die Unternehmen einen gnadenlosen Krieg liefern. Gefangene werden nicht gemacht. Wer fällt, stirbt. Der Sieger kämpft nach alterprobten kriegsstrategischen und sehr einfachen Regeln: die beste Vorbereitung, die schnellsten Bewegungen, der Vorstoß auf feindliches Terrain, gute Verbündete, der Wille zum Sieg.«[24]

Lange Zeit tobte dieser Krieg fast nur unter den Arrivierten: Japaner gegen Amerikaner, Amerikaner gegen Europäer; Franzosen gegen Deutsche, Deutsche gegen Briten, Briten gegen Italiener und umgekehrt. Der Kreis der Teilnehmer war exklusiv. Man kannte einander, zumindest flüchtig. Gegen Außenstehende Krieg zu führen lohnte nicht. Bei denen war nichts zu holen. Und diesen wiederum fehlten die

Voraussetzungen, um sich an dem Kampf zu beteiligen. Doch das hat sich geändert. An Russland haben sich die Arrivierten inzwischen gewöhnt. An die neu hinzutretenden mittel- und osteuropäischen Länder werden sie sich gewöhnen. Schwerer fallen dürfte ihnen das allerdings mit den aufstrebenden Staaten vor allem Asiens, die sich mit ungeahnter Wucht und Entschlossenheit ins Schlachtengetümmel gestürzt haben.

Diese tun so, als wäre es eine Art Naturrecht, sich am Wissens- und Ideenschatz der technisch hochentwickelten Länder zu bedienen. Experten sprechen von einer explosionsartigen Zunahme solcher Aktivitäten.[25] Zehn Prozent des Welthandels, so ihre Schätzung, bestehen mittlerweile aus Nachahmungen und Fälschungen: Alkoholika und Kinderspielzeug, Kleidung samt prestigeträchtiger Etiketten, Kugellager, Parfüms und so weiter. Besonders ausersehen sind Produkte aus Bereichen der Chemie, Kommunikation, Luft- und Raumfahrt, Hard- und Software, Gentechnik, Energie und Elektronik.[26]

Von der anschwellenden Flut an Nachahmungen und Fälschungen, die der deutsche Zoll in jüngster Zeit beschlagnahmte, stammte ein Viertel aus Thailand, ein weiteres Viertel aus China, Malaysia und Vietnam, der Rest jeweils zur Hälfte aus sonstigen asiatischen Niedriglohnländern oder vor allem aus Osteuropa und der Türkei. Mitunter sind die Importe unschwer als Plagiate zu erkennen. Immer öfter fällt das jedoch schwer. Dann können nur noch Fachleute den Unterschied zwischen Original und Nachahmung feststellen. Die betroffenen Unternehmen müssen einräumen, dass die Nachahmung nicht nur wie das Original aussieht, sondern ihm auch qualitativ sehr nahe kommt.[27]

Die Schäden, die den westlichen Volkswirtschaften dadurch entstehen, können wiederum nur geschätzt werden. Weltweit werden sie mit 250 bis 350 Milliarden US-Dollar im Jahr beziffert. Ein Land wie Deutschland soll hiervon etwa ein Zehntel zu tragen haben, rund 30 Milliarden US-Dollar. Es gibt aber auch doppelt so hohe Zahlen. Neben den materiellen tritt der immaterielle Schaden: unberechtigte Produkthaftungsklagen, enttäuschtes Kundenvertrauen, Wettbewerbsverzerrungen und anderes mehr. Schließlich gehen Arbeitsplätze verloren. Weltweit sollen es jährlich 200 000 sein, allein in Deutschland bis zu 70 000.[28]

Manche dieser Zahlen mögen gegriffen sein, und einige sind nicht frei von Ungereimtheiten. Nur: Dass Produktpiraterie, dass Raubkopien und Plagiate, dass der Diebstahl geistigen Eigentums zu einem Massenphänomen geworden sind, ist nicht zu übersehen. Es begegnet einem täglich auf Schritt und Tritt. Und nicht zu übersehen ist auch, dass die Bestohlenen diejenigen sind, die etwas haben. Wie sollte es auch anders sein? Begünstigte sind hingegen zumeist die bisherigen Habenichtse, die Aufsteiger.

Diebstahl geistigen Eigentums zerstört nicht nur wie Terror, sondern verteilt noch wirksamer um als Drogenhandel. Der Wohlstand der reichen Länder wird geschmälert, der der armen wird erhöht. Das Gefälle wird flacher. Dabei können diejenigen, die mit ihren vielen kleinen und gelegentlich auch großen Eingriffen zu dieser Entwicklung beitragen, darauf bauen, dass ihr Tun von ihren Regierungen zumindest geduldet, wenn nicht sogar aktiv gefördert wird. Vom Westen zur Rede gestellt, spielen diese die Ahnungslosen. Angeblich haben sie nichts gehört und nichts gesehen.

Weil sie nichts hören und sehen, kommt auch nur selten Kunde von Plagiatexporten, die schon im Ursprungsland beschlagnahmt worden sind. Nicht selten wird dieser Handel selbst von Gerichten unterstützt. Ein westliches Unternehmen, das in einem dieser Aufsteigerländer auf den Schutz seines geistigen Eigentums zu pochen versucht, hat es – mit oder ohne Unterstützung seines Heimatstaates – schwer. Oft steht es auf verlorenem Posten. Es ist eben Krieg, Wirtschaftskrieg. Und der Westen erlebt tagtäglich, wie sich die Kräfteverhältnisse in diesem Krieg zu seinen Ungunsten verschieben.

Platzhirsche

Wie dieser Krieg im Einzelnen verlaufen wird, ist nicht vorhersehbar. Vorhersehbar ist hingegen sein Ausgang. Denn solche Kriege enden alle gleich. Die Geschichte belegt das zur Genüge.

Wo immer sich Zentren wirtschaftlicher und militärischer Macht bilden, drängt es diese fast zwanghaft zur Herrschaft. Sie wollen herrschen über ihre Nachbarn und möglichst die ganze Welt. Macht, die nicht in Herrschaft umgesetzt wird, ist selten. Sie dürfte eher in der Sphäre religiösen Postulats als in der Menschenwirklichkeit angesiedelt sein.

Hat aber der Mächtige Herrschaft erlangt, befindet er sich gewissermaßen in der Rolle eines Platzhirsches. Wie dieser wird er von allen Seiten bedrängt und bei jeder sich bietenden Gelegenheit herausgefordert. Für einige Zeit kann er seine Herausforderer niederringen. Aber irgendwann schwinden seine Kräfte. Er muss einem anderen, einem Aufsteiger, einem Emporkömmling weichen.

Weil das so ist, wurde bisher noch jedes Zentrum wirtschaftlicher und militärischer Macht geschleift und durch ein anderes ersetzt. Das wird in Zukunft nicht anders sein. Wer an der Spitze steht, muss wissen: Er ist der Nächste, der fällt. Der Platzhirsch ist unfehlbar der künftige Verlierer. Der künftige Gewinner ist hingegen unbekannt. So banal diese Einsicht ist – viele überrascht sie stets aufs Neue. Sie vertrauen auf das Bestehende und sehen nicht, dass es die kürzeste Verfallszeit hat.

Zur Erinnerung: In Europa expandierte das Römische Reich, bis es vor zweitausend Jahren die Grenzen der als zivilisiert geltenden Welt erreicht hatte. Was jenseits dieser Grenzen lag, erschien nicht lohnend. Die antiken Römer sahen sich als Beherrscher der Welt und die Stadt Rom als deren Mittelpunkt. Bis heute spendet der Papst, insoweit ganz Nachfolger der römischen Kaiser, bei besonderen Anlässen seinen Segen der Stadt (Rom) und dem Erdkreis – urbi et orbi. Dieses den Erdkreis umfassende Reich währte wenige Jahrhunderte. Dann verfiel es. Seine Wirtschaftskraft erlahmte. Es war unfähig, Recht und Ordnung aufrechtzuerhalten und seine Grenzen zu sichern. Verachtete Barbaren überrannten es. Der Platzhirsch musste abtreten.

Tausend Jahre später übernahm Spanien dessen Rolle. Zusammen mit Portugal stieß es die Tore zur Neuen Welt auf und schuf so ein Imperium, das den halben Globus umspannte. Voller Genugtuung konnte Philipp II. ausrufen, dass in seinem Reich die Sonne nicht untergehe. Das war mehr, als die Römer je vermocht hatten. Spanien wollte Weltmacht sein, und für damalige Zeiten war es das auch. Doch auch seine Kraft erschöpfte sich. Zwar wurde seine unbezwingliche »Armada« nie von Feindeshand besiegt. Aber nachdem die Flotte 1588 von Stürmen versenkt worden war, ging die spanische Ära zu Ende.

Der neue Aufsteiger hieß England. Technischer Fortschritt und eine starke Wirtschaft hatten es zur Werkstatt der Welt, zu deren industrieller Schmiede werden lassen. Das ermöglichte eine Expansion, wie sie bis dahin undenkbar gewesen war. Ihre Stationen: Nordamerika, Australien, Neuseeland, aber auch Indien, Hinterindien und zahlreiche weitere Weltregionen. Die wenigen Briten beherrschen ganze Kontinente und vor allem das Meer. Wo immer ein anderer zu landen versuchte – die Briten waren schon da.

Das ließ die Franzosen nicht ruhen. Seit dem ausgehenden 18. Jahrhundert zogen sie alle Register, um die ungeliebten Nachbarn aus ihrer Vormachtstellung zu verdrängen. Unter Napoleon I. erreichte der Konflikt seinen Höhepunkt. Ganz Europa wurde in einen blutigen Krieg gestürzt, um Großbritannien wirtschaftlich zu ruinieren. Der Plan misslang. Aber das Revier des Platzhirsches wurde eingeengt. Von nun an musste Großbritannien hinnehmen, dass sich neben ihm eine zweite europäische Großmacht etablierte, die ebenfalls unverhohlen Anspruch auf Weltherrschaft erhob.

Derweil machte sich ein Dritter bereit – einer, mit dem, wie so oft in der Geschichte, niemand ernsthaft gerechnet hatte: der scheinbar spießige, schlafmützige, märchenversponnene deutsche Michel. Zunächst glaubten die Briten noch, Deutschlands wirtschaftlichen Aufstieg bremsen zu können. Deutsche Produkte bestempelten sie mit einem »Made in Germany«. Auf diese Weise sollte dem Weltmarkt signalisiert werden: Vorsicht, deutscher Schund; keine gute englische Ware. Doch die Kunden merkten schnell, dass da eine neue wirtschaftliche Großmacht auf den Plan getreten war, deren Erzeugnisse oft besser und preiswerter waren als die der Briten oder Franzosen. »Made in Germany« wurde ungewollt zum Gütezeichen.

Diese wirtschaftliche Kraft der Deutschen wurde – wie stets in der Weltgeschichte – rasch umgemünzt in militärische. Der preußisch-französische Krieg von 1870/71 war ein Vorgeplänkel, der Erste Weltkrieg der Beginn eines dreißigjährigen Ringens um die europäische und darüber hinaus die globale Vorherrschaft. Die Deutschen meinten, was sie sagten: Am deutschen Wesen soll die Welt genesen; heute gehört uns Deutschland und morgen die ganze Welt. 1945 endete dieser Kampf. Zurück blieben drei Schwerverletzte. Sowohl für Großbritannien als auch für Frankreich und Deutschland war der Traum von Weltherrschaft ausgeträumt.

Das schuf Raum für neue Platzhirsche, für die Gewinner des jahrzehntelangen westeuropäischen Ringens: die USA und die Sowjetunion. Mehr als vierzig Jahre lang standen sich beide mit gesenkten Geweihen gegenüber – die bedrohliche Zeit des Kalten Krieges. Dann verließ die Sowjetunion den Platz. Sie hatte einsehen müssen, dass ihr zur Verwirklichung ihrer Weltherrschaftsansprüche die entscheidende Voraussetzung fehlte: wirtschaftliche Kraft. Die hatte Japan. Dem aber waren seine nicht minder weltumspannenden Machtgelüste bereits in den Trümmern von Hiroshima und Nagasaki vergangen.

Damit steht derzeit nur noch einer auf dem Platz: die USA. Sie sind aus dem gleichen Holz geschnitzt wie ihre Vorgänger. Wie Römer, Spanier, Briten und Franzosen (Deutsche und Russen versuchten erfolglos das Gleiche) wollen sie, dass ihre Sprache und Lebensart, ihre Vorstellungen und Werte die Menschheit prägen. Sie wollen die Nummer eins sein. Vor allem aber wollen sie, dass die Welt ihren Bedürfnissen und Interessen immer und überall Rechnung trägt. Wer das tut, ist ihr Freund. Wer sich diesem Wollen verschließt, ist ihr Gegner. Mit der größten Selbstverständlichkeit erklären ihre höchsten politischen Repräsentanten, die Welt solle aufschauen zu den USA. Diese seien berufen, sie zu führen, und die Welt solle sich dieser Führung anvertrauen. Es dauerte einige Zeit, bis die USA in diese Führungsrolle hineingewachsen waren. Jetzt aber leben sie sie mit allen Fasern.

Allerdings mussten schon ihre Vorgänger erfahren, dass dies Kraft, Zeit und Geld kostet. Deren große wirtschaftliche Möglichkeiten wurden nach und nach aufgesogen von noch größeren militärischen Erfordernissen. Auch die USA beginnen das zu spüren. Immer breiter ist der Strom öffentlicher Mittel, der von Straßen und Brücken, Kindergärten und Schulen, Krankenhäusern und Konzerthallen hin zu Tarnkappenbombern, Raketen und Flugzeugträgern fließt – eben annähernd die Hälfte dessen, was die Welt insgesamt für Rüstung aufwendet. Das ist der Preis, den bislang alle Weltmächte zu entrichten hatten: Um ihre hochgesteckten Ziele verwirklichen und ihre Herausforderer niederringen zu können, mussten sie rüsten, bis sie erschöpft waren. Gewiss verfügen die Amerikaner über große Ressourcen. Doch wenn ihr Präsident George W. Bush erklärt, die Größe der Vereinigten Staaten kenne keine Grenzen, verfehlt er die Wirklichkeit. Jedes Land hat Grenzen – nach außen und mehr noch nach innen. Auch Römer, Spanier oder Briten konnten – gemessen an den Maßstäben ihrer Zeit – lange aus dem Vollen schöpfen. Vor dem Niedergang hat sie das nicht bewahrt.

Kein Platzhirsch hält auf Dauer sein Revier. Das gilt auch für die USA. Da sie jetzt ganz oben stehen, sind sie die nächsten, die fallen werden. Das sind keine düsteren Vorahnungen; das ist eine logische Schlussfolgerung. Doch wer oder was könnte sie zu Fall bringen? Die Europäer sind von der Antwort auf diese Frage unmittelbar mit betroffen. Denn die USA führen ja nur fort, was Europa in Gang gesetzt hat.

Unfriedliches Miteinander

Das oft beschworene friedliche Miteinander zum Wohle aller gehört zu den edelsten und zugleich unrealistischsten Menschheitsträumen. Wie seit Menschengedenken dürfte auch künftig das allenfalls oberflächlich kaschierte Gegeneinander zum Wohl der eigenen Person, der eigenen Gruppe oder des eigenen Volkes Vorrang haben. Das zeigt sich in allen Lebensbereichen: in der Kunst, im Sport, in der Wissenschaft, in der Wirtschaft und vor allem im Krieg.

Am stärksten gezähmt ist dieses Gegeneinander vielleicht noch in der Kunst. Aber auch hier besteht kein Anlass zu Schwärmereien. Jahrhundertelang strebten Mitglieder des europäischen Adels danach, einander mit Schlössern, Parks, Sammlungen und anderem mehr auszustechen. Es war an der Tagesordnung, sich gegenseitig die berühmtesten Künstler auszuspannen. Dabei wurde vor nichts zurückgeschreckt. In der Kunst führend zu sein war – oft zum Wohle der Nachwelt – eine Form der Kriegführung. Geistliche und weltliche Herrscher gerieten auf diesem Feld immer wieder aneinander.

Was diese Herrscher trieben, trieben auch ihre Völker. Bis heute schmücken sie sich mit ihren großen Söhnen und Töchtern, zu deren Leben und Werk sie nicht das Geringste beigetragen haben, und denken nicht daran, diese an die Menschheit abzugeben. War Mozart nun ein Bayer oder ein Österreicher, Händel ein Deutscher oder ein Engländer? Und wer hat Anspruch auf Beethoven, Bonn oder Wien? Solche Fragen beschäftigen immer wieder und füttern das nationale Ego. Auch Veranstaltungen wie der Eurovision Song Contest haben nicht den Zweck, der Welt ein paar schöne Schlager zu schenken. Vielmehr treten Länder gegeneinander an und versuchen, sich zu übertrumpfen. Siege erfreuen, Niederlagen schmerzen. Aber immerhin: Insgesamt geht es in der Kunst noch einigermaßen gesittet zu. Nicht selten ist sie die letzte Brücke von Volk zu Volk, wenn alle anderen Brücken abgebrochen sind.

Auch der Sport kann mitunter noch als eine solche Brücke dienen. Wo jedoch Fahnen aufgezogen und Hymnen abgesungen werden, ist es mit dem friedlichen Miteinander vorbei. Da wird gekämpft, und Sieg oder Niederlage berühren ganz unmittelbar die Volksseele. Ein Fußballtor, ein Anschlag am Beckenrand, und schon jubeln Millionen, und Millionen trauern. Eine Olympiamedaille für eine Französin lässt die Herzen der Franzosen höher schlagen als der Weltrekord eines Australiers. Hier werden Stellvertreterkriege geführt, die, der Sache durchaus angemessen, auch in der Sprache des Krieges kommentiert werden: Schlachten, Fronten, Durchbrüche.

Internationale Sportwettkämpfe sind oft Hochzeiten von Nationalismus und Chauvinismus. Wie viele Auszeichnungen hat diese, wie viele hat jene Nation errungen? Ein Heuchler, wer vorgibt, dass dies gleichgültig sei und nur die sportliche Leistung zähle. Die Ostblockstaaten gaben während des Kalten Krieges Unsummen für ihre Sportler aus, um mit ihnen glänzen zu können. Aber wehe denen, die nicht die Erwartungen erfüllten. In wenigen Bereichen gehen die Emotionen so hoch, wird einer so schnell zum Idol oder zum Versager wie im Sport. Harmlos und vergnüglich ist er sicher nicht. Dazu hat sich der Mensch noch zu wenig von seinen archaischen Prägungen gelöst.

Auf die Wissenschaft scheint das nicht zuzutreffen. Ist sie nicht die Stätte rationaler Abgeklärtheit, ein Hort der Vernunft? Wird hier nicht international eng zusammengearbeitet? Wie so oft trügt auch hier der Schein. Allerdings muss unterschieden werden. Die sogenannten Geisteswissenschaften haben in der Tat beträchtliche Freiräume auch für grenzüberschreitende Kooperationen. Philosophen, Philologen, Soziologen oder Ökonomen können im Allgemeinen reden und schreiben, wo und worüber sie wollen. Für sie gilt die Vermutung, dass sie ohnehin nichts Bedeutsames mitzuteilen haben. Ganz anders liegen die Dinge bei den Naturwissenschaften.

Mehr noch als Künstler und Sportler waren Wissenschaftler die wichtigsten Exponenten im Kalten Krieg. West und Ost, die USA und die Sowjetunion, wachten eifersüchtig darüber, dass der Gegner keine Einblicke – militärisch bedeutsam oder nicht – in den eigenen Wissensbereich erhielt. Für die Amerikaner war es eine nationale Schmach, als die Russen 1957 jenen piepsenden, pampelmusengroßen Satelliten namens Sputnik auf eine Erdumlaufbahn brachten – und für die andere Seite hatten nicht etwa brillante Wissenschaftler eine technische Großtat vollbracht, sondern der Sozialismus hatte sich gegenüber dem Kapitalismus als überlegen erwiesen. Fröhlich trällerten Schulkinder in der DDR nach dem Start des Sputnik: »Dein Erfinder war gescheiter und bereiter und so weiter als die Oklahoma-Reiter ...«

An dieser Denk- und Empfindungsweise hat sich seitdem kaum etwas geändert. Was weiß die Öffentlichkeit, was wissen die Fachleute schon darüber, was hinter den Mauern chinesischer, russischer, aber auch deutscher oder britischer Laboratorien wirklich geschieht? Wie blind hier im Nebel gestochert wird, zeigte sich eindrucksvoll im Irak-Krieg. Sobald eine Sache wirklich interessant wird, wird über sie der Mantel der Geheimhaltung gebreitet. Aus Gründen des »nationalen Sicherheitsinteresses« wird sie flugs den Augen neugieriger Wettbewerber entzogen. Die brüderliche und schwesterliche Weltgemeinschaft der Wissenschaft ist eine Mär. Die Wirklichkeit hat scharfe Grate.

Das gilt in noch höherem Maße für die Wirtschaft. Das Bild vom friedlichen Handel und Wandel gehörte von jeher in die Gartenlaube. Auch in der Wirtschaft geht es nicht um das Wohl der Menschheit, sondern um die Interessen von Einzelnen, Unternehmen und Staaten. Passen einem Staat irgendwelche Handelsströme nicht, nimmt der freie Handel ein schnelles Ende. Dann gehen Zollschranken herunter, werden Exportverbote verhängt und Strafsteuern erhoben. Internationale Verträge und Organisationen vermögen solche Handelskriege lediglich zu kanalisieren. Verhindern können sie sie nicht. Die kompromisslose Wahrung des eigenen Vorteils bei gleichzeitiger Benachteiligung des anderen bedarf im Wirtschaftsleben weder der Rechtfertigung noch der Begründung.

Dabei zeigt die Geschichte, dass großen militärischen Konflikten oft heftige Wirtschaftskriege vorausgingen. Sie waren die unblutige Variante der Auseinandersetzung. Gelegentlich bereiteten sie auch den Boden für den ultimativen, den militärischen Schlag. Die wirtschaftliche Kraft des Gegners wurde noch einmal auf die Probe gestellt. Zeigten sich Schwächen, war er sturmreif. Das alles konnte und kann in unseren Tagen im Irak, im Iran oder in Libyen besichtigt werden: Kriege mit Mitteln der Wirtschaft.

Schließlich der richtige, blutige Krieg. Hier erreicht das Gegeneinander der Menschen seinen schaurigen Gipfel. Völker, die sich in einer Position der Stärke wähnen, können selten der Versuchung widerstehen, ihre Widersacher mit Gewalt dorthin zu stoßen, wo sie sie gerne haben möchten. Da hilft es wenig, dass Kriege gemeinhin als das letzte Mittel für Konfliktlösungen angesehen werden. Denn wer entscheidet, wann dieses letzte Mittel eingesetzt werden darf? Die lapidare Antwort: der Stärkere. Kriege können deshalb nie ausgeschlossen werden.

Allerdings hat ihre Wahrscheinlichkeit abgenommen. Das zeigen die Statistiken.[29] Kriege wie in der ersten Hälfte des 20. Jahrhunderts hat es in der zweiten auch nicht annäherungsweise mehr gegeben. Die meisten der seitdem aufgeflammten militärischen Konflikte waren eher innerstaatlich. Das gilt für Kambodscha und Jugoslawien, für Afghanistan und die vielen Unruhegebiete in Afrika. Als Mittel zwischenstaatlicher Konfliktaustragung scheinen sie trotz gegenteiliger Erfahrungen im Irak in den Hintergrund zu treten.

Ursächlich hierfür dürfte vor allem das derzeitige Ungleichgewicht militärischer Kräfte sein. Nochmals: Den

Westen anzugreifen ist auf absehbare Zeit aussichtslos, und die westlichen Länder untereinander bekriegen sich nicht. Ein weiterer Grund dürfte in der alle Vorstellungskraft sprengenden Monstrosität militärischer Vernichtungspotentiale liegen. Unter solchen Bedingungen ziehen nur noch manifest Wahnsinnige in die Schlacht. Zum ersten Mal in der Menschheitsgeschichte könnte damit der Krieg als Mittel zur Austragung von Konflikten, als Ventil für das immerwährende menschliche Gegeneinander untauglich geworden sein. Das aber dürfte zugleich bedeuten, dass seinem unblutigen Substitut umso größere Bedeutung im Leben der Völker zukommt: dem Wirtschaftskrieg.

Asiens geräuschloser Aufstieg

Kriege, Terror, Drogen, Diebstahl – dies und einiges mehr sind die dunklen, oft gewalttätigen und weithin kriminellen Mittel, mit denen das bestehende Wohlstandsgefälle und die westliche Dominanz geschleift werden sollen. Sie sind spektakulär, erhitzen die Gemüter und produzieren Schlagzeilen. Sehr zweckdienlich sind sie jedoch nicht. Druck erzeugt Gegendruck. Angriffe werden durch Gegenangriffe erwidert. Zwar verschieben sich die Gewichte zwischen den Kontrahenten, aber dies geschieht nur langsam und mit großen Anstrengungen.

Ungleich schneller und kräfteschonender wirkt ein anderes Mittel, das zugleich den Vorteil hat, meist gewaltfrei und in der Regel legal zu sein: der von langer Hand vorbereitete, systematische und möglichst geräuschlose wirtschaftliche Aufstieg. Gelingt es gar, bei diesem Aufstieg die oben Stehenden zu bewegen, das Seil zu reichen, ist der Erfolg garantiert. Das Seil sind die eitle Selbstgewissheit und die manische Rechenhaftigkeit der Europäer und ihrer über den Globus ausgeschwärmten Abkömmlinge.

Verwöhnt durch ihre Geschichte, glaubten sie generationenlang, was sie wüssten und könnten sei so einzigartig, dass niemand sie einholen, geschweige denn überholen könne. Die anderen würden, so ihre feste Überzeugung, immer nur Wasserträger, bestenfalls Rohstofflieferanten sein. Der raketenhafte Aufstieg Japans und ihm nachfolgend vier weiterer ostasiatischer Länder – Südkorea, Taiwan, Singapur und Hongkong – hätte Europäer und Amerikaner bereits eines Besseren belehren können. Aber hochmütig sahen sie lange auf diese angeblichen Hersteller von Billigprodukten herab. Was konnte in einer Schachtel mit dem Aufdruck »Made in Taiwan« oder »Made in Hongkong« schon sein? Der Abwehrmechanismus war der gleiche wie beim wirtschaftlichen Aufstieg Deutschlands im 19. Jahrhundert: Was kann schon Gutes kommen aus diesen teutonischen Wäldern?

Wie damals hat die Welt inzwischen gelernt, dass in jenen ostasiatischen Ländern eine Reihe vorzüglicher Produkte hergestellt werden und dass ihre Zahl wächst. Wenn auch mit vernehmlichem Gegrummle, wurde den Neuankömmlingen an der Tafel Platz gemacht. Sie wurden, wie es heißt, in die Weltwirtschaft integriert. Wird das aber auch mit Ländern wie China, Indien, Indonesien und einigen anderen gelingen, die jetzt in den Startlöchern hocken? Mit Sicherheit. Nur wird nach ihrer Integration die Weltwirtschaft nicht mehr sein, was sie heute ist. Vor allem wird es für den Westen an der großen Tafel eng werden, und seine gewohnte Gastgeberrolle wird er auch nicht länger spielen. Was hat sich verändert, was wird sich verändern?

Glückliche Erben

Schon frühzeitig versuchten die Menschen, ihren Lebensstandard zu heben, indem jeder das tat, was er am besten konnte. Die Starken, Leichtfüßigen gingen auf die Jagd, die Schwächeren, Langsameren kümmerten sich um Wasser und Wohnstatt. Mit der Sesshaftwerdung baute jeder an, was auf seinem Boden und unter seinem Himmel gut wuchs, und züchtete das Vieh, das bei ihm besonders gedieh. Wer Bodenschätze fand, schürfte sie. Und wen die Natur weder durch Böden noch durch Rohstoffe begünstigte, der war gefordert, seine Findig- und Fertigkeiten zu entwickeln.

Dieses Grundmuster der Arbeitsteilung hatte über Jahrtausende Bestand. Als vor dreihundert Jahren in einigen Weltregionen die Industrialisierung einsetzte, wirkte es fort. Die einen webten Stoffe, andere schmiedeten Eisen, und wieder andere bauten Schiffe. Nicht selten geschah das alles auf engem Raum. Aber der Grundsatz blieb gewahrt: Jeder tut, was er am besten kann. Am Ende des Tages werden die Ergebnisse ausgetauscht.

Mit dem Erstarken der Nationalstaaten verstärkte sich auch deren Wunsch nach Autarkie. Sie wollten von anderen möglichst unabhängig sein. Besonders hoch im Kurs standen landwirtschaftliche Produkte und Energieträger. Gut bekommen ist dieses Autarkiestreben den Nationen allerdings nicht. Längst hat sich wieder die Erkenntnis durchgesetzt, dass eine geschickte und faire Arbeitsteilung, verbunden mit freiem Handel, der Mehrung des Wohlstands am dienlichsten ist.

Freilich profitiert hiervon am meisten, wer über die knappsten Güter verfügt. Als Salz rar und deshalb kostbar war, wurden die Besitzer von Salinen steinreich. Mit der Zunahme des Salzabbaus bei gleichzeitigem Rückgang der Nachfrage – Salz verlor seine Bedeutung als Konservierungsmittel – schwand ihr Reichtum wieder. Ähnliches lässt sich an unzähligen anderen Beispielen zeigen. Wo immer die Nachfrage das Angebot übersteigt, können die Anbieter im Wohlstand baden.

Das war jahrhundertelang der Fall für die Anbieter industrieller Güter, das heißt von Gütern, die unter Einsatz von viel Wissen und Kapital gefertigt worden waren. Wer über solche Güter verfügte, konnte alles andere wohlfeil erwerben: Nahrungsmittel, Bodenschätze und selbst menschliche Arbeitskraft. Mit einem keineswegs außergewöhnlichen Einsatz eigener Fähigkeiten und Mittel konnte er die Welt bewegen. Denn die Welt fragte nach, was er anzubieten hatte.

Es war Verdienst und Glück der Europäer, über lange Zeit die einzigen Anbieter ebendieser Güter zu sein. Die Literatur ist voll von Berichten, wie selbst industriell gefertigter Tand einschließlich der offenbar in keinem Sortiment fehlenden Glasperlen gegen wirkliche Kostbarkeiten eingetauscht wurde. Die jungen Vereinigten Staaten, die soeben ihre Unabhängigkeit von Großbritannien erkämpft hatten, plagte denn auch vor allem eine Sorge: Wie konnte man sicherstellen, nicht von den industriellen Gütern Europas abgeschnitten zu werden? Noch im 19. Jahrhundert ließen sich in weiten Teilen der Welt glänzende Geschäfte mit Äxten, Sägen und Nägeln machen.

Die Fähigkeit, eine große Zahl innovativer Produkte industriell und damit massenhaft fertigen zu können, verschaffte den Europäern den Wohlstandsvorsprung vor der übrigen Welt, von dem sie bis heute zehren. Für diesen Vorsprung arbeiteten sie hart. Das aber ist lange her. Mit dem Wiederaufbau des kriegszerstörten Europa endete diese Phase. In der zweiten Hälfte des 20. Jahrhunderts wurden sie mehr und mehr zu Erben ihres Vorsprungs, und wie viele Erben wollten sie vor allem eines: ihr Erbe genießen.

Dafür brauchten sie Zeit, Freizeit. So wie sich ihre Groß- und Urgroßeltern geplagt hatten, wollten sie sich nicht mehr plagen. Besonders die mühseligen und darüber hinaus oft gering entlohnten Arbeiten sollten andere machen – im In- und Ausland. Sie selbst betrachteten es als ihr natürliches Vorrecht, nur angenehme, gesellschaftlich angesehene und selbstverständlich gut bezahlte Tätigkeiten auszuüben. Auch wenn die Wirklichkeit für viele anders war, wurde weithin so empfunden, besonders im Westen. Aber auch der Osten war keineswegs frei von solchen Gefühlen. Die Europäer glaubten, sich das schuldig zu sein. Schließlich waren sie die Erben.

Eine Geschichte

Eines Tages, es war wohl in den siebziger Jahren des 20. Jahrhunderts, hatte ein tüchtiger deutscher Hosenfabrikant eine zündende Idee. Ich werde, so dachte er sich, künftig Hosen bei gleicher Qualität zu einem niedrigeren Preis anbieten. Das wird den Verkauf meiner Hosen ankurbeln und mir einen Vorsprung vor den Konkurrenten verschaffen. Werde ich dann aber, das war sein zweiter Gedanke, noch Gewinne erzielen? Ich beziehe die Tuche zum gleichen Preis wie die anderen, die Bank räumt uns allen die gleichen Konditionen ein, in unseren Werken stehen ganz ähnliche Maschinen, und unsere Näherinnen erhalten alle den Lohn, den wir mit der Gewerkschaft im Tarifvertrag vereinbart haben.

Er verhandelte mit der Weberei, der Bank und dem Maschinenbauer. Doch keiner konnte ihm helfen. Sie hatten ihre Preise und Produkte, und daran war nicht zu rütteln. Da wandte er sich an seine fleißigen und sonst sehr verständnisvollen Näherinnen. »Hört«, so sagte er, »ich mache euch einen Vorschlag. Ihr verzichtet auf euer Weihnachts- und vielleicht auch noch auf euer Urlaubsgeld. Dann können wir unsere Hosen billiger verkaufen, der Umsatz würde steigen, die Gewinne blieben ungeschmälert, und eines Tages könnten hier vielleicht sogar noch mehr Näherinnen arbeiten als jetzt.«

Die Näherinnen meinten zuerst, er habe den Verstand verloren. Derartiges, so erklärten sie mit Nachdruck, sei mit ihnen nicht zu machen. Sie dächten nicht daran, Abstriche von ihrem Lebensstandard hinzunehmen. Für weniger Geld seien sie nicht bereit zu arbeiten. Und trotzig verkündete die Gewerkschaft, wenn nicht sofort eingelenkt werde, sei ein Streik unvermeidlich. Der Unternehmer zuckte zurück. Aber im Stillen verfolgte er seinen Plan weiter.

Zunächst setzte er sich mit dem Maschinenbauer zusammen und tüftelte an neuen Maschinen. Die waren zwar um einiges teurer als die bisher verwendeten, aber spitz gerechnet ließen sich auf ihnen die Hosen billiger nähen als auf den alten. Oder genauer: Weniger Näherinnen konnten auf ihnen mehr Hosen nähen als zuvor. Das senkte die Kosten und drückte den Preis. Der eigentliche Durchbruch war das jedoch noch nicht.

Da hörte er, dass es auch in Russland, östlich des Urals, tüchtige Frauen gebe, die mit ein wenig Anleitung und Übung genauso gute Hosen nähen könnten wie die Frauen in Deutschland. Was ihn allerdings besonders hellhörig werden ließ, war die Bemerkung, dass die Russinnen von Weihnachts- und Urlaubsgeld noch nie etwas gehört hätten und darüber hinaus bereit seien, für ein Fünftel des deutschen Lohnes zu arbeiten. Doch zunächst musste der Unternehmer riesige bürokratische Hürden überwinden, bevor er schließlich einen Lastwagen mit ausgemusterten Nähmaschinen beladen und nach Russland fahren konnte. Dort empfingen ihn die Frauen mit offenen Armen. Sie freuten sich, an so modernen Maschinen arbeiten zu können und gutes Geld zu verdienen.

Am Anfang gab es auf beiden Seiten Enttäuschungen und Rückschläge. Nach und nach spielte sich die Zusammenarbeit jedoch ein. Die Hosen, die die Russinnen nähten, unterschieden sich in nichts von den in Deutschland genähten. Getrost konnte man sie nebeneinander im Kaufhaus anbieten: zum gleichen Preis, obwohl die in Deutschland gefertigten Hosen dreimal so viel gekostet hatten wie die in Russland genähten. Da aber die Hosen insgesamt billiger angeboten werden konnten, stieg der Umsatz. Die Männer und Söhne der deutschen Näherinnen kauften begeistert die Hosen, die dank der russischen Näherinnen so preiswert waren. Solange nur ihre Frauen und Mütter sie genäht hatten, hatten sie sich beim Kaufen zurückgehalten. Die in Deutschland gefertigten Hosen waren ihnen zu teuer.

Der Erfolg schreckte die Wettbewerber auf. Bald ließen auch sie Hosen in Russland nähen, und besonders pfiffige machten sogar noch billigere Näherinnen in Indonesien und auf den Philippinen ausfindig. Diese waren froh, endlich ein kleines Einkommen zu erzielen, das den Lebensstandard ihrer Familien ein wenig verbesserte. In Deutschland sank derweil der Preis für Hosen weiter, weil immer mehr Russinnen, Indonesierinnen und Filipinas Hosen nähten. Und eines Tages fragten sich die Hosenfabrikanten, warum sie überhaupt noch Hosen in Deutschland nähen ließen. Weil ihnen niemand diese Frage überzeugend beantworten konnte, entließen sie ihre fleißigen und verständnisvollen deutschen Näherinnen – nicht ohne Wehmut, aber da die Gewinne munter sprudelten, gaben sie ihnen ein ordentliches Handgeld mit auf den Weg. Die Näherinnen nahmen es leicht. Ihre Männer hatten ja gute Stellen, und sie selbst würden sicher bald wieder etwas Passendes finden.

Alle waren lange mit dieser Entwicklung zufrieden. Bei den Tuchlieferanten und Maschinenbauern, die mittlerweile auch nicht mehr in Deutschland produzierten, brummten Umsatz und Gewinne, ebenso bei den Hosenlieferanten und Warenhäusern. Am zufriedensten waren allerdings die Kunden. Die teuren deutschen Produkte konnten oder wollten sie sich nicht länger leisten, und Qualitätsunterschiede ließen sich ohnehin nicht mehr feststellen. »Made in Indonesia« hatte einen guten Klang.

Schließlich hatten auch die Näherinnen keinen Grund zur Klage. Wie erhofft, fanden sie recht schnell neue Stellen – etwas weiter vom Heimatort entfernt und zudem etwas schlechter bezahlt. Da zugleich aber auch die Zahl der Wochenarbeitsstunden abnahm, hatten sie genug Zeit, preisgünstiger einzukaufen. Das machte einen Teil der Lohneinbußen wieder wett. Im Übrigen würden ihre Häuser bald abbezahlt sein. Man würde schon hinkommen. Noch schrieb man die 1980er Jahre.

Erbittertes Ringen

Was vor wenigen Jahrzehnten fast operettenhaft begann, hat sich binnen einer Generation in den frühindustrialisierten Ländern nach Meinung vieler zu einer Bedrohung für Wohlstand und Beschäftigung ausgewachsen. Aus einem munteren Spiel um billigere Produkte und bessere Arbeitsbedingungen ist ein erbittertes Ringen um Arbeitsplätze und Absatzmärkte geworden. Die Hälfte der Deutschen ist derzeit davon überzeugt, dass das grenzüberschreitende, globale Wirtschaften in Deutschland Arbeitsplätze vernichtet. Nur ein Viertel ist gegenteiliger Auffassung. Der Rest ist sich unschlüssig. Der Anteil derer, die die Globalisierung insgesamt eher negativ bewerten, hat sich seit Ende der 1990er Jahre von einem Fünftel auf zwei Fünftel verdoppelt.[30] In anderen europäischen Ländern ist die Stimmung nicht grundlegend anders. Zumeist fühlen sich nur Minderheiten als Gewinner. Die Mehrheit sieht die Entwicklung mit Sorge und Skepsis. Literatur, die dieser Sichtweise Nahrung gibt, wird eifrig gekauft. Organisationen, die der Globalisierung und ihren Folgen den Kampf angesagt haben, erfreuen sich regen Zulaufs.[31]

Verwundern kann das nicht. Gleichgültig, ob in Deutschland, Frankreich, Italien oder irgendeinem anderen westeuropäischen Land – die morgendliche Zeitung und das abendliche Fernsehen berichten beinahe schon routinemäßig vom großflächigen Abbau heimischer Arbeitsplätze und deren Verlagerung in Weltgegenden, die manche noch nicht einmal dem Namen nach kennen. Zwar sind diese Berichte fast zwangsläufig einseitig. Denn der Abbau von Arbeitsplätzen berührt Besitzstände und wird deshalb nicht nur von den Betroffenen, sondern auch von der medienkonsumierenden Öffentlichkeit ungleich stärker wahrgenommen als die Schaffung neuer Beschäftigungsmöglichkeiten, denen immer etwas Vages, Ungewisses anhaftet. Aber selbst wenn von dieser einseitigen Berichterstattung abgesehen wird, bleibt noch genug, was die Menschen in den frühindustrialisierten Ländern in Unruhe und Angst versetzen kann.

Nur wenige Wirtschaftszweige, Unternehmen und Berufsgruppen sind noch nicht von der Globalisierung erfasst worden. Maschinenbauer und Hausgerätehersteller, Elektronik- und Softwareproduzenten, Autobauer und ihre Zulieferer, Banken und Versicherungen, Informationsdienste und Finanzdienstleister, medizinische Labors und Zahntechniker, Anwaltskanzleien und Architekturbüros – sie und viele andere Branchen sind dem Sturm weltweiten Wettbewerbs ausgesetzt. Gleiches gilt für die einzelnen Unternehmen. Anfangs waren es zumeist nur die großen, die sich international bewähren mussten. Heute ist auch der Mittelstand intensiv gefordert. Wer nicht versteht, auf der Klaviatur des weltweiten Güter-, Dienste-, Kapital- und Arbeitsmarktes zu spielen, hat einen schweren Stand.

Schließlich steht auch fast keine Berufsgruppe mehr bloß am Rande des Spiel- oder – wie manche meinen – Schlachtfeldes. Der Abbau und die Verlagerung von Arbeitsplätzen, die zunächst nur auf vorwiegend einfachere Tätigkeiten zielten, betreffen heute das gesamte Spektrum beruflicher Aktivitäten. Die Hoffnung der Westeuropäer, aber auch der Amerikaner und Japaner, Hoch- und Höchstqualifikation schützten vor dem Verlust des Arbeitsplatzes, hat sich als trügerisch erwiesen. Unternehmen verlagern ganze Abteilungen und besetzen sie am neuen Standort mit dort ansässigen Kräften. Die bisherigen Mitarbeiter dürfen die Neuen noch einarbeiten. Dann haben sie oft ihre Schuldigkeit getan. Und selbst die Leute an den Unternehmensspitzen können sich ihrer Arbeitsplätze nicht mehr sicher sein. Er wolle nicht auf ewig garantieren, dass die Verwaltung nicht ins Ausland verlagert werde, erklärte vor einiger Zeit der Vorstandsvorsitzende des noch von Hannover aus gelenkten Reifenherstellers Continental,[32] und der Chef von Epcos, einem in München ansässigen Produzenten von Bauelementen für die Chip-Industrie, ergänzte: »Wir werden mehr und mehr Fälle haben, wo selbst die Geschäftsleitung nicht mehr aus Europa geleistet werden kann.«[33]

Das liegt in der Logik der Globalisierung. Seit Unternehmen damit begonnen haben, nach ihren Produktions- auch ihre Forschungs- und Entwicklungs- sowie Marketingabteilungen in zum Teil ferne Länder zu verlegen, ist absehbar, dass früher oder später auch das oberste Management seine Koffer packen muss oder ausgetauscht wird. Warum auch sollte ein bislang deutsches oder französisches Unternehmen, das mittlerweile siebzig Prozent seines Umsatzes und neunzig Prozent seines Gewinns im Fernen Osten macht, am angestammten Firmensitz festhalten? Ein solches Unternehmen wird langsam, aber sicher chinesisch oder was auch immer, und zwar vom Pförtner bis zum Chef. Alles andere ist Wunschdenken. Das schließt nicht aus, dass möglicherweise ein Großteil des Firmenkapitals weiterhin in deutschen oder französischen Händen bleibt. Aber diese Hände haben großes Interesse an einer profitablen Unternehmensführung. Wenn diese in China besser als in Deutschland gewährleistet ist, gibt es für die Kapitaleigner keinen Grund, das Unternehmen in seinem Ursprungsland zu belassen.

Aber selbst wenn Unternehmen und Arbeitsplätze bleiben, bedeutet das noch nicht, dass auch die Arbeit bleibt. Sie wandert mit jedem kostenbewussten Deutschen oder Österreicher, der seine Urlaubsreise nach Ungarn oder Tschechien mit einer gründlichen Zahnsanierung verbindet. Ihre Söhne und Töchter können bei dieser Gelegenheit auch gleich noch günstig Autofahren lernen. Wer seiner Gesundheit aufhelfen will, braucht dafür nicht länger teure deutsche, italienische oder schweizerische Heilbäder aufzusuchen. Neben Thailändern, Malaysiern und Balinesen haben Osteuropäer ebenfalls einiges im Angebot, das zumindest preislich jedem Wettbewerb standhält. Und auch die Qualität des Angebots lässt immer weniger Wünsche offen. Das alles zehrt in den frühindustrialisierten Ländern an der Arbeitsmenge. Herren-, Damen- und Hemdenschneider oder Schuhmacher, um nur einige Berufsgruppen zu nennen, haben das Handtuch längst geworfen. Wie sollten sie auch mit ihren indischen Zunftkollegen konkurrieren, die das, was sie machen, zu einem Viertel des Preises anbieten?

Dabei verkünden manche Auguren, dass das, was die Menschen im Westen schon jetzt auf die Straße treibt, nur der Anfang sei. Der eigentliche Job-Exodus stehe noch bevor. Seien Länder wie China oder Indien erst einmal richtig erwacht, gebe es kein Halten mehr. Dann würden die Europäer bis 2015 voraussichtlich 1,2 Millionen qualifizierte Arbeitsplätze und die US-Amerikaner bis 2010 sogar 1,6 Millionen an Niedriglohnländer verlieren. Besonders gefährdet sind nach diesen Vorhersagen alle, deren Tätigkeit eng mit Computern verwoben ist. Denn Computer, so die Begründung, ließen sich überall aufstellen und von überall aus bedienen.[34]

Einige der Ausblicke sind in der Tat bedrückend. Viele Arbeitskräfte in den frühindustrialisierten Ländern – so die durchgängige Argumentation – seien zu teuer, zu anspruchsvoll und mitunter auch zu wenig qualifiziert, um auf dem Weltarbeitsmarkt mithalten zu können. Fakten, die dies belegen sollen, sind zwar nicht immer hieb- und stichfest. Sie lassen sich aber auch nicht mit leichter Hand wegwischen. Nicht nur Asien, auch Osteuropa verfügt über ein wachsendes Reservoir an gut ausgebildeten Kräften, die preiswert zu haben sind. Deshalb fordern westeuropäische Unternehmen, namentlich in Deutschland, die Anwerbung dieser Menschen nicht länger zu behindern. Andernfalls – das ist die unverhohlene Drohung – müssten sie selbst gen Osten ziehen. Und wieder stehen in den frühindustrialisierten Ländern Arbeitsplätze zur Disposition.

Weltweites Wirtschaften – Für und Wider

Globales Wirtschaften, wie es sich in den zurückliegenden dreißig Jahren entwickelt hat, wird höchst unterschiedlich beurteilt. Engagierten Kritikern stehen nicht minder engagierte Befürworter gegenüber, und dazwischen befinden sich diejenigen, die diese Wirtschaftsform als das kleinste von mehreren Übeln ansehen und das Beste aus ihr zu machen versuchen.

Die Kritiker des globalen Wirtschaftens vermögen nichts Positives an ihm zu erkennen. Es diene ausschließlich den Interessen der Kapitaleigner und selbst das nur vorübergehend. Die arbeitenden Menschen hingegen lasse es verarmen, gleichgültig ob diese in frühindustrialisierten, aufstrebenden oder sich noch entwickelnden Ländern lebten. Regionen, in denen das Kapital anlande, blühten allenfalls kurzzeitig auf. Sobald durch die erhöhte Nachfrage nach Arbeitskräften die Löhne stiegen, ziehe das Kapital weiter. Wie ein Feuer fresse es sich durch Länder und Kontinente, zurück bleibe verbrannte Erde.

Zu dauerhaftem materiellen Wohlstand verhelfe die kurzzeitige Wirtschaftsblüte den Menschen nicht. Stattdessen beschädige sie ihre sozialen Netzwerke, entwurzele sie und mache sie heimatlos. Den meisten gehe es nach der Blüte nicht besser und vielen sogar schlechter als zuvor. Doch auch das Glück der Kapitaleigner sei nicht von Dauer. Wenn genügend Völker verarmt seien, fielen die Kapitalerträge wieder in sich zusammen. Dann fehlten die Menschen, die die Waren und Dienstleistungen nachfragen könnten. Die Maximierung der Kapitalverwertung führe sich damit selbst ad absurdum. Der in vielen frühindustrialisierten Ländern stockende Warenabsatz sei ein schon jetzt nicht mehr zu übersehendes Menetekel.[35]

Für die Befürworter der Globalisierung ist das alles ideologischer Humbug. Wohl litten kleine Minderheiten, insbesondere in den frühindustrialisierten Ländern, unter der Globalisierung. Betroffen seien vor allem gering Qualifizierte. Aber ihre Leiden gingen rasch vorüber. Die große Mehrheit profitiere von Anfang an. Es sei ein ehernes Gesetz der Ökonomie, dass durch mehr Arbeitsteilung letztlich alle zu größerem Wohlstand gelangten.[36] Durch preiswerte Importe aus Niedriglohnländern erhöhe sich die Kaufkraft der Menschen in Hochlohnländern. Turnschuhe, Textilien oder Fernsehgeräte wären viel teurer, wenn sie nur in Ländern wie Deutschland oder Italien hergestellt würden.

Im Übrigen – so die Befürworter weiter – gingen durch die Verlagerung von Arbeitsplätzen aus Hoch- in Niedriglohnländer überhaupt keine Jobs verloren. Bei ausreichender Flexibilität entstehe für jeden verlagerten Arbeitsplatz auf dem heimischen Markt ein neuer. Ein Teil des im Ausland erwirtschafteten zusätzlichen Einkommens fließe nämlich in Form erhöhter Nachfrage nach Gütern und Diensten beziehungsweise retransferierter Gewinne zurück in die Ursprungsländer. Weiterhin würden Kosteneinsparungen in den heimischen Unternehmen zum Teil wieder investiert, wodurch neue und manchmal sogar zusätzliche Arbeitsplätze entstünden.[37] Für die USA beispielsweise lasse sich zeigen, dass an die Stelle von neun verlagerten Arbeitsplätzen zehn neue im Inland träten.[38]

Diese Einschätzung ist aus der Sicht einer dritten Gruppe zu rosig. Für ihre Vertreter hat das globale Wirtschaften Licht- und Schattenseiten. Sie argumentieren ganz pragmatisch, dass die Unternehmen dort sein müssten, wo die Märkte sind. Verlagerten sich diese von den frühindustrialisierten Ländern in andere Weltregionen, müssten die Unternehmen notgedrungen folgen. Zwar könne das in den Heimatländern Arbeitsplätze kosten. Wer jedoch in den stark wachsenden Märkten nicht präsent sei, gerate schnell in wirtschaftliche Abwinde. Marktnähe sei für viele Unternehmen unverzichtbar.

Hinzu komme, dass Unternehmen, die keine Arbeitsplätze in Niedriglohnländer verlagerten, ihre Wettbewerbsfähigkeit einzubüßen drohten. Konkurrenten, die im kostengünstigeren Ausland produzierten, könnten ihre Waren und Dienstleistungen häufig preiswerter anbieten als die teuer produzierenden heimischen Unternehmen. Diese blieben auf ihren Angeboten sitzen, so dass sie über kurz oder lang aus dem Markt ausscheiden müssten. Damit seien alle Arbeitsplätze verloren. Deswegen sei es besser, durch die teilweise Verlagerung von Beschäftigung wenigstens einen Teil der Arbeitsplätze an den teureren Standorten zu erhalten. Das sei zwar nicht die beste aller denkbaren Welten, aber eine bessere gebe es derzeit nicht.

Herausforderung Globalisierung

So unterschiedlich die Urteile über die Globalisierung ausfallen – in einem sind sich alle einig: Sie ist eine gewaltige Herausforderung, der sich niemand entziehen kann. Am wenigsten können das die Bevölkerungen der frühindustrialisierten Länder. Für sie geht es nicht darum, ob, sondern nur wie sie die Globalisierung annehmen.

Ihre Kritiker wollen sie mit aller Macht eingrenzen, zurückdrängen und – wenn sie könnten – ungeschehen machen. Um das zu erreichen, wollen sie die Rolle des Kapitals in der Wirtschaft einschränken und die Stellung der arbeitenden Menschen stärken. Mit diesem Vorhaben haben sie, ebenso wie mit ihrer Kritik an der Globalisierung, bei den Menschen in den frühindustrialisierten Ländern einen Nerv getroffen.

Diese haben das Gefühl, der vorhergesagten Verarmung schon jetzt ausgeliefert zu sein. Als bedrückend empfinden sie vor allem die Beschäftigungslage.[39] Sie hat sich für viele merklich verschlechtert. Diese Verschlechterung kann sich in hohen Arbeitslosen- oder niedrigen Erwerbstätigenquoten niederschlagen. Zwangsläufig ist das nicht. Manche Länder haben Techniken entwickelt, mit denen sich Arbeitslosigkeit trefflich kaschieren lässt.[40] Diese Techniken vermögen jedoch nicht, das Absinken gerade auch Erwerbstätiger im wirtschaftlichen und sozialen Gefüge zu verhindern.

Erwerbstätige – von Arbeitslosen ganz zu schweigen – steigen ab, weil immer mehr aus Vollzeittätigkeit in Teilzeitarbeit, geringfügige Beschäftigung und ähnlich flockige Arbeitsverhältnisse gedrängt werden. In Deutschland beispielsweise hat sich bei kaum veränderter Erwerbstätigenquote der Anteil derjenigen, die keiner Vollzeitarbeit nachgehen, in rund drei Jahrzehnten von reichlich einem Zehntel auf weit über ein Drittel erhöht, also mehr als verdreifacht.[41] In zahlreichen anderen Ländern, namentlich in Spanien oder den Niederlanden, ist die Entwicklung noch drastischer. Dabei kommt erschwerend hinzu, dass besonders in diesem

Nichtnormbereich die Stundenlöhne stagnieren oder sogar rückläufig sind.

Erwerbstätige, die in diesem sich ständig ausdehnenden Bereich tätig sind, nehmen an der allgemeinen Wirtschaftsentwicklung kaum noch teil. Bei einer nicht geringen Zahl von ihnen entspringt dies einer bewussten und freiwilligen Entscheidung. Zeitreichtum ist diesen Menschen wichtiger als materieller Wohlstand. Vielleicht handelt es sich bei einigen auch um glückliche Erben. Oft sind Einkommenseinbußen jedoch höchst ungewollt. Die betroffenen Haushalte müssen sich gegen ihren Willen einschränken. Als Nachfrager verlieren sie an Bedeutung. Verstärktes Sparen – Angstsparen – ist hierfür in den seltensten Fällen ursächlich. Im historischen Vergleich sind die Sparquoten in neuerer Zeit nirgendwo außergewöhnlich stark gestiegen, und wirtschaftlich schwache Haushalte sparen ohnehin kaum. Der Grund für ihre Nachfrageschwäche ist viel banaler: In den frühindustrialisierten Ländern hat eine wachsende Zahl von Haushalten einfach nicht mehr die Mittel, um ihren bisherigen Lebensstandard aufrechterhalten zu können. Das ist in Europa nicht anders als in den USA oder Japan.

Keine Belege finden sich hingegen für die Behauptung der Kritiker, dass die Globalisierung die Völker reihum verarmen lasse. Vielmehr erfreuen sich immer mehr bislang bettelarme Länder wachsenden materiellen Wohlstands. Zwar ist richtig, dass ein Teil des eingeflossenen Kapitals nach saftigeren Weiden Ausschau hält, wenn auf den bis dahin begrasten die Renditen sinken. Doch Fälle, in denen die davon Betroffenen wieder in ihre frühere Armut zurückgefallen sind, gibt es kaum. Fast immer wird, wenn das internationale Kapital weiterzieht, auf einem dauerhaft höheren Niveau gewirtschaftet als zuvor. Die Metaphern von verzehrenden Feuern und verbrannter Erde spiegeln die Wirklichkeit nicht wider.

Allerdings haben die Kritiker Recht, wenn sie feststellen, dass wissens- und kapitalintensives Wirtschaften tradierte gesellschaftliche Ordnungen beeinträchtigt, beschädigt und am Ende zerstört. Nur ist das keine Besonderheit der Globalisierung. Das ist der Preis, der bisher für jede hocheffiziente Wirtschaft zu entrichten war: der Verschleiß der sie tragenden gesellschaftlichen Ordnung. Gerade dieser Verschleiß setzt jedoch die Kräfte frei, die die Wirtschaft hocheffizient werden lassen. Dass das ein Dilemma ist, ist nicht zu bestreiten. Aber es ist nicht neu. Niemand kennt es besser als die Europäer. Durch die Globalisierung ist es lediglich weltweit aktuell geworden.

Deshalb ist den Befürwortern der Globalisierung zuzustimmen, wenn sie deren pauschale Verdammung zurückweisen. Aber sie machen es sich zu leicht, wenn sie angeblich eherne Gesetze der Ökonomie in sie hineinprojizieren und für alle Zeiten fortschreiben. So einfach ist das mit der Globalisierung nicht. Gewiss ist nur, dass ohne das Wirtschaften in Niedriglohnländern viele Waren und Dienstleistungen weltweit teurer wären, als sie derzeit sind. Was das jedoch für die Kaufkraft in den Hochlohnländern bedeutet, lässt sich nicht verallgemeinernd sagen. Wer aufgrund der Globalisierung seinen Arbeitsplatz verliert und nur noch über ein Existenzminimum verfügt, für den ist es ziemlich gleichgültig, ob die in Niedriglohnländern hergestellten Turnschuhe oder Fernsehgeräte etwas billiger oder teurer sind. Sein Lebensstandard wird im einen wie im anderen Fall sinken – einmal weniger und einmal mehr.

Warum aber – so das Gegenargument der Globalisierungsbefürworter – sollten die Einkommen schrumpfen, wenn die Verlagerung von Arbeitsplätzen keine Jobverluste in den Hochlohnländern nach sich zieht? Weil die Antwort auf die Frage, ob Arbeitsplätze in den Hochlohnländern verloren gehen oder nicht, von einer unverrückbaren Bedingung abhängt: Sie gehen nur dann nicht verloren, wenn die Arbeitskräfte flexibel genug sind.[42] Das räumen die Globalisierungsbefürworter freimütig ein. Im Klartext: Erwerbstätige in den frühindustrialisierten Ländern müssen auf ihre gewohnte Arbeitsplatzsicherheit verzichten, hochmobil sein, fast jede sich bietende Arbeitsgelegenheit nutzen und vor allem bereit sein, Einkommenseinbußen hinzunehmen.

Anders gewendet: Arbeitsplätze gehen nur dann nicht verloren, wenn sich die Erwerbstätigen überall, auch in den frühindustrialisierten Ländern, den Bedingungen des Weltarbeitsmarktes unterwerfen. Wer dies nicht oder nicht ausreichend tut, wird gnadenlos vom Markt gefegt. Auch dafür haben die Befürworter der Globalisierung ein eindrucksvolles Beispiel parat: Während bei den flexiblen US-Amerikanern neun exportierte Arbeitsplätze durch zehn einheimische ersetzt werden, stehen in Deutschland fünf exportierten Arbeitsplätzen nur vier im Inland neu geschaffene gegenüber – ein Minus von zwanzig Prozent. Die lapidare Begründung: unzureichende Flexibilität.[43]

Bleiben die Argumente der Pragmatiker. Unternehmen können in ausländische Märkte exportieren, solange diese eine gewisse Größe nicht überschreiten. Wird sie überschritten, können sie ihre Chancen besser nutzen, wenn sie vor Ort sind. Nutzen sie ihre Chancen nicht vor Ort, verlieren sie sehr wahrscheinlich ihre Marktanteile an marktpräsente Unternehmen. Im einen wie im anderen Fall droht der Verlust von Arbeitsplätzen. Entweder sie werden verlagert, ohne dass zwangsläufig neue im Ursprungsland entstehen, oder sie werden im heimischen Unternehmen abgebaut, weil die Exporte entfallen. Das läuft mit der Präzision eines Uhrwerks ab. Wer auf den Märkten nicht präsent ist, fällt nicht nur im internationalen, sondern auch im heimischen Wettbewerb zurück.

Noch wichtiger ist jedoch, was schon den Hosenproduzenten in den siebziger Jahren plagte: das Verhalten der Konsumenten. Sie wählen von zwei gleichwertigen Angeboten fast unfehlbar das preiswertere. So wurden sie von Kindesbeinen an geprägt. Das hat sie der Markt gelehrt. Doch das preiswertere Produkt kann derjenige anbieten, der kostengünstiger – und das bedeutet oft: in einem Billiglohnland – produziert. Man kann es auch so sagen: Die Konsumenten in den frühindustrialisierten Ländern sind sich als Produzenten zu teuer. Die hohen Arbeitskosten, die sie verursachen, wollen sie in den Preisen der von ihnen bereitgestellten Waren und Dienste nicht wiederfinden. Sie erwarten hohe Löhne und hohe

Sozialleistungen, aber in den Geschäften billige Angebote. Auf Dauer kann das nicht zusammengehen – und es geht nicht zusammen.

Schwindende Unterschiede

Die Menschen in den frühindustrialisierten Ländern sind verstört. Auf der Welt ereignen sich Dinge, die sie nicht recht einzuordnen vermögen. Oder genauer: Sie versuchen erfolglos, das, was um sie herum geschieht, mit ihren überkommenen Denk- und Begriffsschemata zu erfassen. So sehen sie – ähnlich wie dies Karl Marx für das sich industrialisierende Europa des 19. Jahrhunderts getan hat – in der Globalisierung das zerstörerische Wirken entfesselten Kapitals. Der einzige größere Unterschied: Was damals nur einen Kontinent betraf (mit ersten schwachen Echos in der Neuen Welt), betrifft heute den ganzen Globus. Derweil schwärmen andere von den wohlstandsmehrenden Segnungen globaler Arbeitsteilung, ganz so, als ginge es wie bisher darum, dass jeder das macht, was er am besten kann. Die Wirklichkeit sieht anders aus.

In den frühindustrialisierten Ländern sieht man nicht oder will nicht sehen, dass gegenwärtig jedes Jahr weltweit etwa 63 Millionen Erwerbspersonen neu in den Arbeitsmarkt eintreten, ihn aber nur rund 25 Millionen – zumeist altersbedingt – verlassen. Die Erwerbsbevölkerung der Erde wächst damit jährlich um recht genau die Zahl von Menschen, die in einem Land wie Deutschland einer Erwerbstätigkeit nachgehen. Und diese Zahl erhöht sich ständig. Allein von 2000 bis 2005 nahm sie um zwei Millionen zu, mit weiter steigender Tendenz.[44] Heute stehen dem Weltarbeitsmarkt schätzungsweise 2,7 Milliarden Erwerbspersonen zur Verfügung. In einer Generation werden es voraussichtlich mehr als 3,5 Milliarden sein.[45]

Noch bedeutsamer als die zahlenmäßige Zunahme der Welterwerbsbevölkerung ist allerdings ihre immer bessere

Qualifikation. Während unter jenen 25 Millionen, die den Weltarbeitsmarkt verlassen, viele nicht oder nur mäßig Qualifizierte sowie zahlreiche Analphabeten sind, hat die große Mehrheit der 63 Millionen, die neu auf den Arbeitsmarkt drängen, nicht nur Lesen und Schreiben gelernt, sondern eine solide Schul- und zunehmend auch Hochschulausbildung erhalten. Erheblich verbessert hat sich darüber hinaus ihre berufliche Qualifikation.

Über Generationen hinweg war es die große Stärke der Erwerbsbevölkerungen frühindustrialisierter Länder, dass nur sie eine breite schulische und häufig berufliche Ausbildung hatten und stattliche Anteile über Spitzenqualifikationen verfügten. Was Menschen zum jeweiligen Zeitpunkt können konnten, das konnten sie. Ob das noch immer gilt, darf bezweifelt werden. Nicht zu bezweifeln ist jedoch, dass dieser Vorsprung schwindet, sofern er nicht schon geschwunden ist. Das Qualifikationsprofil der Welterwerbsbevölkerung wird dem Profil der Erwerbsbevölkerungen frühindustrialisierter Länder von Tag zu Tag ähnlicher.

Die unfrohe Botschaft für die Völker des Westens lautet: Ihr wart einmal etwas Besonderes. Ihr seid es nicht mehr. Was ihr könnt, das können Hunderte von Millionen auf der ganzen Welt. Diese Feststellung trifft uneingeschränkt auf alle zu, die in den westlichen Ländern unterdurchschnittlich oder allenfalls durchschnittlich qualifiziert sind. Zunehmend trifft sie aber auch auf die überdurchschnittlich und selbst die weit überdurchschnittlich Qualifizierten zu. Lernen, lernen und nochmals lernen – dieser Appell der europäischen Aufklärer und diese Forderung Lenins an seine stoischen Landsleute wurde von den aufstrebenden Völkern namentlich Asiens beherzigt. Die einstmals großen Unterschiede in Wissen und Können nehmen ab. In ihrem Wissen und Können werden die arbeitenden Menschen dieser Welt einander immer ähnlicher.

Das wäre nicht nur unproblematisch, sondern für alle von großem Vorteil, wenn die vielen tüchtigen Chinesen, US-Amerikaner, Deutschen oder Inder im Wesentlichen für ihren eigenen Markt produzierten und nur das weltweit austauschten, was jeder von ihnen am besten kann. Das wäre die bewährte, wohlstandssteigernde Arbeitsteilung. Diese Arbeitsteilung gibt es und wird es auch künftig geben. Denn auch künftig werden Volkswirtschaften unterschiedliche Stärken und Schwächen haben. Aber seit Beginn dessen, was heute als Globalisierung bezeichnet wird, wird sie zunehmend von etwas Andersartigem überlagert, mit dem sie nur den Begriff teilt, das aber ansonsten mit der klassischen Arbeitsteilung nichts mehr gemein hat.

Segen und Fluch der Globalisierung ist nämlich, dass die Palette dessen, was der eine besser beherrscht als der andere und was Volkswirtschaften unterschiedlich effizient hervorbringen, schmal geworden ist und täglich schmaler wird. Im Grunde ist sie auf wenige Spezialitäten zusammengeschrumpft. Was links und rechts davon liegt, können viele – nicht besser und nicht schlechter als viele andere auch. Denn viele haben nicht nur die gleiche schulische und berufliche Qualifikation. Sie haben auch einen ähnlichen Zugang zu Wissen und Kapital. Die moderne Informationstechnik hat hierzu einen wichtigen Beitrag geleistet. Auf Knopfdruck erscheint auf den Bildschirmen der Computer in Bogota oder Colombo das Gleiche wie auf denen in London oder Rom. Die Informationen, aus denen sich Wissen destillieren lässt, unterscheiden sich nicht mehr. Deshalb erfährt auch das Kapital in Sekundenschnelle, wo es am profitabelsten andocken kann. Dorthin eilt es dann. Größere Unterschiede gibt es allenfalls noch beim Zugang zu Rohstoffen und bei der Geographie. Mit sinkenden Transportkosten nimmt aber auch die Bedeutung dieser Faktoren ab. Die Unterschiede zwischen Volkswirtschaften beschränken sich damit mehr und mehr auf den Bereich sogenannter weicher Faktoren: Sicht- und Verhaltensweisen der Bevölkerung sowie deren politische und soziale Ordnung.

Noch sind die Bedingungen für die Teilnahme am globalen Wettbewerb nicht für alle gleich. Aber sie sind einander ähnlicher als jemals zuvor in der modernen Wirtschaftsgeschichte, und sie gleichen sich einander weiter an. Für die Westeuropäer und alle anderen Erwerbsbevölkerungen der frühindustrialisierten Länder heißt das, dass sie Zug um Zug ihre bisherigen Privilegien auf den Märkten – dem Güter-, Wissens-, Kapital- und nicht zuletzt dem Arbeitsmarkt – verlieren. Hieraus die Konsequenzen zu ziehen fällt vielen offensichtlich schwer. Zu tief haben sie ihre privilegierte Stellung verinnerlicht, als zu naturgegeben haben sie sie angesehen. Der Lernprozess wird schmerzhaft sein.

Hilfloser Westen

Weltweit sind immer mehr Menschen ähnlich qualifiziert. Sie haben einen ähnlichen Zugang zu Informationen, Wissen und Kapital. Ihre Produktivität nähert sich untereinander an. Die von ihnen angebotenen Güter und Dienste werden einander immer ähnlicher. Nur in einem unterscheiden sie sich nach wie vor beträchtlich: in ihrem Lebensstandard. Während in den frühindustrialisierten Ländern breiteste Bevölkerungsschichten im Überfluss schwelgen und selbst die ärmsten unter ihnen materiell auskömmlich versorgt sind, ringen in den aufstrebenden, sich erst entwickelnden Ländern die Massen noch um das Existenzminimum, und nur kleine Minderheiten erfreuen sich des westlichen Konsumniveaus.

Was bedeutet das für die Arbeitsteilung, insbesondere die internationale, die globale? Zunächst einmal bedeutet es, dass diese radikal neu, radikal anders definiert werden muss. Die Frage »Was kannst du besser, was kann ich besser, und was lohnt sich am Ende des Tages auszutauschen?« ist dabei, ihren Sinn zu verlieren. Im 21. Jahrhundert wird sie ersetzt durch die Frage: »Wer von uns beiden ist bereit, den niedrigeren Lebensstandard hinzunehmen, da keiner von uns etwas besser kann als der andere?« Wer hier »Ich!« ruft, der bekommt den Zuschlag, der hat im internationalen Wettbewerb die Nase vorn. Der andere hat das Nachsehen.

Dass das mit dem klassischen Konzept der Arbeitsteilung nichts mehr zu tun hat, liegt auf der Hand. Es geht nicht mehr darum, ob jemand etwas besser kann oder eine höhere Leistung erbringt. Entscheidend ist, dass er es billiger kann, und zwar einzig und allein, weil er genügsamer, weil er bescheidener ist. Wohl haben auch die Deutschen, als sie im 19. Jahrhundert gegen Briten und Franzosen antraten, nicht nur mit der hohen Qualität ihrer Erzeugnisse auf dem Weltmarkt gepunktet. Sie konnten ihre Produkte oft auch billiger anbieten, weil sie ebenfalls – wie heute die sich entwickelnden Länder – genügsamer, bescheidener waren als ihre Nachbarn. Aber die Unterschiede waren gering, gemessen an den heute bestehenden Gefällen bei Lebensstandards und Arbeitskosten.

Im Durchschnitt der elf wichtigsten Niedriglohnländer, von Indonesien und China über Thailand und Malaysia bis hin zu Ungarn und Tschechien, kostete 2003 ein Industriearbeiter 1,75 Euro in der Stunde – 33 Cent in Indonesien und 3,03 Euro in Tschechien. Zur gleichen Zeit kostete ein Industriearbeiter in Japan, den USA und Deutschland im Durchschnitt 20,32 Euro in der Stunde – 17,23 Euro in Japan und 25,50 Euro in Deutschland. In einem der hochentwickelten, frühindustrialisierten Länder war ein Industriearbeiter damit annähernd zwölfmal so teuer wie in einer der derzeit aufstrebenden Wirtschaftsnationen.[46]

Würden die Kosten pro Industriearbeiterstunde in den elf wichtigsten Niedriglohnländern von 2003 bis 2009 um jährlich 6,5 Prozent steigen, erhöhten sie sich bis gegen Ende dieses Jahrzehnts von durchschnittlich 1,75 auf 2,55 Euro – auf 58 Cent in Indonesien, wo aufgrund des großen Rückstands ein jährlicher Zuwachs von zehn Prozent unterstellt wird, auf 4,56 Euro in Tschechien, was einem jährlichen Zuwachs von sieben Prozent entspricht. Im Gegensatz dazu sei für Hochlohnländer wie Japan, die USA oder Deutschland unterstellt, dass dort die Arbeitskosten nur um zwei Prozent im Jahr steigen. Dann würden sie dort im gleichen Zeitraum von reichlich 20 auf etwa 23 Euro zulegen – rund 19 Euro in

Japan und knapp 29 Euro in Deutschland. Die Industriearbeiterstunde wäre damit in einem dieser Länder noch immer mehr als neunmal so teuer wie im Durchschnitt der wichtigsten Niedriglohnländer.

Setzt man dieses Zahlenspiel fort und lässt die Arbeitskosten in den Niedriglohnländern dreißig Jahre lang jährlich um stattliche 6,5 Prozent, in den Hochlohnländern aber nur um mäßige zwei Prozent steigen, wäre die Arbeit in den Hochlohnländern gegen Mitte der 2030er Jahre noch immer mehr als dreimal so teuer. Selbst wenn im Westen ab sofort nur noch Nullrunden gedreht würden, während sich die Arbeit in den Niedriglohnländern wie bisher verteuerte, würde sie dort auch in dreißig Jahren nur etwa halb so viel kosten wie in den USA oder Deutschland. Diese Zahlen müssen die Erwerbstätigen im Westen tief beunruhigen. Und beunruhigen muss sie auch, dass im laufenden Jahrzehnt allein der Anstieg der Arbeitskosten pro Stunde in einigen Hochlohnländern größer sein wird als die gesamten Arbeitskosten in wichtigen Niedriglohnländern.

Nun steht außer Frage, dass die Produktivität, insbesondere die Wertschöpfung pro Arbeitsstunde, in Niedriglohnländern im Allgemeinen beträchtlich geringer ist als in frühindustrialisierten Ländern. Aber auch das ist für den Westen nur ein schwacher und sehr flüchtiger Trost. Denn zum einen steigt die Produktivität in zahlreichen Niedriglohnländern steil an. In China beispielsweise erhöht sie sich in einigen Schlüsselbereichen zwischen zehn und fünfzehn Prozent im Jahr.[47] Zum anderen hinken in diesen Ländern die Löhne der Produktivitätsentwicklung oft hinterher. So sollen unter Berücksichtigung der Produktivitätsunterschiede westeuropäische Unternehmen, namentlich in Ländern Asiens und in Osteuropa, bis zu zwei Drittel ihrer Arbeitskosten einsparen können.[48]

Als Deutschland 1990 wiedervereinigt wurde, war das Lohnkostengefälle zwischen West und Ost ähnlich steil. Die ostdeutschen Löhne lagen bei etwa einem Drittel der westdeutschen.[49] Das ließ bei den (west-) deutschen Gewerkschaften die Alarmglocken schrillen. Unter Missachtung der Marktgegebenheiten setzten sie alles daran, das ostdeutsche Lohnniveau so schnell wie möglich dem westdeutschen anzunähern. Dass dies zu einer großflächigen Deindustrialisierung Ostdeutschlands und anhaltend hoher Arbeitslosigkeit beitragen würde, nahmen sie in Kauf. Sie wussten, dass die ostdeutschen Löhne bei einer marktgemäßen Entwicklung geraume Zeit erheblich unter den westdeutschen geblieben wären und diese so unter Druck gesetzt hätten. Das musste aus Sicht der Gewerkschaften vermieden werden.

Mit der Osterweiterung der Europäischen Union wiederholte sich das Szenario. Doch nun war der Arm der Gewerkschaften nicht mehr lang genug, die hohen, mittlerweile gesamtdeutschen Löhne gegen die niedrigeren mittel- und osteuropäischen abzuschirmen. Noch versucht die Politik – diesmal der Westeuropäer –, sich mit Hilfe von allerlei Sonderregelungen gegen den Sog zu stemmen. Aber ihr Widerstand kann und wird nicht von Dauer sein. Die hohen westeuropäischen Löhne stehen bereits jetzt unter dem Druck der niedrigeren osteuropäischen, und ein baldiges Ende dieses Drucks ist nicht zu erwarten.

Doch Deutschland und Europa sind nur Nebenbühnen. Die Hauptbühne ist die Welt. Hier sind die aufstrebenden Völker dabei, die Erwerbsbevölkerungen der frühindustrialisierten Länder in große Verlegenheit zu stürzen. Zwar sind sie nicht innovativer, effektiver oder produktiver als diese. Aber geschickt verwickeln sie den Westen dort in Auseinandersetzungen, wo sie ihm turmhoch überlegen sind: auf dem Feld von Genügsamkeit, Bescheidenheit, Zurückhaltung und Selbstbeschränkung. Auf diesem Feld hat der Westen keine Erfahrung mehr. Die Disziplinen, die hier gefragt sind, hat er seit Generationen nicht mehr geübt. Das macht ihn hilflos.

Die Menschen in den frühindustrialisierten Ländern befinden sich in der Defensive. Sie können den aufstrebenden Völkern kaum vorhalten, dass diese sich mit Löhnen begnügen, die, gemessen an ihrer Produktivität, weit unterhalb dessen liegen, was Westeuropäer, US-Amerikaner oder Japaner erwarten und fordern. Denn es sind nicht zuletzt diese niedrigen Löhne, die den Westen in materiellem Überfluss schwelgen lassen. Darüber hinaus verdanken ihnen ungezählte Millionen Erwerbstätiger in den frühindustrialisierten Ländern ihre noch immer gutbezahlten Arbeitsplätze. Sie gibt es nur deshalb noch, weil sie von Chinesen, Indern und anderen armen Völkern faktisch subventioniert werden. Ohne deren Bescheidenheit, ohne deren Bereitschaft, vorerst einen niedrigen Lebensstandard hinzunehmen, wären sie längst wegrationalisiert. In gewisser Weise sind die im Vergleich reichen Erwerbstätigen des Westens Kostgänger der armen, aufstrebenden Völker. Man mag das für unethisch halten – es ist der nüchterne Befund.

Gipfelstürmer

Die Lohnzurückhaltung, mit der die aufstrebenden Länder den Westen ausstechen, ist nicht Ausdruck edler Gesinnung. Vielmehr haben sie erkannt, dass sie sich auf diese Weise am ehesten dem Ziel nähern, das sie gemeinsam mit dem Westen anstreben: bessere materielle Lebensbedingungen. Der Weg dorthin ist für niemanden leicht. Die aufstrebenden Länder gehen ihn jedoch beflügelt von ihren Erfolgen. Solche Erfolge gibt es für sie reichlich. Denn sie kommen von ganz unten. Der Westen hingegen hat schon eine weite Strecke dieses Weges zurückgelegt. Da sind die Fortschritte kaum noch wahrnehmbar. Für ihn geht es um den Schinken auf dem Butterbrot, für die anderen um das Brot selbst. Für ihn geht es um Komfort und Luxus, für die anderen um Lebensnotwendiges. Und Lebensnotwendiges treibt stärker an als Luxus.

Man muss sie gesehen haben, die Männer, Frauen und Kinder in Indonesien, Malaysia, Sri Lanka oder wo auch immer. Wie sie leben in ihren kleinen Häuschen mit einem Wasseranschluss und einer Toilettenanlage, die jeweils für vier Familien bestimmt sind, mit dem Gemüsebeet und dem Federvieh. Endlich bleiben sie bei den tropischen Regengüssen trocken, ist das Trinkwasser meistens sauber, sind die hygienischen Verhältnisse erträglich und halten sich Säuglingssterblichkeit und Krankheiten in Grenzen. Vor allem aber werden endlich alle satt. Man muss sie gesehen haben, die ordentlich gekleideten Männer und Frauen, die barfuß auf steinigen Wegen zur Arbeit gehen, um ihre Schuhe zu schonen. Man muss sie gesehen haben, die Jungen und Mädchen in ihren frisch gewaschenen Blusen, wie sie fröhlich schnatternd den Schulbus besteigen. Sie können die Schule kaum erwarten.

Das alles ist keine Idylle. Die Menschen des Westens würden dieses Leben kaum ertragen. Es wäre ihnen viel zu mühselig. Doch diejenigen, die es leben, spüren: Es ist besser geworden, und es bessert sich weiter. Das spüren sie geistig und körperlich. Die Arbeit ist schwer und wird nur gering entlohnt. Aber sie wird entlohnt, und das ermöglicht einen Lebensstandard, der höher ist als zuvor. Auch wenn die Einkommen nur einen Bruchteil dessen betragen, was im Westen als absolutes Minimum angesehen wird, ist von Hungerlöhnen nur vereinzelt die Rede. Der Weg nach oben macht vieles leichter und lässt manche Entbehrung vergessen. Zwar fehlt noch immer der Anschluss an das Stromnetz. Aber an der Überlandleitung wird schon gebaut. Und das gibt Hoffnung. Die Zukunft wird strahlender sein als die Gegenwart. Irgendwie geht jeden Morgen die Sonne auf.

Die Europäer, namentlich jene in den zerstörten Gebieten, machten ähnliche Erfahrungen nach dem Zweiten Weltkrieg. Diejenigen, die dabei waren, erinnern sich noch heute zumeist gerne an die damalige Zeit. An sich waren die Verhältnisse armselig. Aber sie wurden verklärt durch den Aufstieg aus Ruinen. Er begeisterte und entschädigte für vieles. Die Menschen waren zukunftsfroher, nicht selten sogar glücklicher als heute. Dieses Grundgefühl, verbunden mit existentiellen Zwängen, war der Wurzelgrund für einen Aufschwung, den Experten für unmöglich gehalten hatten.

Derartig mitreißende Erfahrungen machen die Europäer schon lange nicht mehr – jedenfalls nicht diejenigen im Westen. Die Mühsal des Aufstiegs liegt hinter ihnen, allerdings auch seine Faszination. Wehmütig blicken sie zurück auf das Vergangene. Der Gedanke an das Kommende erfüllt sie eher mit Unbehagen. Viele fühlen sich der Zukunft nicht gewachsen. Deshalb treten sie auf der Stelle, zänkisch und verdrießlich, und sträuben sich gegen jede Veränderung. Kann nicht alles bleiben, wie es ist? Sie erleben kaum noch, wie die Sonne aufgeht. Sie geht nur jeden Abend unter.

Wie im Europa des 19. Jahrhunderts das Gespenst des Kommunismus umging,[50] so geht heute, nach einem Jahrhundert kräftezehrender Kriege, aber – zumindest in Westeuropa – auch einer historisch einzigartigen Wohlstandsmehrung, das Gespenst des Niedergangs um. Am häufigsten erscheint es in den wohlhabenden Regionen, und viele meinen, ihm schon begegnet zu sein. Ganz unbegründet ist diese Meinung nicht. Auch wenn das Gespenst noch nicht recht dingfest zu machen ist – Spuren hinterlässt es zur Genüge.

Da stehen sie nun. Hier: viele hundert Millionen Menschen, mehrheitlich jung, arm, gut ausgebildet, lebenshungrig und begierig, zum Gipfel aufzusteigen. Dort: wenige hundert Millionen Menschen, mehrheitlich alt, reich, ebenfalls gut ausgebildet, aber ein wenig lebensmatt und von einem langen Aufstieg zum Gipfel ermüdet. Der Gipfelsturm wird spannend werden.

Zerrissene Gefühle

Menschen sind fühlende Wesen. Sie fühlen zum Beispiel das Wetter. Morgens treten sie ans Fenster, recken sich und wissen: Dies wird ein guter Tag, oder: Es wird mühsam werden. Um das zu erkennen, brauchen sie kein Thermometer, kein Barometer und kein Hygrometer. Sie fühlen ganz einfach, was alle diese Geräte ihnen mitteilen könnten, und oft fühlen sie sogar noch mehr. Und ihr Gefühl trügt selten.

Sie fühlen auch, wenn der Wert ihres Geldes dahinschmilzt. Wiederum benötigen sie dafür keine aufwändigen Erhebungsmethoden. Sie fühlen, wenn sich Strom und Heizöl, das Kantinenessen und der Restaurantbesuch, die Kinokarte und die Autowäsche verteuern. Unterziehen sie sich der Mühe des Preisvergleiches, wird ihr Gefühl meist bestätigt. So war den Niederländern amtlicherseits lange Zeit versichert worden, die Einführung des Euro habe keinen Preisschub bewirkt. Doch ihr Gefühl sagte ihnen etwas anderes. Sie rechneten nach. Und siehe da. Die Preise für alles, was sie besonders rege nachfragten, für Milch, Wein und Bier, für Bus- und Taxifahrten, fürs Parken und einige Dutzend weiterer Waren und Dienste waren von 1998 bis 2003 um 49 Prozent gestiegen.[51] Dass gleichzeitig Computer, CDs, Telefongespräche oder Fotoabzüge billiger geworden waren, fiel demgegenüber kaum ins Gewicht. Nicht anders erging es den Italienern. Ihre Regierung höhnte lange, sie litten unter einer »Gefühlsinflation«. Dann aber stellte sich heraus, dass die Lebenshaltungskosten des italienischen Durchschnittshaushaltes von Anfang 2002 bis Mitte 2004 tatsächlich um zwölf Prozent gestiegen waren.[52]

Und Menschen fühlen, wenn es mit der Wirtschaft, der sozialen Sicherheit, dem Gemeinwesen und nicht zuletzt mit ihnen selbst abwärts geht. Da mögen Politiker, besonders diejenigen, die gerade regieren, sie beschwören, nicht solche Gefühle zu hegen. Sie mögen beteuern, dass das, was die Menschen bedrücke, nur eine konjunkturelle Flaute sei, eine vorübergehende Krise, das Durchschreiten einer Talsohle. Sie mögen darauf verweisen, dass die Wirtschaft ja immer noch wachse und es bislang nach jedem Tief auch wieder ein Hoch gegeben habe. Sie mögen den Silberstreif am Horizont wieder und wieder erstrahlen lassen. Die Kluft zwischen ihren Worten und dem, was die Menschen fühlen, ist zu breit. Die Menschen fühlen von Japan über Nordamerika bis hin nach Europa: Ein Scheitelpunkt ist überschritten. Unseren Kindern wird es nicht mehr so gut gehen, wie es uns selbst gegangen ist. Der Lebensstandard vieler wird in den kommenden Jahren spürbar sinken.[53]

Wenn sie das Wort »Reform« hören, zucken die meisten zusammen. Viele Jahrzehnte lang verbanden sie mit ihm eine

Verbesserung ihrer Lebensverhältnisse. Jedesmal, wenn etwas reformiert wurde, war das ein Schritt nach vorne. »Rentenreform«, »Gesundheitsreform« – das waren einmal Begriffe, die Millionen von Wählerstimmen brachten. Doch das ist lange her. Schon in den ausgehenden 1970er Jahren bekam das Wort Reform einen dissonanten Klang. Jetzt ist er nur noch misstönend. Zwar wissen die Menschen, dass Reformen notwendig sind, wenn sie mit den Veränderungen ihrer Umwelt Schritt halten wollen. Ihnen ist klar, dass sie sich wie alle Lebewesen an die sie umgebende Wirklichkeit anpassen müssen, um zu überleben. Sie verdrießt jedoch, dass sich seit geraumer Zeit ihre Lebenswelt fast nur noch zu ihrem Nachteil zu verändern scheint. Denn alle Anpassungen, sprich alle Reformen, sind Abstriche vom Gewohnten. Aufwärts geht es kaum noch und allenfalls punktuell. Insgesamt, so ein verbreitetes Gefühl, befindet sich die Gesellschaft im Sinkflug.

Das Wort »Reform«, das haben inzwischen viele erkannt, hat in den zurückliegenden Jahren einen grundlegenden Bedeutungswandel erfahren. Es ist jetzt sinnverwandt mit »Therapie« oder »Heilbehandlung«. Gesunde werden nicht therapiert. Therapien, das hat sich herumgesprochen, sind in der Regel unangenehm und beschwerlich. Sie erfordern nicht selten Verzicht auf vieles, was der Patient lieb gewonnen hat: opulentes Essen, reichlichen Weingenuss und ähnliche Sinnesfreuden. Vor allem aber ist nie gewiss, ob eine Therapie erfolgreich sein wird. Es gibt nur Erfahrungswerte, die hoffen lassen. Mehr nicht. Therapien können auch fehlschlagen.

Deshalb haben sich große Teile der Bevölkerung lange gegen Reformen gewehrt. Viele tun das auch heute noch und schreien ihren Protest lautstark in die Welt hinaus. Aber ihre Zahl nimmt ab. Die Organisatoren von Protestmärschen und ähnlichen Unmutsbekundungen haben es zunehmend schwer, eindrucksvolle Massen zu mobilisieren. Die meisten Aktionen fallen über kurz oder lang in sich zusammen. Große Bevölkerungsteile beginnen einzusehen, dass die weitere Entwicklung von Wirtschaft und Gesellschaft in der Tat fatal verlaufen könnte, wenn nicht zumindest der Versuch einer

Therapie unternommen wird. Sie sträuben sich nicht mehr gegen Reformen. Doch sind sie weit davon entfernt, sie tatkräftig zu unterstützen. Vielmehr verhalten sie sich wie Patienten, die sich einer überlebensnotwendigen Operation nicht länger verweigern. Froh stimmt sie diese Operation nicht. Sie lassen sie notgedrungen über sich ergehen. Die Gefühle der Menschen sind dabei zerrissen. Einerseits: Muss denn das alles sein? Andererseits: Es wird wohl sein müssen!

Krankes Europa

Dabei ist schwer zu sagen, in welchem Land, in welcher Region Europas das Gefühl des Niedergangs am stärksten ist oder ob überhaupt Unterschiede bestehen. Zwar heißt es von manchen Ländern Mittel- und Osteuropas, dass dort von Niedergang keine Rede sein könne. Vielmehr befänden sich Letten und Litauer, Slowaken und Slowenen und einige andere in einer beinahe euphorischen Aufbruchstimmung, an der sich die griesgrämigen Westler ein Beispiel nehmen könnten. Falsch ist das nicht, aber vordergründig. Dem etwas aufmerksameren Beobachter wird nämlich nicht entgehen, dass sich in jenen Ländern in die unbestreitbar weitverbreitete Zuversicht eine Menge Nachdenklichkeit mischt.

Besorgt fragen viele: Wird unser Aufbauwerk gesichert sein, ehe der Westen erlahmt und möglicherweise Asien die Regie übernimmt? Werden wir in der Kürze der Zeit genügend Kapital bilden, um eine ausreichende Zahl produktiver Arbeitsplätze schaffen zu können? Werden wir trotz bescheidener Mittel so viele Innovationen auf den Weg bringen, dass wir nicht dauerhaft von fremden Ideengebern abhängig sind? Wird es uns gelingen, belastbare soziale Sicherungssysteme zu errichten, bevor auch bei uns die demographische Falle zuschnappt? Bei genauerem Hinsehen zeigt sich, dass sich die Sorgen von Ost- und Westeuropäern durchaus ähneln: Die Bedingungen unseres Handelns haben sich verändert, aber wir uns nicht mit ihnen, jedenfalls nicht ausreichend.

Im Europa des anbrechenden 21. Jahrhunderts ist es wahrlich nicht einfach, ein Land auszumachen, an dem sich andere orientieren könnten. Wer redet noch von den Arbeitsmarktkonzepten der Niederländer, wer vom Modell Schweiz? Selbst Irland und Großbritannien, die für gewisse Zeit mit hohen Wachstums- und niedrigen Arbeitslosenquoten glänzen konnten, weisen bei Lichte besehen empfindliche Schwächen auf. Die Iren sind nur so lange erfolgreich, wie kein anderer sie kopiert. Würden sich alle verhalten wie sie, gerieten sie schnell wieder ins Abseits. Ihre Erfolge sind zerbrechlich. Die Briten hingegen frösteln zunehmend im Schatten ihres Aufschwungs. Die Unterschiede zwischen Reich und Arm sind größer als in vielen anderen Ländern.[54] Dauerhafte Strahlkraft geht von keinem aus. Einmal strahlt es hier, ein andermal dort. Aber kaum macht sich der Suchende auf den Weg, ist das Strahlen schon wieder verloschen. Dieser Eindruck drängt sich nicht zuletzt bei der Lektüre ausländischer Zeitungen auf. Es ist beinahe gleichgültig, aus welchem Land sie kommen – der Leser gewinnt fast immer den Eindruck, dass es ihm selbst so schlecht nicht geht. Anderen geht es offenbar noch schlechter.

Ein solcher Blick über den Tellerrand empfiehlt sich insbesondere für Deutsche, die, wenn sie nicht Anlass haben, himmelhoch zu jauchzen, leicht zu Tode betrübt sind – und ihre Trübsal dann auch voll ausleben. Zu schrecken braucht das niemanden. In gewisser Weise gehört Trübsal zu diesem Volk, und seine Nachbarn haben gelernt, damit zu leben. Neu ist jedoch, dass nunmehr, wenn die Deutschen anheben zu klagen, sogleich ein vielstimmiger Chor aus Schweizern, Österreichern, Italienern, Franzosen, Belgiern, Niederländern und vielen anderen einstimmt und verkündet, ihnen gehe es auch nicht besser und vielleicht sogar noch schlechter als den Deutschen. Deutschland, der kranke Mann Europas? Wer das meint, kennt nicht die Krankheiten der anderen.

Die kummervollen Deutschen werden ganz still, wenn sie vom Kummer der Schweizer hören. Dass diese weniger Arbeitslose und einen hohen Beschäftigtenstand haben, freut sie nicht wirklich. Denn der Preis hierfür ist hoch. Teile der Wirtschaft sind stark reguliert, und die Produktivitätsgewinne sind gering. Seit Jahren sind die Wachstumsraten noch niedriger als in Deutschland. Die Wirtschaft bewegt sich nur im Kriechgang. Der ehemals harte Schweizer Franken hat sogar gegenüber dem keineswegs harten Euro an Wert eingebüßt, und die sozialen Sicherungssysteme einschließlich der lange hochgeschätzten Alterssicherung sind auch nicht mehr, was sie einst waren.[55] In Feierstimmung sind die Schweizer nicht.

Die Österreicher sind kaum fröhlicher. Zwar hat ihnen der Beitritt zur EU 1995 und deren nachfolgende Osterweiterung einen kräftigen wirtschaftlichen Schubs gegeben, und auch ihre Beschäftigungssituation kann sich im europäischen Vergleich sehen lassen. Aber sie wissen, dass sie die Nutznießer günstiger Konstellationen sind, die sie selbst nur wenig beeinflussen können. Der Dampf im Kessel ist nicht immer ihr Dampf. Bei Forschung und Entwicklung liegen sie noch immer zurück, im Bereich der Hochtechnologie sind sie nur unterdurchschnittlich vertreten. Wo sie stark sind, sind auch andere stark. Sie drückt ein riesiger Schuldenberg. Vor allem aber ist ihr Sozialstaat marode, sogar sehr marode.[56]

Die Italiener klagen noch lauter. Seit Mitte der 1990er Jahre ist ihr durchschnittliches Wirtschaftswachstum eines der schwächsten in der Europäischen Union.[57] Der Arbeitsmarkt spiegelt das wider. Die Beschäftigtenzahlen sind niedrig, die Arbeitslosenzahlen hoch.[58] Binnen weniger Jahre hat sich Italiens Anteil am Welthandel erheblich verringert. Selbst in seinen angestammten Bereichen wie Möbel, Bekleidung, Lederwaren, Keramik oder Brillen wird es von Billiglohnländern ausgebootet. Sein Schuldenberg überragt die Schuldenberge der meisten anderen Länder, und sein Sozialsystem ist schlechterdings nicht länger finanzierbar.[59] Und schließlich plagt die Italiener mehr als andere die Geldentwertung. Der Euro gab ihnen nur vorübergehend Halt. Jetzt geht alles wieder seinen gewohnten Gang, abwärts. Ein Teller Minestrone in einer römischen Trattoria zum Preis von 15 Euro – das schmerzt.

Grund zur Klage haben auch die Franzosen. Die gesetzlich verfügte Verkürzung der Wochenstundenzahl hat nicht die erhofften Beschäftigungswirkungen gehabt. Die Zahl der Arbeitslosen blieb hoch.[60] Von soliden Staatsfinanzen ist das Land weit entfernt.[61] Das Sozialsystem eilt wie anderenorts seinem Kollaps entgegen.[62] Doch die Bevölkerung sträubt sich mit Händen und Füßen gegen jedwede Veränderung. Aus französischer Sicht wirkt Deutschland geradezu reformfreudig. Regierungspolitiker beneiden ihre Kollegen jenseits des Rheins. Auch in Frankreich – so erklären sie – sei eine Agenda 2010 bitter nötig, aber leider sei sie nicht möglich. Der Widerstand der Bevölkerung sei zu groß.

So geht es weiter mit Belgien, den Niederlanden, Spanien, Griechenland und allen anderen. Kein Land hält aus der Nähe, was es (vielleicht) aus der Ferne verspricht. Das heißt nicht, dass die Europäer nicht voneinander lernen können, ja müssen. Nur stehen den Stärken, die der eine oder andere aufweist, fast immer entsprechende Schwächen gegenüber. Die Faszination des Vorbildes schwindet, wenn aus dem Puzzle seiner Stärken und Schwächen ein Gesamtbild entsteht. So hatte man sich das nicht vorgestellt, so will man nun auch wieder nicht leben. Ernüchterung breitet sich aus, und im Ergebnis nimmt jeder vorlieb mit dem, was er hat. Den Ländern Europas fällt es schwer, sich aneinander hochzuranken.

Gleicher Lohn für gleiche Arbeit

Das Ganze lässt sich nicht abtun als habituelle Tristesse alter, zumeist sehr satter und nicht selten auch recht lebensmatter Bevölkerungen. Denn der Niedergang wird nicht nur gefühlt. Er ist nicht nur im Gemüt der Menschen auszumachen. Er zeigt sich auch in der greifbaren Lebenswirklichkeit, in amtlichen Statistiken und – wo er vermutlich am schmerzlichsten wahrgenommen wird – auf den Lohn- und Gehaltszetteln.

Dass die Kaufkraft ihrer Löhne und Gehälter schon seit langem nicht mehr steigt, haben viele abhängig Beschäftigte in Hochlohnländern wie Deutschland oder den USA inzwischen akzeptiert. Sie haben begriffen, dass Lohnrunden und Gehaltsgespräche kaum mehr sind als Schaumschlägerei, durch die der Stillstand ein wenig überdeckt werden soll. Unter dem Strich bleibt selten mehr als die Inflationsrate. Doch nunmehr endet die Phase des Stillstands. Von jetzt an sinken die Einkommen auf breiter Front – nominal und erst recht real. Die Menschen bilden sich das nicht nur ein. Viele können sich tatsächlich immer weniger leisten.[63]

In immer rascherer Folge stehen Einzelne und ganze Belegschaften vor der Wahl, entweder Einkommensverzicht zu üben oder entlassen zu werden. Entsprechende Meldungen überschlagen sich geradezu, wobei kein einziges Hochlohnland ausgespart bleibt. Diese Einkommensverzichte bedeuten oft empfindliche Einschnitte in den gewohnten Lebensstandard. In den USA beispielsweise sind die Einkommen von IT-Spezialisten von 2001 bis 2003 um reichlich ein Fünftel gesunken, und auch die Bezahlung von ausgesuchten Spitzenkräften ging in dieser Zeit um elf Prozent zurück.[64] Und dies dürfte nur ein erster Schritt auf einem langen Abwärtspfad gewesen sein. Ähnlich qualifizierte Kräfte verdienen nämlich in Indien nicht selten nur ein Achtel dessen, was ihre US-amerikanischen Kollegen auch jetzt noch erhalten.[65]

Vor diesem Einkommensgefälle stehen auch Westeuropa und alle übrigen Hochlohnregionen. Auch hier sind bei ähnlicher Qualifikation und ähnlicher Produktivität die Einkommen bis zu fünfmal so hoch wie in manchen Niedriglohnländern. Gewiss sind auch die Lebenshaltungskosten unterschiedlich. Aber selbst wenn dem Rechnung getragen wird, bleibt das Gefälle enorm. Auf diesem Gefälle sind die Erwerbseinkommen breiter Bevölkerungsschichten in den Hochlohnländern ins Rutschen geraten. Schon heute gibt es in Deutschland in der Land- und Forstwirtschaft, im Gaststätten- und Gesundheitswesen sowie in einem Dutzend weiterer Wirtschaftsbereiche Lohngruppen, in denen der tarifliche Bruttostundenlohn nur selten über fünf Euro hinausgeht und oft erheblich darunter liegt.[66] Dabei gibt es viele Arbeitgeber, die noch nicht einmal an diese Tariflöhne gebunden sind. Sie können Arbeitsentgelte vereinbaren, die noch niedriger sind, und manche tun das auch. Fünf Euro oder weniger in der Stunde – das mag einem Asiaten viel und einem Mitteleuropäer annehmbar erscheinen. Für die wohlstandsverwöhnten Deutschen oder andere Westeuropäer heißt das jedoch, dass eine beträchtliche Zahl von Erwerbstätigen nach einer vierzigstündigen Arbeitswoche hart am sozio-kulturell definierten Existenzminimum entlangschrammt.

Es ist zwecklos, die Augen davor zu verschließen: Aus den vormaligen Jägern sind Gejagte geworden. Nicht mehr die Hoch-, sondern die Niedriglohnländer geben den Takt bei der Festsetzung der Arbeitslöhne vor. Unsichtbar nehmen sie an jeder Tarifrunde, an jedem Gehaltsgespräch teil und diktieren das Ergebnis. Die Zusammenhänge sind einfach. Jede Arbeit hat ihren Preis, einen Weltmarktpreis. An ihm orientiert sich der Arbeitgeber. Soll dieser Preis überschritten werden, müssen triftige Gründe vorliegen. Triftig sind sie unter anderem dann, wenn sie sich rechnen. Gründe, die sich nicht rechnen, haben meistens keine Chance, gehört zu werden.

Das bedeutet für die Erwerbsbevölkerungen der Hochlohnländer eine radikale Abkehr vom Gewohnten. Bisher vereinbarten Deutsche, Italiener oder Briten ihre Löhne stets im Inneren ihres nationalen ökonomischen Gehäuses. Wohl hatte dieses Gehäuse offene Fenster und Türen. Doch jetzt ist auch das Dach abgetragen, und von den Wänden stehen einige nicht mehr. Langsam verfällt es zur Ruine. Das Generationen währende Ringen zwischen Kapital und Arbeit, das in diesem Gehäuse stattfand, ist zwar noch nicht zu Ende, hat aber an Bedeutung eingebüßt. Es wurde verdrängt von dem nicht minder harten Ringen zwischen Hoch- und Niedriglöhnern. Die Hochlöhner müssen ihre höheren Einkommen vor den Augen der Welt rechtfertigen. Ihr Hinweis auf höhere Lebenshaltungskosten hilft ihnen dabei nicht. Das kann die Welt nicht beeindrucken.

Es war von Anfang an eine Illusion anzunehmen, quantitativ und qualitativ gleiche Arbeit könne auf Dauer unterschiedlich entlohnt werden. Gleicher Lohn für gleiche Arbeit – dieses nur allzu einsichtige Postulat gilt eben nicht nur für Männer und Frauen oder verschiedene Regionen innerhalb einer Volkswirtschaft. Es gilt auch global. Die Annäherung aller Preise, ob gewollt oder ungewollt, ist die Quintessenz der Globalisierung. Die Preise für Wissen und Kapital, für Kommunikation und Transport sind einander bereits recht ähnlich geworden. Die Preise für Waren und Dienste sind im Begriff, dies zu tun. Und nun folgt zum Abschluss die globale Annäherung der Preise für Arbeit. Für die seit Generationen einkommensverwöhnten Westler ist dies ein Schock. Aber das sind die Gesetze des Marktes, die der Westen die Welt gelehrt hat. Sie jetzt ändern zu wollen ist nicht nur doppelzüngig, sondern auch aussichtslos.

Gleicher Lohn für gleiche Arbeit: Was das bedeutet, beginnen die Erwerbsbevölkerungen der frühindustrialisierten Länder zu ahnen. Begriffen haben sie es noch nicht. Sie klammern sich daran, dass in den aufstrebenden Ländern zusammen mit der Wertschöpfung auch die Löhne steigen werden. Das wird so sein. Aber es wird dauern. Zu glauben, der Westen könne den Annäherungsprozess auf seinem hohen Preispodest aussitzen, ist wirklichkeitsfremd. Dafür haben die aufstrebenden Länder gerade bei den Löhnen zu große Spielräume, und sie werden sich hüten, diese wichtigste Trumpfkarte vorschnell auszuspielen – ihre niedrigen Arbeitskosten.

Katz und Maus

Krieg, Terror, Drogen, Diebstahl – sie und einiges andere sind für den Westen ein kräftezehrender Aderlass. Sie nagen an seinem Wohlstand und verschlingen jährlich die gesamte Wertschöpfung großer Volkswirtschaften. Die Arbeitskraft vieler Millionen Erwerbstätiger und Milliardeninvestitionen werden benötigt, um die Schäden zu begrenzen. Das alles belastet. Doch irgendwie haben sich die frühindustrialisierten Länder an diesen Aderlass gewöhnt, oder vielleicht richtiger: Sie haben sich ihm angepasst und gelernt, mit ihm zu leben. Er ist zu einem Teil ihrer Existenz geworden. Alle Starken mussten ihn in den jeweiligen Erscheinungsformen ihrer Zeit ertragen.

Noch nicht gewöhnt, noch nicht angepasst haben sie sich hingegen an den Aderlass, den die globalen Verschiebungen des demographischen und – eng mit ihm verwoben – wirtschaftlichen Gefüges verursachen. Dass sie auf ihrem ureigenen Feld, der wirtschaftlichen Effizienz, gestellt wurden, hat die frühindustrialisierten Länder überrascht. Darauf waren sie nicht vorbereitet – am allerwenigsten mental. Bisher hatten sie hier stets aus einer Position der Stärke heraus operiert. Dass diese Stärke eines Tages unnachsichtig getestet werden würde und sie diesen Test möglicherweise nicht bestehen könnten, ist ihnen jahrhundertelang überhaupt nicht in den Sinn gekommen. Umso größer ist jetzt der Schock.

Aus dem Spiel, das die Katze so lange mit der Maus spielte, ist plötzlich Ernst geworden. Aber nicht für die Maus, sondern für die Katze. Noch kann die Katze das nicht fassen. Die Wendung kam zu unerwartet. Nun aber sieht sie sich von Mäusen umlagert. Oder weniger metaphorisch: Das riesige Heer von qualifizierten und zugleich billigen Arbeitskräften, das dem Westen binnen einer Generation erwachsen ist, hat dessen wirtschaftliche und mehr noch soziale Strukturen schwer getroffen. Nichts funktioniert mehr wie bislang gewohnt. Das gilt vor allem für die Wechselbeziehungen zwischen Kapital und Arbeit, um deren Gestaltung lange leidenschaftlich gerungen wurde.

Die Ergebnisse dieses Ringens werden täglich ein Stück hinfälliger. Das zeigt nicht zuletzt der schwindende Einfluss der Gewerkschaften in allen frühindustrialisierten Ländern. Sie mögen noch mitgliederstark sein wie in Skandinavien oder schon mitgliederschwach wie in Frankreich oder Japan – Gehör finden sie immer weniger, und von ihren einstmals angepeilten Zielen treiben sie mehr und mehr ab. Die kräftigen Schlucke aus der Pulle, die sie zu fordern pflegten, die Verkürzung der Wochen- und Jahresarbeitszeit, häufigere Ruhepausen, Frühverrentungen – das alles klingt schon beinahe unwirklich. Heute reagieren sie erleichtert, wenn ein Unternehmen wie Opel die Streichung von zehntausend Arbeitsplätzen mit der Gründung von Beschäftigungs- und Qualifizierungsgesellschaften, Vorruhestandsregelungen, Abfindungsprogrammen und der Auslagerung von Unternehmensteilen garniert.[67] Noch vor einigen Jahren wären sie in der gleichen Lage protestierend auf die Straße gegangen. Doch mittlerweile wissen sie: Diesmal gibt es noch Vorruhestandsregelungen und Abfindungsprogramme. Schon bald werden auch die der Vergangenheit angehören.

Es versteht sich von selbst, dass diese Entwicklung Arbeitnehmer, aber auch viele Kleingewerbetreibende und Mittelständler in den frühindustrialisierten Ländern verbittert. Sie sehen sich als Bauernopfer im Schachspiel des Kapitals, und in gewisser Weise sind sie das auch. Allerdings verkennen sie in ihrer Empörung, dass ihr derzeitiger Abstieg von dem selben Mechanismus bewirkt wird, der ihnen und ihren Vorfahren einstmals den Aufstieg ermöglicht hat: dem Streben des mit Wissen gepaarten Kapitals nach bestmöglicher Verwertung, sprich höchster Rendite. Hätten die Menschen im Westen ihren Marx sorgfältiger gelesen, wären sie von der gegenwärtigen Entwicklung weniger überrascht worden. In diesem Punkt war nämlich der sonst mitunter blinde Prophet bemerkenswert klarsichtig.

Während vieler Generationen boten die frühindustrialisierten Länder die besten und manchmal sogar die einzigen Möglichkeiten der rentierlichen Verwertung von Kapital.

Deshalb ballte es sich hier zusammen und trieb Produktivität und Wohlstand kräftig an. Heute bieten die aufstrebenden Länder oft bessere Renditechancen, und folglich zieht es das Kapital verstärkt dorthin. Aber niemand sollte es dafür schelten. Denn wo es die höchsten Renditen erzielt, stiftet es gemeinhin auch den höchsten Nutzen. Jeder, der die Ströme investiven Kapitals verfolgt – und die Betonung liegt auf »investiven« –, kann sich hiervon leicht überzeugen. In den frühindustrialisierten Ländern hebt steigender Kapitaleinsatz den Massenwohlstand nur noch geringfügig und möglicherweise auch gar nicht mehr. In den sich entwickelnden Regionen erhöht er ihn hingegen beträchtlich. Die höchst unterschiedlichen Wachstumsraten, die in bereits entwickelten beziehungsweise sich erst entwickelnden Volkswirtschaften bei gleichem Kapitaleinsatz erzielt werden, geben einen Hinweis hierauf.

Damit ist nicht gesagt, dass die Eigner von Kapital darauf aus sind, mit ihm nur Gutes zu tun. Das mag in Einzelfällen so sein. Im Allgemeinen verhalten sich Investoren wie die meisten Menschen. Vorrangig suchen sie ihren eigenen Vorteil. Für dieses Verhalten sind sie weder zu loben noch zu tadeln. Denn es ist menschlich. Entscheidend ist, dass ihr Vorteilsstreben zumeist auch Dritten Vorteile verschafft.

Es dauerte geraume Zeit, bis Gesellschaften das verstanden hatten. Und selbst heute ist diese Einsicht noch keineswegs Gemeingut. Was sagte doch der sächsische Gewerkschaftsführer im deutschen Fernsehen, als er erfuhr, dass ein Unternehmen in seiner Region Betriebe stilllegte und dafür im Ausland investierte? Soll sich doch das Kapital zum Teufel scheren. Wir brauchen kein Kapital. Wir brauchen Arbeitsplätze! Dass Arbeitsplätze zumeist und nicht zum geringsten Kapital sind, hatte der gute Mann auch 2004 noch nicht begriffen.

Und es war Kapital, das dazu beitrug, dass sich nach anfänglichem großen Elend schon in einer frühen Phase des Kapitalismus so etwas wie ein bescheidener Breitenwohlstand entwickelte. Die kapitalintensiven Fabriken ermöglichten alles in allem bessere Lebensbedingungen als das kapitalarme Land. Bildungsniveau und Lebenserwartung stiegen. Diese Zusammenhänge wurden in der Folgezeit immer deutlicher und spätestens gegen Ende des 19. Jahrhunderts in allen frühindustrialisierten Ländern manifest. Heute bezweifeln nur noch wenige die wohlstandssteigernden Wirkungen von Kapital und dem Wissen, das mit ihm oft einhergeht.

Ströme

Umso besorgter reagieren breite Kreise im Westen auf den anschwellenden Kapitalstrom, der sich von den frühindustrialisierten in die aufstrebenden Länder ergießt. Allein China zog 2002/2003 rund 100 Milliarden US-Dollar ausländische Direktinvestitionen an,[68] und zugleich soll ein Fünftel des deutschen IT-Budgets nach Indien gehen.[69] Ebenso empfiehlt sich Osteuropa vorerst weiter als attraktiver Produktionsstandort. Die Attraktivität des Westens schwindet hingegen. Selbst ein so traditionsreicher Industriestandort wie Deutschland verlagert zunehmend auch werthaltigste Teile seiner Wertschöpfung ins Ausland und begnügt sich mit bescheideneren Aufgaben wie der Montage von zugelieferten Fertigteilen. Deutschland folgt damit dem Weg, den andere Industrieländer wie Großbritannien bereits gegangen sind. Umgekehrt errichten Länder, die noch vor gar nicht langer Zeit in tiefem Schatten lagen, im Westen Brückenköpfe, um über sie den Absatz ihrer Waren und Dienste weiter zu steigern.

Offensichtlich sieht das Kapital, das einst in den frühindustrialisierten Ländern generiert wurde, seine Zukunft zunehmend außerhalb seiner angestammten Räume. Zwar ist sein Fernweh nicht überall gleich. Überall gleich sind jedoch die Trends. Nicht nur europäische Regierungen, Gewerkschaften und mitunter auch Unternehmer warnen vor einer drohenden Deindustrialisierung. Auch in den USA und Japan braut sich Unmut zusammen. Manche versuchen, die Flut zu wenden. Erfolge haben sie keine. Wohl ist es unverändert möglich, unter bestimmten Voraussetzungen auch in den frühindustrialisierten Ländern einen hohen Beschäftigungsstand zu gewährleisten. Einige Länder zeigen das. Doch Arbeitsplätze, wie sie in der Vergangenheit als normal angesehen wurden – sicher, gut bezahlt und gesellschaftlich angesehen –, sind weithin rar. Die Arbeit, die an solchen Plätzen geleistet wurde, wandert ab. Selbst die sonst so anpassungsfähigen Amerikaner zeigen sich beunruhigt. Wie ihre europäischen Kollegen verfolgen sie nervös jede Regung ihrer Arbeitgeber und fragen besorgt, ob nicht vielleicht sie von der nächsten Betriebsverlagerung betroffen sein könnten.

Ihr einstiger Hochmut – »mit Indern und Chinesen konkurrieren wir nicht« – ist ängstlicher Beklommenheit gewichen. Sie wissen: Der Wettbewerb ist längst in vollem Gange. Trotz ansehnlicher Wachstumsraten gingen die Erwerbseinkommen vieler US-amerikanischer Arbeitnehmer nach Abzug der Geldentwertung deutlich zurück, und in zahlreichen Ländern Europas hat jetzt der Abstieg begonnen. Das schlägt sich nieder in regional rückläufigen Immobilienpreisen und in Preissenkungen für langlebige Güter. Billigautos drängen vermehrt auf den Markt. Europas größtes Möbelhaus hat Anlass, seinen Absatz durch eine grundlegende Neugestaltung seiner Preise zu sichern. Sonderangebote von Waschmaschinen, Fernsehgeräten und dergleichen sind an der Tagesordnung, und einige Experten befürchten bereits eine heraufziehende Deflation, einen allgemeinen Preisverfall.

Solchen Befürchtungen kann viel entgegengehalten werden. Unschwer lassen sich auch gegenläufige Entwicklungen aufzeigen. Um jedoch festzustellen, dass der Westen in einen Sog geraten ist, dessen Stärke und Richtung er nicht länger bestimmt, bedarf es keiner empfindlichen Messgeräte mehr. Dieser Sog ähnelt der Schwerkraft. Abstrakt ist sie schwer zu beschreiben. Aber ein Sturz aus wenigen Metern Höhe oder ein herabfallender Dachziegel beweisen ihre Allgegenwart. Nicht zuletzt lässt sie alles Wasser strömen – zuverlässig zum tiefsten Punkt.

Ähnlich haben jetzt die aufstrebenden Länder Kapital und in seinem Schlepptau Wissen in ihre Richtung in Bewegung gesetzt. Voraussetzung dafür war, dass die Wehre, die in früheren Zeiten wirtschaftlich starke und schwache Regionen voneinander geschieden hatten, hochgezogen wurden. Doch seitdem das geschehen ist, drängen Wissen, Kapital und Arbeit wie in einem System miteinander verbundener Röhren zum Ausgleich. Kann und soll dagegen etwas unternommen werden?

In den frühindustrialisierten Ländern mehren sich die Stimmen, die diese Frage bejahen. Lasst die Wehre wieder herunter! Wie strömendes Wasser sollen die globalen Ströme von Wissen, Kapital und Arbeit kanalisiert und Niveauunterschiede fixiert werden. Die Instrumente: Kapitalverkehrskontrollen, Zollschranken, Ein- und Ausreiseverbote. Sie alle sind nicht neu und in der Praxis ausgiebig erprobt. Gerade deshalb sind aber auch ihre Wirkungen bekannt. Es gibt historische Situationen, in denen sie sich durchaus als segensreich erweisen. Solche Situationen sind allerdings flüchtig. Schon auf mittlere Sicht stiften diese Instrumente mehr Schaden als Nutzen.

Diese Erfahrung machten bislang alle Volkswirtschaften, die sich über längere Zeit von anderen abzuschotten versuchten. Der frühere Ostblock legte hierfür das wohl eindrucksvollste Zeugnis ab. Er verschimmelte und verfiel hinter seinen Mauern. Daher sind auch die Proteste vieler Globalisierungsgegner sinnlos. Jenseits ihrer menschheitsumschlingenden Girlanden zielen sie nämlich darauf ab, die bisherigen Privilegien des Westens zu erhalten. Die Geschichte ist darüber bereits hinweggegangen. Ebenso gut könnten sich die Protestler jetzt dafür einsetzen, dass reife Äpfel vom Ast nicht auf die Erde fallen, sondern in den Herbsthimmel aufsteigen.

Wachstumsmythos – Wohlstandswahn

Ideale im Wandel

Die Geschichte der Europäer ist eine Geschichte abrupter Brüche, grundlegender Neuorientierungen und Kehrtwendungen. Während des ganzen Mittelalters, etwa vom 5. bis zum 15. Jahrhundert, hatten sie mit dem Christentum eine Religion verinnerlicht, die, stärker noch als andere Hochreligionen, alles Diesseitige gering erachtete und sich ganz am Jenseitigen orientierte. Materielle Güter erschienen auf dem Weg zum Heil hinderlich. Besser war es, sich auf das Notwendigste zu beschränken. Was nicht unabweisbar zum Lebensunterhalt benötigt wurde, sollte der Verherrlichung Gottes dienen. Prächtige Sakralbauten, Kirchen und Klöster, die oft von bedürftigen Gläubigen errichtet wurden, künden bis heute von diesem Geist.

Er schwand mit dem Anbruch der Neuzeit, mit Renaissance und Reformation. Unter Rückgriff auf antikes Gedankengut wandten sich die bis dahin so jenseitig orientierten Europäer nunmehr Diesseitigem mit einer Ausschließlichkeit zu, wie dies zuvor wohl noch keine Zivilisation getan hatte. Die Konflikte, die mit diesem Wechsel der Sichtweise einhergingen, waren beträchtlich. Eine Zeit lang schien es, als zerbrächen die Europäer an ihnen. Doch schließlich lösten sie sie. Von den sieben Tagen der Woche stellten sie sechs in den Dienst Mammons. Ein Tag blieb den alten Gottesdiensten gewidmet. Dann verwiesen sie alles Religiöse in den Privatbereich. Wer wollte, konnte jetzt die ganze Woche, das ganze Jahr über materielle Wohlstandsmehrung betreiben. Inzwischen ist der christliche Wertekanon, der rund ein Jahrtausend lang die Europäer prägte, für die meisten nur noch eine ferne Erinnerung. Und oft nicht einmal mehr das. Das Leben gehört ungeteilt und ungeschmälert Diesseitigem. Es kreist um die Befriedigung materieller Bedürfnisse.

Nirgendwo offenbart sich das Scheitern des Christentums brutaler als hier. Der irdische Ankerpunkt dieser Religion, Jesus von Nazareth, lebte und lehrte völlige materielle Bedürfnislosigkeit. In wenigen Punkten sind die biblischen Berichte über ihn so eindeutig wie in diesem. Vermutlich wächst er in ärmlichen Verhältnissen auf. Anders als die Füchse, die ihre Höhlen, und die Vögel, die ihre Nester haben, hat er noch nicht einmal eine Stätte, wo er sein Haupt hinlegen kann (Matthäus 8, 20). Das aber ist für ihn kein Anlass zur Klage. Vielmehr erwartet er von seinen Jüngern eine ähnliche Bedürfnis- und Mittellosigkeit. Sie sollen sich weder Gold- noch Silber- noch Kupfermünzen verschaffen noch einen Ranzen für die Reise, ebenso wenig Schuhe oder einen zweiten Leibrock (Mt 10, 10). »Macht euch doch keinen Kummer wegen des Morgen«, ermuntert Jesus seine Jünger, »der morgige Tag wird schon für sich selbst sorgen« (Mt 6, 34).

Wer diese und ähnliche Aussagen als Ausdruck der Unbekümmertheit eines antiken Blumenkindes interpretiert, verfehlt den Wesenskern des Christentums. Dessen Distanzierung von materiellen Gütern ist grundsätzlich. Wo solche Schätze sind, da ist nämlich auch das Herz des Menschen (Mt 6, 21). Der Mensch aber kann keinen zwei Herren dienen. Er muss sich entscheiden zwischen Gott und dem Mammon (Mt 6, 24). Dabei wird der Kluge um des Himmelreiches willen sein Grundstück aufgeben (Mt 19, 29), seinen Acker verkaufen und auf all sein Hab und Gut verzichten (Mt 13, 44). Denn eher gelangt ein Kamel durch ein Nadelöhr als ein Reicher in den Himmel (Mt 19, 24). Beim Wohlhabenden fällt »das Wort« unter Dornen (Mt 13, 22). Wer vollkommen sein will, verzichtet auf allen Besitz und folgt Jesus nach (Mt 19, 23). Im Übrigen ist es ohnehin sinnlos, auf Erden Schätze zu sammeln, wo Motten und Rost daran zehren und Diebe einbrechen und stehlen (Mt 6, 19).

Die frühe Kirche nahm diese Aussagen im Allgemeinen recht ernst, was nicht zuletzt für Jahrhunderte zu einer gewissen Lähmung wirtschaftlicher Aktivitäten beigetragen haben dürfte. Zwar erwarb sie im Laufe der Zeit Grund und Boden sowie sonstigen Besitz. Doch sie betrachtete diese Erwerbungen als bloßes Lehen Gottes, vor allem aber als Voraussetzung der Armenfürsorge. Die Sorge für Arme war für sie tätige Nächstenliebe – das zweite wirtschaftsrelevante Postulat des Neuen Testaments neben dem weitestgehenden Verzicht auf materielle Güter.

Diese tätige Nächstenliebe, die Sorge für die Armen, war der Sprengsatz, der in das hohe und strenge Gemäuer des Armutspostulats die breite Bresche riss, durch die die Christenheit im ausgehenden Mittelalter aus der kirchlichen Ordnung ausbrach, um sich weltlichen, namentlich wirtschaftlichen Dingen zuzuwenden. Gestützt auf das Argument, materielle Güter und deren Mehrung müssten Gott gefallen, weil nur so den Armen wirksam geholfen werden könne, ging ein Ruck durch Europa – stärker im Westen, schwächer im Osten.

Im Wirken des Reformators Luther ist diese Entwicklung geradezu modellhaft nachzuvollziehen. Zu Beginn betrachtet er wertschöpfende Arbeit als ethisch neutral. Sie ist wie Essen und Trinken weder gut noch schlecht. In einer nachfolgenden Phase ist sie für ihn Ausdruck von Nächstenliebe und ihre Vermeidung ein Verstoß gegen diese. In seiner Spätzeit schließlich sieht Luther in der Erfüllung innerweltlicher Pflichten den einzigen Weg, um Gott wohlzugefallen. Sein Zeitgenosse Calvin geht mitsamt seiner puritanischen Bewegung noch weiter. Wer nicht arbeitet, sündigt. Der nach Gewinn strebende Mensch erfreut Gott. Reichtum und Besitz sind ethisch nicht verwerflich. Verwerflich ist nur deren Genuss. Materielle Güter zu schaffen und sie nicht zu genießen gehört hingegen zum Höchsten, was der Mensch zu erreichen vermag.

Von hier bis zum ungehemmten Genussmaterialismus unserer Tage war es nicht weit. Was sollte die ganze Gütermehrung zum Wohle des Nächsten? War sich nicht jeder selbst der Nächste? Nach und nach löste sich die mental-sittliche Verbindung von Gütermehrung und Nächstenliebe auf. Die Mehrung materieller Güter zur Steigerung des individuellen Wohls wurde zur neuen gesellschaftlichen Leitidee. Sie bedurfte keiner Rechtfertigung oder Begründung mehr. Das christliche Armutspostulat hatte ausgedient. Die Bahn war frei für das auf Wirtschaftswachstum und materiellen Wohlstand fixierte Europa, wie wir es heute kennen. Zwangsläufig war diese Entwicklung nicht. Es hätte auch anders kommen können.

Prägungen

Alle Lebewesen werden von ihrer Umwelt geprägt. Wie weit solche Prägungen gehen können, hat der Verhaltensforscher Konrad Lorenz schon vor einem halben Jahrhundert eindrucksvoll gezeigt. Nachdem er sich schlüpfenden Graugänsen vom ersten Augenblick an als »Leittier« zur Verfügung gestellt hatte, folgten sie nur ihm. Andere Graugänse bedeuteten ihnen nichts.

Auch Menschen sind vielfältig geprägt. Das beginnt mit der Sprache der ersten Lebensjahre, die nicht nur Zunge und Kehlkopf, sondern auch spätere Denkmuster formt, und setzt sich fort in unterschiedlichsten Zu- und Abneigungen, Wert- und Unwerturteilen. Was macht einen Europäer zum Europäer, einen Briten zum Briten oder einen Franzosen zum Franzosen? Prägungen. Warum lieben die einen Klassik und die anderen Pop? Weil sie so geprägt worden sind. Was ist Heimat? Abermals das Ergebnis von Prägungen, die so oder anders sein können. Wer am grauen Meer aufgewachsen ist, fühlt sich nicht selten ein Leben lang nur da richtig wohl. Nicht anders ergeht es den Kindern der Berge. Nur da geht ihnen das Herz auf.

Prägungen umfassen aber noch mehr. Die Menschen des Westens sind seit langem geprägt von ständigem Wachstum in fast allen Lebensbereichen. Es wuchs nicht nur ihre eigene

Zahl. Noch stärker wuchs die Zahl der Wohnungen, der Automobile, der Straßenkilometer – einfach alles. Viele können sich eine Welt ohne Wachstum kaum noch vorstellen. Wachstum ist für sie eine unverzichtbare Voraussetzung für das Funktionieren der Wirtschaft, der sozialen Sicherungssysteme und der politischen Ordnung. Selbst das individuelle Wohlbefinden hängt für sie von Wachstum ab. Ohne Wachstum, befürchten Politiker, seien westliche Gesellschaften unregierbar. Oder wie eine große deutsche Volkspartei in ihrem Programm schnörkellos erklärt: »Ohne Wachstum ist alles nichts.«[1]

Menschen früherer Zeiten hätten für eine solche Sichtweise kein Verständnis gehabt. Sie durchlebten die Jahrhunderte, ohne dass sich viel veränderte, und folglich waren sie auch nicht von Veränderungs-, von Wachstumsvorstellungen geprägt. Die Masse wollte leben »nach alter Väter Sitte«, und sie war stolz darauf, wenn ihr das halbwegs gelang. Veränderungen, wie sie unvermeidlich mit Wachstumsprozessen einhergehen, waren ihr verdächtig. Sie fürchtete sie.

Die Umprägung, die die Europäer im ausgehenden Mittelalter und zu Beginn der Neuzeit erfuhren, dürfte zu den größten Transformationen und zugleich Ironien der Menschheitsgeschichte gehören. Da macht sich eine Gesellschaft auf den Weg, um – idealiter – durch Verzicht und Askese, die Beschränkung auf das Notwendige und die Geringschätzung materieller Güter bis dahin unerreichte geistige Höhen zu erklimmen – oder, in der Sprache jener Zeit: Gott wohlzugefallen – und dadurch die ewige Seligkeit zu erlangen. Und sie endet in einer Welt des fast ausschließlich Materiellen, des Massenwohlstands, des Genusses und des materiellen Überflusses.

Die Radikalität dieser Umprägung offenbart ein Blick in einen etwas älteren Beichtspiegel der katholischen Kirche. Was noch vor einigen Jahrzehnten als Sünde galt, gilt heute als Tugend: Geiz, Habsucht, Eitelkeit. Was vormals als Tugend angesehen wurde, ist jetzt Dummheit: Ehrlichkeit, Selbstlosigkeit, Bescheidenheit. Ein krasserer Wandel ist kaum denkbar. Im 15. Jahrhundert litt Jakob Fugger II., einer der bedeutendsten Vertreter des Frühkapitalismus in Deutschland, ob seines Reichtums noch Höllenqualen. Er sah sich auf ewig vom Himmel ausgeschlossen und versuchte durch gute Werke – die Fuggerei zum Wohle bedürftiger Bürger und die Fuggerkapelle in Augsburg stehen noch heute – Gnade zu erlangen. Diejenigen, die in seine Schuhe schlüpften, kannten derartige Skrupel nicht mehr. Ihre Reichtümer konnten gar nicht groß genug sein, und kaum einer bangte, durch sie sein Seelenheil zu verspielen.

Wendepunkte

Ständiges Wachstum in fast allen Lebensbereichen, namentlich die Mehrung materieller Güter, hat den Westen so tief geprägt, dass jedes Hinterfragen dieser Prägung abwegig oder zumindest befremdlich erscheint. Oft wird sie überhaupt nicht mehr als Prägung wahrgenommen. Wie Deutsche, Italiener oder Spanier geneigt sind zu glauben, wie sie sich verhalten, verhalte man sich eben, und wer sich nicht so verhalte, verhalte sich abnorm, so betrachten die Völker des Westens Expansion als einen gewissermaßen natürlichen Prozess und Stagnation oder gar Kontraktion als dessen Störung. Stagnation bezeichnen sie explizit als Wachstumsschwäche, Kontraktion als negatives Wachstum. Das Verständnis dafür, dass Stagnation und Kontraktion genauso »natürlich« sind wie Expansion, ist weithin verloren gegangen. Dabei zeigt die uns umgebende Wirklichkeit, dass alle drei ein genau austariertes Gefüge bilden, aus dem ein dauerhafter Ausbruch nicht möglich ist.

Das macht die Prägung des Westens überaus problematisch. Denn letztlich fußt sie auf etwas objektiv Unmöglichem. Ob sich das Universum bis in alle Ewigkeit ausdehnen kann, ist noch nicht abschließend geklärt. Geklärt ist hingegen, dass auf unserer endlichen Erde nichts immerfort wächst. Dass Bäume nicht in den Himmel wachsen, wusste schon der Volksmund. Die Wissenschaft hält ungezählte weitere Belege bereit. Erreicht der Schalldruck den Atmosphärendruck, wird Krach zur Stille – bei 194 Dezibel. Regentropfen, die zu Boden fallen, sind nie größer als neun Millimeter. Was größer ist, zerplatzt im Fall. Luftbewegungen können höchstens eine Geschwindigkeit von 520 Stundenkilometern erreichen. Dann ist Schluss.[2] Die Liste derartiger Beispiele ist lang. Sie alle zeigen: In der Natur ist nichts unendlich. Grenzen des Wachstums in Abrede zu stellen zeugt nur von Unwissen. Sinnvoll kann immer nur gefragt werden, wann Wachstum zum Stillstand kommt, nicht, ob dies jemals geschehen wird.

Diese Feststellung ist nicht Ausdruck von Wachstumsskeptizismus und erst recht keine Wachstumskritik, sondern nur die Anerkenntnis der Bedingungen irdischer Existenz. Menschen, die von der Erfahrung anhaltenden Wachstums geprägt sind, fällt diese Anerkenntnis jedoch schwer. Viele halten es beispielsweise für ein Unglück, dass die Einwohnerschaft von Städten und Gemeinden nach jahrhundertelanger Zunahme jetzt in einigen Regionen Europas zurückgeht. Gemeindeväter und -mütter hoffen, dass ihnen dieses Schicksal erspart bleibt. Sie setzen auf Wachstum. Noch 1990 glaubten manche Politiker, Berlin werde in absehbarer Zeit zehn Millionen Einwohner zählen. Das Ziel des wachsenden Hamburg ist bis heute nicht aufgegeben. Köln kämpfte lange verbissen und schließlich erfolgreich um eine Einwohnerschaft von einer Million. Ähnliche Ziele werden in ganz Europa verfolgt.

Auf die Frage nach dem Sinn solcher Zielsetzungen gibt es meist nur verschwommene Antworten. Von allem mehr zu haben, auch mehr Menschen, ist für viele ein Wert an sich. Was diesem Mehr zuwiderläuft, ist in ihren Augen eine Krise. Die bekannteste dieser Krisen ist die Wachstumskrise. Sie wird flankiert von einer Beschäftigungskrise, einer Krise der öffentlichen Haushalte, einer Zahlungskrise, einer Investitionskrise, einer Wertekrise. Es gibt nur noch wenig, was sich nicht in einer Krise befindet. Gleichzeitig werden die Krisen immer länger. In einigen europäischen Ländern – so eine verbreitete Sichtweise – befindet sich die Wirtschaft, vor allem die Bauwirtschaft, schon seit einem Jahrzehnt und länger in der Krise. Das sagt alles.

Die Krisen nehmen kein Ende und hören damit auf, Krisen zu sein. Denn Krisen sind keine Zustände, sondern Zeitpunkte, in denen ein neuer Kurs eingeschlagen wird – Wendepunkte. Von da an geht es anders weiter als bisher. Europa befindet sich an einem solchen Wendepunkt. Doch noch sperren sich viele Europäer, die Wende zu vollziehen. Ihre überkommenen Prägungen hindern sie daran. Zwar sehen sie, dass vieles anders ist als früher. Aber sie halten die Veränderungen für eine Störung des Normalen und begreifen nicht, dass dies die neue Normalität ist.

Diese neue Normalität entspringt, wie die vorangegangene, dem Wirken von Menschen. Deshalb kann und muss sie von Menschen gestaltet werden. Und wie die vorangegangene, so ist auch die neue Normalität voller Ungereimtheiten, Widersprüche und Fehlentwicklungen. Ihnen ist Rechnung zu tragen. Das ändert jedoch nichts daran, dass die Europäer wie die Völker aller frühindustrialisierten Länder zur Kenntnis nehmen müssen, dass der Strom der Geschichte eine andere Richtung eingeschlagen hat. Sie täten sich um vieles leichter, wenn sie nicht ständig versuchten, in der bisherigen Richtung weiterzurudern.

Angebot und Nachfrage

Kurz nach Öffnung des Eisernen Vorhangs luden deutsche Unternehmer sowjetische Kombinatsdirektoren ein, sich im Westen mit marktwirtschaftlichen Managementmethoden vertraut zu machen. Der Kursus sollte vier Wochen dauern. Doch schon nach wenigen Tagen begannen die Gäste zu murren. Die deutschen Instruktoren kannten zunächst nicht den Grund, bis einer der Kombinatsdirektoren erklärte: Seit unserer Ankunft hören wir immer nur, wie wir unsere Produkte am besten vermarkten können. Das ist nicht unser

Problem. Unser Problem ist, dass wir nicht wissen, woher wir die Produkte nehmen sollen. Dazu haben wir bisher kein Wort gehört.

Zwei Welten waren aufeinander geprallt. Jemandem erklären zu müssen, wie Güter erzeugt werden, war den Deutschen nicht in den Sinn gekommen. Sie lebten in einer Welt permanenten Überflusses. In dieser Welt lautete die entscheidende Managementfrage: Wie schlagen wir Produkte – Waren und Dienste – gewinnbringend los? Und ihnen gegenüber saßen Angehörige einer Welt permanenter Versorgungsengpässe. Gelang es in dieser Welt, dreißig Paar Herrenschuhe, alle gleich, Größe 43, an ein Warenhaus zu liefern, konnte man gewiss sein, dass sie innerhalb kürzester Zeit vergriffen sein würden. Die Menschen kauften, ob sie die Schuhe brauchten oder nicht. Irgendjemand würde sich schon finden, der für sie Verwendung haben würde.

In der gesamten Wachstumsdebatte, die seit Jahrzehnten nicht nur in Europa, sondern weltweit geführt wird, wird dieser Frage viel zu wenig Raum gegeben: Lahmt das Wirtschaftswachstum, weil die Produktion oder weil der Absatz stockt?

Bei reichlich der Hälfte der Menschheit stockt die Produktion. Ihr fehlen das Wissen oder das Kapital oder die Rohstoffe und zumeist alles zusammen, um einen breiten Güterstrom fließen zu lassen. Ihre Wertschöpfung ist so gering, dass die Erwerbstätigen im Durchschnitt nicht einmal zwei Euro verdienen – am Tag. Für etwa 3,5 Milliarden Menschen ist von brennender Aktualität nicht was sie morgen, sondern was sie heute essen und trinken, wie sie sich heute kleiden und behausen sollen.

Die Völker der frühindustrialisierten Länder und einiger weiterer Regionen stehen vor genau der entgegengesetzten Herausforderung. Auf die Frage, was für sie das größte wirtschaftliche Risiko sei, antworteten vier von fünf deutschen Managern: abnehmende Nachfrage.[3] Risiken bei der Produktion, Lieferengpässe und dergleichen spielten hingegen nur eine untergeordnete Rolle. Zwar gibt es das alles gelegentlich auch im Westen. Aber wirkliche Sorgen bereitet es nicht. Wird es bei den Kapazitäten einmal eng, werden sie schnell erweitert. Das ist eine rein betriebliche Angelegenheit. Für die Volkswirtschaft ist es kein Thema.

Ungleich häufiger als Kapazitätsengpässe sind Überkapazitäten. Welche ungenutzten Reserven in den Volkswirtschaften des Westens schlummern, zeigte sich bei der deutschen Wiedervereinigung. Wer gemeint hatte, dass für den Aufbau des in jedweder Hinsicht darniederliegenden Ostens und für die Versorgung der dortigen Bevölkerung vom Papiertaschentuch bis zum Pkw, vom Dachziegel bis zum Großgenerator erhebliche zusätzliche Produktionsanlagen erforderlich seien, hatte sich geirrt. Rund 16 Millionen Ostdeutsche ließen sich weitgehend aus den vorhandenen Kapazitäten der 64 Millionen Westdeutschen mit versorgen. Die darbenden Völker Mittel- und Osteuropas sowie der übrigen Welt sahen staunend und neidisch zu.

Stockender Absatz treibt Arbeitgeber, Gewerkschafter und Politiker des Westens seit langem um. Wie – das ist ihre ständige Frage – lässt sich die Nachfrage ankurbeln? Die Pferde müssen zum Saufen gebracht werden! Doch was soll geschehen, wenn sie an der Tränke stehen und das Saufen verweigern? Der Aufwand, den Wirtschaft und Politik betreiben, um sie zum Saufen zu bringen, ist mittlerweile in allen frühindustrialisierten Ländern gewaltig. Aber die Pferde saufen nicht – jedenfalls nicht in so gierigen Zügen, wie Wirtschaft und Politik inständig erhoffen.

Der Chef einer großen, europaweit agierenden Warenhauskette glaubt auch zu wissen, woran das liegt. Freimütig erklärte er, dass er sich jeden Morgen frage, was die Kunden wohl in seine Warenhäuser treibe. Ungestillter Bedarf sei es vermutlich nicht. Denn es gebe ja kaum etwas, was sie nicht schon hätten. Und ein anderer Topmanager ergänzte, er habe einige Milliarden, die er investieren könne. Aber wo? Wo gebe es denn im Westen noch einen Bedarf, mit dessen Befriedigung wenigstens eine bescheidene Rendite zu erzielen sei? Und in der Tat: Das Aufspüren von Angebotslücken hat sich in allen frühindustrialisierten Ländern zu einem ausladenden, schwierigen und zugleich immer weniger erfolgreichen Wirtschaftszweig entwickelt. Hunderttausende sind ununterbrochen auf der Jagd nach einer profitablen Geschäftsidee. Manchen ist das Jagdglück hold. Weit mehr gehen jedoch leer aus.

Wohlstand

Die expansionsgeprägte und auf Expansion angelegte Gesellschaft ist verunsichert. Ihr Weltbild ist rissig geworden. Generationenlang war die herrschende Lehre, dass die Bedürfnisse von Menschen, einschließlich ihrer materiellen, grenzenlos seien und folglich auch die Wirtschaft fortwährend wachsen könne. Jetzt fragen sich immer mehr, ob mit steigendem materiellen Wohlstand nicht vielleicht doch Grenzen sichtbar werden könnten und es so etwas wie »Sättigung« gebe. Lange war diese Möglichkeit entschieden in Abrede gestellt worden. Bereits die Frage danach war beinahe blasphemisch. Denn sie berührt die Seinsgründe dieser Gesellschaft und ist geeignet, eine Sinnkrise auszulösen. Trotzdem wird heute die Möglichkeit von Sättigung in einem neuen Licht gesehen und unbefangener diskutiert als bisher.

Ein 43-jähriger Unternehmer verkauft seinen gut gehenden Betrieb, um sich fortan nur noch seinem Hobby, dem Segeln, zu widmen. Ein knapp 50-jähriger Zahnarzt gibt seine florierende Praxis auf und erklärt den erstaunten Patienten, in seinem Alter müsse man endlich anfangen zu leben. Ein erfolgreicher Geschäftsmann schließt pünktlich zu seinem 60. Geburtstag für immer die Bücher und lässt Geschäft Geschäft sein. Solche Begebenheiten – alle Beispiele stammen aus dem unmittelbaren Umfeld des Autors – können eine Zeit lang als Einzelfälle durchgehen. Aber irgendwann wird ihre Zahl so groß, dass von Einzelfällen nicht mehr die Rede sein kann. Dann werden sie zu Manifestationen eines stabilen Trends, oder genauer: einer folgenreichen Trendumkehr.

Diese Trendumkehr hat in Deutschland, aber ebenso in Italien, Frankreich, Spanien und einigen weiteren Ländern Europas breite Bevölkerungsschichten erfasst. Unternehmer und ihre Berater, Börsenmakler und Rechtsanwälte, Ärzte und Handelsvertreter wollen sich immer häufiger aus der Erwerbstätigkeit zurückziehen, solange sie »noch etwas vom Leben haben«. Zu arbeiten und Geld zu verdienen, bis die Kräfte schwinden, ist für viele nicht länger erstrebenswert. Und was den Selbständigen recht ist, ist den abhängig Beschäftigten billig. Zwei von dreien möchten in Deutschland vor Vollendung ihres 65. Lebensjahres, dem gesetzlichen Rentenalter, ihre Erwerbstätigkeit beenden. Viele wollen sogar schon vor dem 60. Lebensjahr in den Ruhestand treten.

Dabei sind sich viele darüber im Klaren, dass die Erfüllung ihrer Wünsche in der Regel mit empfindlichen Einkommenseinbußen einhergeht. Doch das schreckt sie nicht. Beharrlich verfolgen sie ihr Ziel. Nur noch vier Prozent der abhängig Beschäftigten in Deutschland vollenden arbeitend das 65. Lebensjahr. Die verbleibenden 96 Prozent scheiden zum Teil weitaus früher aus dem Erwerbsleben aus, die Mehrheit vor dem 60. Lebensjahr. Ein Drittel von ihnen wird mehr oder minder unsanft vom Arbeitsplatz verdrängt. Zwei Drittel gehen jedoch freiwillig – der Schritt ist wohlüberlegt und langfristig geplant.[4] Zeitreichtum ist diesen Menschen wichtiger als die weitere Steigerung ihres materiellen Wohlstands.

Dagegen mag eingewandt werden, dies sei eine spezifisch deutsche Verhaltensweise. In anderen europäischen und erst recht außereuropäischen Ländern sei die Erwerbstätigenquote älterer Arbeitnehmer mitunter deutlich höher, und viele dieser älteren Arbeitnehmer arbeiteten auch gerne. Beides trifft zu. Nur erfreut sich auch in diesen Ländern die erwerbsfreie Zeit wachsender Wertschätzung. Selbst die als sehr arbeitsam geltenden US-Amerikaner suchen gelegentlich Entspannung bei dem Spiel »the number«. Alle, die mitspielen – und es sind viele –, setzen für sich einen bestimmten

Vermögensbetrag fest, bei dessen Erreichen sie definitiv dem Gelderwerb entsagen wollen. Dieser Betrag ist zumeist recht hoch und liegt nicht selten im siebenstelligen Bereich. Doch darum geht es nicht. Wichtiger ist, dass auch im Land der unbegrenzten Möglichkeiten die Menschen eine recht genaue Vorstellung davon haben, wann Ziele erreicht und Wünsche erfüllt sind. Weiter wollen sie nicht gehen. Auch sie haben irgendwann genug – und untergraben mit dieser Einstellung die Fundamente einer expansiv geprägten Gesellschaft.

Schleichend wird der Wohlstandsbegriff uminterpretiert. Während vieler Generationen hatten die Bevölkerungen der frühindustrialisierten Länder vor allem das Ziel, ihren materiellen Wohlstand zu mehren. Bei der Verfolgung dieses Ziels, sei es durch Arbeit, Erbschaft oder Heirat, waren viele erfolgreich. Kleiderschränke und Kühltruhen sind berstend voll, das Auto tut seinen Dienst, und auch das Fernweh ist weitgehend gestillt. Was Wunder, dass die Mehrung des materiellen Wohlstands an Strahlkraft verliert. Hinzu kommt, dass Wohlstandsmehrung und Wohlstandsgenuss zunehmend miteinander in Konflikt geraten. Welchen Wert haben hohe Einkommen und Vermögen, wenn keine Zeit bleibt, sie zu genießen?

Dass dieser Konflikt zunehmend zugunsten des Genusses gelöst wird, ist zumindest für vergleichende Verhaltensforscher nicht überraschend. Bei naturnahen Völkern beobachten sie seit langem, dass diese stets nur so viel arbeiten, wie für einen bescheidenen Lebensunterhalt und die Ausrichtung des nächsten Festes erforderlich ist. Sie zu zusätzlicher Arbeit zu bewegen ist praktisch aussichtslos. Sie sind muße- und genussintensiv. Entwicklungshelfer verzweifeln mitunter an dieser Haltung.

Bis zum Beginn der Neuzeit pflegten auch die Völker Europas diesen Lebensstil. Er wurde ihnen durch den von dann an geltenden Wertekanon ausgetrieben. Das heißt aber nicht, dass er restlos untergegangen ist. Vor allem im Osten war er bis in die jüngste Zeit bemerkenswert lebendig. Deshalb könnte es durchaus sein, dass er – in möglicherweise veränderter Form – auf dem in den frühindustrialisierten Ländern erreichten Wohlstandsniveau erneut virulent wird. Derartiges ereignet sich gelegentlich.

Starke und Schwache

Wer laut über die Möglichkeit materieller Sättigung in den frühindustrialisierten Ländern nachdenkt, muss sich auf Kopfschütteln, Hohngelächter oder auch Verbalattacken einstellen. Wie kann man nur so weltfremd sein! Gibt es nicht auch in Westeuropa – von Mittel- und Osteuropa und der übrigen Welt ganz zu schweigen – noch genügend Menschen, die nur allzu gerne einen höheren Lebensstandard genießen würden? Steigt nicht die Zahl der Kinder, die als arm gelten, selbst in so reichen Ländern wie Deutschland? Fehlen nicht an allen Ecken und Enden die finanziellen Mittel, die für die Erfüllung dringender öffentlicher Aufgaben benötigt werden? Wie kann da von Sättigung die Rede sein?

Die Antwort auf diese und ähnliche Fragen ist ein bedingungsloses Ja. Ja, von der materiellen Sättigung aller Bevölkerungsschichten sind auch die frühindustrialisierten Länder noch ein gutes Stück entfernt. Ja, auch hier kann die Nachfrage nach Gütern und Diensten noch beträchtlich ausgeweitet werden. Doch so zweifelsfrei diese Befunde sind – auf die künftige Wachstumsdynamik und expansive Entwicklungen haben sie nur geringen Einfluss. Ob nämlich ein Hase gejagt wird, hängt nicht davon ab, ob irgendjemand Appetit auf Hasenbraten hat, sondern davon, ob jemand Appetit hat, der einen Hasen zu jagen vermag. Jemanden dazu zu bringen, zugunsten eines anderen zu jagen, ist eine ganz besondere Leistung, zu der nur Menschen fähig sind. In der übrigen Natur wird sie außerhalb der Brutpflege nicht erbracht.

Die menschliche Gesellschaft steht immer wieder vor der Aufgabe, die Stärkeren, die Fähigeren zu bewegen, für die Schwächeren, die Unfähigeren in kleinerem oder größerem

Maße mit zu sorgen. Selbstverständlich ist das keineswegs. Wäre es selbstverständlich, hätte die Natur nicht so trickreich vorgehen müssen, um Menschen und Tiere zu veranlassen, sich wenigstens um ihren Nachwuchs zu kümmern. Erst mit Hilfe niedlicher Gesichtszüge und Körperformen, befeuert von Hormonen und – im Falle des Menschen – gedrängt von Sozialzwängen, gelingt in der Regel das Kunststück, dass sich die starken Eltern um ihre schwachen Kinder kümmern.

Umgekehrt funktioniert dieser Mechanismus bereits weniger zuverlässig. Sind die Eltern schwach geworden und ihre Kinder erstarkt, bedarf es großer Anreize, um die gegebenenfalls erforderliche Zuwendung zu gewährleisten. Nicht zufällig wird unter den Zehn Geboten, die Moses seinem Volk überbrachte, einzig bei der geforderten Elternliebe irdischer Lohn in Aussicht gestellt. Die allgemeinen Glücksverheißungen reichten offenbar nicht aus, die Jungen zu motivieren, für die Alten zu sorgen. Die Versorgung Hilfsbedürftiger, Kranker, Siecher und Alter war für die menschliche Gesellschaft stets eine besondere Herausforderung. Die Natur hat für deren Bewältigung keine ausreichenden Vorkehrungen getroffen.

Das gilt noch weit mehr für die Teilhabe der generell Schwächeren am großen Kuchen – der Langsameren, Schwerfälligeren, Ungeschickteren, Ideenloseren oder Beziehungsärmeren. Sie zu beteiligen bereitete vermutlich seit Anbeginn erhebliche Schwierigkeiten. Warum sollte der tüchtigere Jäger, die tüchtigere Sammlerin mit den weniger Tüchtigen teilen? War es nicht vernünftiger, sich mit anderen Tüchtigen zusammenzuschließen und die weniger Tüchtigen sich selbst zu überlassen? Acker zu Acker, Geld zu Geld, Herrschaft zu Herrschaft. Und die Schwächeren schön unter sich! Nicht selten wurde genau nach dieser Maxime verfahren. Doch zugleich fürchtete sich die Gesellschaft davor, das materielle Gefälle zwischen Stärkeren und Schwächeren zu steil werden zu lassen. Das war gefährlich. Die Stärkeren mussten damit rechnen, von den Schwächeren eines Nachts im Schlafe erschlagen zu werden.

Diese Betrachtungen sind nicht weit hergeholt. Sie reflektieren die Grundbedingungen menschlicher Gesellschaft und menschlicher Existenz. Sollte es richtig sein – und viele Anzeichen sprechen dafür –, dass die Zahl der Stärkeren wächst, die sich zurücklehnen und sagen: »Wir haben genug, uns reicht es!«, obwohl die Bedürfnisse der Schwächeren noch längst nicht befriedigt sind, dann hat die Gesellschaft ein Problem. Entweder sie nimmt hin, dass die Stärkeren satt und die Schwächeren hungrig sind – ein global weitverbreitetes Modell –, oder sie schafft Anreize, die die Stärkeren veranlassen, sich der Schwächeren anzunehmen. In Europa wurde den Stärkeren viele Jahrhunderte lang das seinerzeit glaubwürdige Versprechen gegeben, ihre Hinwendung zu den Schwächeren werde dereinst im Himmelreich belohnt. Das funktionierte nicht immer, aber es funktionierte leidlich. Für die Heiligen der katholischen Kirche war es geradezu konstitutiv, dass sie sich durch Mildtätigkeit und gute Werke hervorgetan hatten. Manche hatten kaum etwas anderes vorzuweisen. Doch Mildtätigkeit deckte ihre Sünden zu.

Der heutigen Gesellschaft ist dieser elegante Weg versperrt. Um ihn zu gehen, müsste sie die großen Leistungsunterschiede, die zwischen Menschen bestehen, anerkennen. Das aber verbietet das Selbstverständnis dieser Gesellschaft. Nach geltendem Wertekanon sind alle Menschen nicht nur in ihrer Würde und vor dem Gesetz gleich. Sie sollen auch in allem anderen gleich sein. Eliten dürfen nicht in Erscheinung treten. Wer offensichtlich nicht mithalten kann, ist ganz einfach Opfer seiner Umwelt. Dass dies nicht nur eine wirklichkeitsfremde, sondern geradezu menschenfeindliche Ideologie ist, wird langsam deutlich. Ihre Folgen sind jedoch noch längst nicht überwunden. Den Stärkeren wurde gründlich abgewöhnt, sich um die Schwächeren zu kümmern. Das tat der Staat. Er übernahm die Funktion der Eltern gegenüber ihren Kindern, der Kinder gegenüber ihren Eltern, der Fähigeren gegenüber den Unfähigeren, der Wohlhabenden gegenüber den Bedürftigen. Die Mittel, die er dafür benötigte, wurden den Stärkeren kraft Gesetzes ungefragt weggenommen.

Eine Weile ging das recht gut. Die Stärkeren spielten mit. Seit einiger Zeit weigert sich jedoch eine wachsende Zahl Stärkerer, zum Wohle der Schwächeren zu jagen. Sie selbst sind mittlerweile satt. Warum also sollen sie sich länger abmühen? Jeder für sich, der Staat für alle. Nach dieser Devise wurde in den zurückliegenden Jahrzehnten verfahren. Die Stärkeren wurden aus ihrer mitmenschlichen Verantwortung für die Schwächeren nicht nur entlassen, sondern geradezu gedrängt. Sie brauchten und sollten sich in nichts einmischen, was der Staat übernommen hatte. Und das war viel. Die Stärkeren jetzt wieder zu bewegen, für die Schwächeren einzustehen und unter Umständen sogar deren Kaufkraft zu heben, wird schwierig sein.

Ruhepausen

Die Reihen der hungrigen Jäger haben sich in den zurückliegenden drei Jahrzehnten zumindest im wohlhabenden Westen sichtlich gelichtet. Die meisten sind noch immer arbeitsam und fleißig. Aber den Arbeitselan oder gar die Arbeitsbesessenheit ihrer Eltern und Großeltern, oder wohl richtiger: ihrer Groß- und Urgroßeltern haben sie – von Minderheiten abgesehen – nicht mehr. Der Anteil derjenigen, für die es am schönsten wäre zu leben, ohne arbeiten zu müssen, nimmt seit geraumer Zeit beständig zu,[5] wie umgekehrt der Anteil derjenigen, denen Arbeit sehr wichtig oder wichtig ist, messbar zurückgeht. Allein in den drei deutschsprachigen Ländern hat er sich seit 1990 von neunzig auf rund siebzig Prozent vermindert, also um ein Fünftel.[6]

Vorbei sind die Zeiten, in denen Hinterbliebene einen Verstorbenen zu ehren glaubten, wenn sie ihm nachriefen, sein Leben sei nichts als Mühe und Arbeit gewesen. Zu groß ist die Gefahr, dass die Umstehenden denken: der Narr. Der lückenlos gefüllte Terminkalender ist kein Statussymbol mehr. Vielmehr gilt Zeit zu haben zunehmend als Ausweis von Erfolg und einer gelungenen Lebensführung – Zeit für die Schönheiten des Lebens und mitunter auch für Nichtiges. Vor allem Europäer schätzen ihre Freizeit, und nicht wenige zelebrieren sie. Manche haben es dabei zu wahrer Meisterschaft gebracht. »In der Ruhe liegt die Kraft«, »Kreativität durch Muße« – solche und ähnliche Sentenzen kommen vielen unmittelbar von Herzen.

Das gilt besonders für ein Land wie Deutschland, in dem die Erwerbsarbeit generationenlang geradezu mystifiziert worden ist. Ausländische Besucher fragen sich immer häufiger, ob das noch das Land ist, von dem sie in ihren Schulbüchern gelesen haben. Auch ältere Deutsche haben gelegentlich Schwierigkeiten, mit der Lockerheit und Beschwingtheit vieler ihrer jüngeren Landsleute zurechtzukommen. Der Wandel hatte sich lange angekündigt. Dennoch hat er manche überrascht.

Deutschland ist ein anderes Land, Europa ein anderer Kontinent geworden. Beide versinken periodisch in wohlige Ruhe, und sie versinken gerne: zehn Wochen Sommerpause, zwei Wochen Herbstpause, drei Wochen Weihnachtspause, zwei Wochen Osterpause und dazwischen noch das eine oder andere lange Wochenende, die eine oder andere »Brücke«. Zwar stehen in solchen Ruhephasen nicht alle Räder still. Aber der Verkehrs- und Kommunikationsfluss nimmt außerhalb der Urlaubsregionen merklich ab, die Geschäfte gehen schleppender, und krank zu werden bedeutet ein erhöhtes Risiko. Die Wirtschaft versucht erst gar nicht, die Kunden zu umgarnen, und entsprechend schlank werden die Zeitungen wegen ausbleibender Werbeanzeigen.

Diese Ruhe ist nicht erzwungen und wird von niemandem propagiert. Kaum einer dieser Weihnachts-, Oster- oder Pfingsturlauber wird von seinem Arbeitgeber nach Hause geschickt. Die große Mehrheit geht freiwillig. Dabei wissen die meisten: Verzichteten wir auf einen Teil unserer großzügig bemessenen Freizeit, würde der materielle Wohlstand steigen – individuell und kollektiv. Das aber wollen sie gar nicht, jedenfalls nicht auf Kosten von Freizeit. Die Wissenschaft hat vorgerechnet, dass ein zusätzlicher Arbeitstag einem Wirtschaftswachstum von 0,1 Prozent entspricht.[7] Das macht bei zwei Arbeitstagen 0,2 Prozent und bei drei Arbeitstagen ... Aber große Teile der Bevölkerung lassen derartige Rechnungen kalt: Jetzt feiern wir erst einmal Vatertag, und dann sehen wir weiter.

Orientierungslos

Je älter die westlichen Gesellschaften werden, desto deutlicher tritt ihre Erbmasse zutage. Tief verschüttet, aber durchaus nicht tot ist jenes Jahrtausend katholischen Christentums, das mit der Reformation endete. Zwar hat sich sein Wertekanon nur schattenhaft im kollektiven und vereinzelt auch im individuellen Bewusstsein erhalten. Das aber genügt, um gelegentlich den geltenden Wertekanon in Frage stellen zu können: Wozu diese Hektik, dieses ständige Vorwärts? Im Verborgenen scheint sich ein Rest von Ehrerbietung, vielleicht sogar Ehrfurcht gegenüber den alten Werten gehalten zu haben, mögen sie vordergründig auch verlacht werden: Leben aus dem Inneren, freiwillige Armut, Abkehr vom Getriebe der Welt. Literatur, die das postuliert, schafft es immer wieder auf Bestsellerlisten, mit ihrer Botschaft vom einfachen Leben, der Entfesselung innerer Kräfte und dem Reichtum des Verzichts.

Vermutlich besteht hier ein deutlicher Unterschied zwischen dem zu Recht als alt apostrophierten Europa und jenen frühindustrialisierten Ländern, die erst nach dem katholischen Jahrtausend entstanden sind, namentlich den USA. Die USA sind trotz ihres katholischen Bevölkerungsteils ein durch und durch protestantisches Land. Die Wurzeln ihrer Ideologie reichen nur bis in die zweite Schicht, die sich etwa vom 15. Jahrhundert an über die erste breitete: die Ideologie der Expansion, die seither den Westen prägt. Und nun wird auch diese zweite Schicht allmählich überdeckt von dem Gefühl: Es reicht.

Noch hat sich dieses Gefühl zu keiner Ideologie verdichtet, die die überkommene verdrängen könnte. Noch wird dieses Gefühl vorzugsweise nur von den wirtschaftlich Erfolgreichen gehegt, von denen, die es sich »leisten können«. Doch es lässt sich nicht länger negieren. Es fängt an, Wirkungen zu zeigen. Zu vorgerückter Stunde und nach einer guten Flasche Rotwein befallen nicht selten selbst herausragende Vertreter der Wachstumsideologie Zweifel an der Sinnhaftigkeit ihres Tuns. Die frühere Selbstgewissheit ist weithin geschwunden. Sie hängen an ihrem expansiven Leben, und zugleich suchen sie Geborgenheit. Mehr und mehr wirken sie wie Missionare, die täglich die Messe zelebrieren, ohne an Gott zu glauben. Die Gemeinde spürt das.

Diese Gemengelage aus Verzichts- und Selbstfindungsidealen, aus vorwiegend materiell definierter Expansion und dem sich allmählich ausbreitenden Gefühl der Sättigung ist – in der Alten mehr als in der Neuen Welt – vermutlich der Boden, aus dem die neue Ideologie des Westens sprießen wird. Aber noch ist es nicht so weit. Bislang lässt nur die Kraft des alten Denkens und Fühlens nach. Das erschwert die Orientierung – mental, wirtschaftlich und politisch.

Entscheidende Fragen werden nicht mehr gestellt, zum Beispiel: Wie viel Arbeit und Erwerb wollen die Menschen, wie viel Freizeit und Muße? Was bestimmt ihren Lebensstandard, und was ist für sie Wohlstand? Anstatt Antworten auf diese Fragen zu suchen, wird weiter davon ausgegangen, dass der Wertekanon, den die Menschen vor langer Zeit verinnerlichten, unverändert gelte, dass sie immer noch – wie in Zeiten großer Bedürftigkeit – in der Mehrung ihres materiellen Wohlstands den Sinn ihres Lebens sehen würden und dass dieses Leben um Arbeit, und zwar Erwerbsarbeit, zentriert sei. Bei manchen mag das noch so sein. Bei vielen ist es anders. Das ist vermutlich ein Grund, warum das ständige Knallen mit der Wachstumspeitsche so wenig fruchtet. Große Teile der Bevölkerung sind dieses Knallens offenkundig überdrüssig.

Öffentliche Schulden

Politik und Wirtschaft glaubten stets zu wissen, was der Bevölkerung am meisten nutzt und frommt. Als diese begann, sich abnehmend wachstumsoptimierend zu verhalten, wurde das einfach beiseite gewischt. Es hatte nicht zu sein.

In Westdeutschland begann diese Phase bereits in den 1960er Jahren. Die Deutschen wollten nicht mehr so viel arbeiten wie bislang und zogen sich massiv aus dem Arbeitsmarkt zurück. Von 1960 bis 1967 verminderten sie die Zahl effektiv erbrachter Arbeitsstunden von knapp 56 auf reichlich 50 Milliarden im Jahr. Das entsprach einem Rückgang der Zahl deutscher Erwerbspersonen um annähernd 2,7 Millionen. Nach kurzer Unterbrechung setzte sich dieser Trend 1968 fort. Bis 1973 fiel die Zahl der Arbeitsstunden weiter auf 46 Milliarden, was einer abermaligen Verminderung der Erwerbspersonenzahl um fast 2,3 Millionen gleichkam. Damit hatte sich in nur dreizehn Jahren die von Deutschen erbrachte Arbeitsmenge, gemessen in effektiv erbrachten Arbeitsstunden, um mehr als ein Fünftel vermindert – und das, obwohl die Wirtschaft händeringend nach Arbeitskräften suchte. Die gerissenen Löcher wurden von sogenannten Gastarbeitern gestopft. Hätten die Deutschen in jener Zeit ihre Arbeitsmenge auch nur um zwanzig Prozent weniger zurückgeführt, also statt um zehn nur um acht Milliarden Stunden im Jahr, hätte es keiner Zuwanderung von Gastarbeitern bedurft.[8]

Doch dazu waren sie nicht zu bewegen. Die Westdeutschen – für die Ostdeutschen gilt tendenziell Ähnliches – hatten ihre Prioritäten geändert. Demoskopische Untersuchungen belegen das. Zwar behielten die Mehrung des materiellen Wohlstands und Erwerbsarbeit einen hohen Rang. Aber Freizeit, Vergnügen und Spaß oder ganz allgemein Lebensgenuss wurden immer wichtiger, bis schließlich in großen Bevölkerungskreisen der Lebensgenuss der Erwerbsarbeit den Rang ablief.[9] Die Deutschen verhielten sich, wie dies der Menschheitserfahrung entspricht. Nachdem sich viele einen hohen Lebensstandard erarbeitet hatten, wollten sie die

Früchte ihrer Arbeit genießen. Und dafür brauchten sie vor allem eines: Zeit. Die aber war in den Programmen der Parteien nicht vorgesehen. Krampfhaft versuchten Politik und Wirtschaft, Wachstum und Beschäftigung in den gewohnten Bahnen zu halten. Sie hatten nicht begriffen, dass durch die gesellschaftlichen Verhaltensänderungen die Grundlagen hierfür entfallen waren.

Die Kluft zwischen politischen und wirtschaftlichen Zielen auf der einen und gesellschaftlichen Prioritäten auf der anderen Seite wurde noch tiefer, als sich in den 1970er Jahren auch das Gefüge der Weltwirtschaft zu verschieben begann. Ein Anzeichen dieser Verschiebung war der steile Anstieg des Ölpreises. Spätestens jetzt wäre es notwendig gewesen, eine Brücke über die Kluft zu schlagen. Die Menschen in den frühindustrialisierten Ländern standen vor der Wahl, entweder der materiellen Wohlstandsmehrung wieder oberste Priorität einzuräumen – was nicht zuletzt verminderten oder wenigstens aufgeschobenen Lebensgenuss bedeutet hätte – oder sich auf eine lange anhaltende Stagnation und möglicherweise sogar einen allmählichen Abstieg vom erreichten Wohlstandsniveau einzustellen. Zwar war diese Alternative damals noch nicht so deutlich zu erkennen wie heute. Noch dachten und fühlten viele in den überkommenen Mustern. Aber es unterblieb selbst der bescheidenste Versuch, auf die Bewusstseinsänderung der Bevölkerung einzugehen. Stattdessen borgte sich der Staat die Ersparnisse der Bürger, um das Wirtschaftswachstum anzukurbeln. Wenn die Bürger nicht bereit waren, mehr auszugeben, dann musste er es eben tun.

Mit dieser Logik wurde in den 1970er Jahren in vielen frühindustrialisierten Ländern eine Schuldenflut ausgelöst. In Deutschland verdreifachte sich der Schuldenstand der öffentlichen Hand von knapp 20 Prozent des Bruttoinlandsprodukts im Jahre 1970 auf 67 Prozent heute. In der Alt-EU verdoppelte er sich zwischen 1970 und 1995 von 40 auf knapp 80 Prozent, heute liegt er bei rund 65 Prozent. In den USA verdoppelte er sich ebenfalls zwischen der zweiten Hälfte der 1970er und der ersten Hälfte der 1990er Jahre von rund

40 auf etwa 80 Prozent und ging dann wie in der Alt-EU wieder auf 65 Prozent zurück. In Japan schließlich verdreizehnfachte er sich zwischen 1970 und heute von bescheidenen 12 auf beängstigende 169 Prozent des Bruttoinlandsprodukts.[10]

Dass diese Politik der staatlichen Nachfragestimulierung durch die Aufnahme von Krediten nicht nachhaltig sein konnte und darüber hinaus erhebliche volkswirtschaftliche Risiken barg, wurde mehreren Regierungen in den 1990er Jahren klar. Die Zinsen für die Altschulden hatten begonnen, die neu aufgenommenen Kredite aufzuzehren.[11] Zusätzliche politische Gestaltungsräume entstanden nicht mehr. Deshalb wurden verbreitet die Schuldenstände wieder zurückgeführt, auch wenn sie nur in wenigen Ländern – Großbritannien ist eines davon – auf ihr Ausgangsniveau oder sogar darunter gedrückt wurden.[12] Die Einsicht währte jedoch nur kurz. Seit Beginn dieses Jahrzehnts steigen die Schuldenstände in vielen Ländern erneut an, unter ihnen Deutschland, Frankreich, Italien und selbst Großbritannien, vor allem aber die USA. Die Begründung ist überall die gleiche: Durch mehr Schulden gelange man zu mehr Wachstum, durch mehr Wachstum zu mehr Beschäftigung.

Die Völker und Regierungen habe ihre Lektion noch immer nicht gelernt. Sie sind gerade dabei, die Fehler der 1970er Jahre zu wiederholen – vergröbert und vergrößert. Anstatt anzuerkennen, dass die Wachstumsbedingungen in den frühindustrialisierten Ländern durch einen fundamental veränderten Bevölkerungsaufbau, einen tiefgreifenden Wertewandel und nachhaltige Verschiebungen im Gefüge der Weltwirtschaft heute andere sind als vor dreißig Jahren, ziehen sie abermals die abgewetzte Karte staatlicher Nachfragestimulierung. Vor den an sich gebotenen strukturellen Anpassungen an die veränderte Lage scheuen sie hingegen zurück.

Vorreiter Schweiz?

Die Rolle, die die Politiker in den frühindustrialisierten Ländern spielen, ist tragikomisch. Sie stehen mit bleiernem Fuß auf dem Gaspedal, um die Fahrt ihrer Volkswirtschaften zu beschleunigen, und merken nicht, dass deren Bremsen fest angezogen sind. Sie zielen auf Wachstumsraten, als fehle es der Bevölkerung wie vor einem halben Jahrhundert an Speis und Trank, Bekleidung und Behausung, und verkennen, dass diese motivierenden, weil elementaren Bedürfnisse schon lange befriedigt sind. Die Menschen sind satt, gekleidet und haben mehr als nur ein Dach über dem Kopf. Das Notwendige ist getan und das Nützliche auch. Jetzt haben sie Zeit, mit ihrem Hund spazieren zu gehen, mit ein paar Freunden die nächste Fete vorzubereiten oder das Bier für einen gemütlichen Fernsehabend kühl zu stellen. Das alles ist sehr angenehm. Wachstumsfördernd ist es nicht.

In den Ohren derer, bei denen früh um vier Uhr der Wecker klingelt, die übermüdet von der Nachtschicht heimkehren oder die nicht wissen, welchen Pflegefall sie zuerst betreuen sollen, müssen solche Aussagen überzogen und ungerecht klingen. Sie plagen sich wie eh und je, und wäre dem nicht so, hätten die frühindustrialisierten Länder weder ihr hohes Wohlstandsniveau erreicht noch könnten sie es halten. Aber die Anstrengungen der Erwerbsbevölkerung vom Unternehmer bis zum Pförtner, vom Forscher bis zum Spargelstecher lassen den Druck im Kessel der Volkswirtschaft – wenn überhaupt – nur langsam steigen. Vor Arbeitseifer vibrieren nur wenige. Für die meisten ist der Feierabend der schönste Teil des Tages, und je früher er beginnt, desto besser.

Die Schweiz lädt hier zu näherer Betrachtung ein. Denn sie ist anderen frühindustrialisierten Ländern in mancherlei Hinsicht voraus. Im Gegensatz zu diesen hat sie sich seit Beginn der Industrialisierung weitgehend ungestört entwickeln können. Die europäischen Katastrophen der ersten Hälfte des 20. Jahrhunderts umschiffte sie glücklich. Seit Generationen profitiert sie davon, dass ihr die Vermögenden dieser

Welt vertrauen. Das Geld anderer ist der Rohstoff dieses im Übrigen rohstoffarmen Landes.

Seine Wirtschaftspolitik lässt wenige Wünsche offen.[13] Der Arbeitsmarkt ist dereguliert, und die Erwerbseinkommen zählen zu den höchsten der Welt. Breite Bevölkerungsschichten haben Vermögen gebildet, über deren Größe sogar die eigene Regierung nur staunen kann. Diese Vermögen sind alles andere als eine Folge von Angstsparen. Die Schweizer brauchen sich vor Arbeitslosigkeit oder Not im Alter kaum zu fürchten. Wer arbeitslos wird, bleibt es nicht lange, und die sozialen Sicherungssysteme sind noch immer besser als andernorts.

Gewiss könnte alles noch opulenter, noch stärker dereguliert und noch sicherer sein. Dem aber steht nicht zuletzt Volkes Wille entgegen. Fast nirgendwo auf der Welt können Bürger so unmittelbar mitregieren wie in der Schweiz. Und sie tun das mit beachtlichem Erfolg. Ein hoher Beschäftigtenstand, hohe Erwerbseinkommen, hohe private Vermögen, wenige Arbeitslose – das alles hebt dieses Land von den meisten anderen frühindustrialisierten Ländern vorteilhaft ab. Nur mit einem können die Schweizer schon seit geraumer Zeit nicht mehr aufwarten: mit ansehnlichen Wachstumsraten ihrer Volkswirtschaft. Von 1991 bis 2004 nahm das Bruttoinlandsprodukt pro Kopf der Bevölkerung nur noch um insgesamt 8,2 Prozent zu, wobei fast die Hälfte dieses Wachstums vom Finanzsektor erzeugt wurde.[14] Ohne ihn wuchs die schweizerische Volkswirtschaft im genannten Zeitraum nur noch um durchschnittlich etwa real 0,3 Prozent im Jahr. Das ist nicht viel mehr als das Wirtschaftswachstum vor Beginn der Industrialisierung. Demgegenüber betrug das Pro-Kopf-Wirtschaftswachstum in der Alt-EU der 15 zwischen 1991 und 2004 22,8 Prozent und selbst in dem als wachstumsschwach verschrienen Deutschland 14,5 Prozent.

An Bemühungen der Schweizer, ihrer lahmenden Wirtschaft aufzuhelfen, hat es nicht gefehlt, und in einigen Sektoren und Regionen waren die Bemühungen auch durchaus erfolgreich. Nur eben in ihrer Summe nicht. Insgesamt bewegte sich wenig. Nun wissen die Schweizer nicht mehr so recht, was sie noch unternehmen sollen. Manche raten zum Eintritt in die Europäische Union. Wie das Beispiel Österreichs zeigt, könnte dadurch die Wirtschaft belebt werden. Doch die Bevölkerungsmehrheit ist davon nicht überzeugt. Die Nachteile wiegen aus ihrer Sicht schwerer als mögliche Vorteile. Maßnahmen unterhalb dieser Schwelle sind aber noch weniger erfolgversprechend und darüber hinaus oft nicht mehrheitsfähig. Guter Rat ist teuer.

Die Schweizer haben viel erreicht, mehr als fast alle anderen Völker. Zu ihrem Wohlstandsniveau kann die Welt nur aufschauen. Vielleicht ist aber gerade das der Grund, warum ihre Wirtschaft so hartnäckig stockt. Könnte es sein, dass dieses Land ganz einfach schon weiter auf dem Weg vorangeschritten ist, auf dem sich auch die übrigen frühindustrialisierten Länder befinden und in ihrem Schlepptau immer größere Weltregionen? Vierzehn Jahre sind zu kurz, um hierzu Abschließendes sagen zu können. Aber sie sind lang genug, um zum Nachdenken anzuregen.

Die Menschen in den frühindustrialisierten Ländern sollten sich darauf einstellen, dass mit dem Ende des stürmischen Bevölkerungswachstums auch ihre Volkswirtschaften zur Ruhe kommen. Bis jetzt traf es sie immer wie ein Hammerschlag, wenn die Wirtschaft vorübergehend einmal nicht mehr wuchs oder gar ein wenig schrumpfte, wenn ebenso viele Unternehmen liquidiert wie gegründet wurden. Derartiges dürfte sich künftig häufiger ereignen. Wie sollte es auch anders sein? Auf Dauer müssen ebenso viele Unternehmen vergehen wie entstehen, muss die Expansion eines Wirtschaftszweiges mit der Kontraktion eines anderen einhergehen. Andernfalls bestünde eines Tages die Gesellschaft nur noch aus Unternehmen und Wirtschaft und sonst nichts – eine wenig wünschenswerte Vorstellung. Irgendwann ist ein Gleichgewicht erreicht zwischen Alt und Jung, Wachstum und Schrumpfung, Wirtschaft und Nicht-Wirtschaft.

Für Unternehmer bedeutet dies den Beginn eines neuen Zeitalters. In einer anhaltend expandierenden Volkswirtschaft konnten nur die Schwächsten nicht mitschwimmen. In Zukunft wird die Auslese härter sein. Wer den Wettbewerb nicht zu scheuen braucht, wird weiter expandieren können. Er soll es sogar. Denn seine Expansion erhöht nicht nur die Wachstumsraten, sondern vor allem den Wohlstand. Für die Übrigen wird es hingegen eng werden. Viele spüren das jetzt schon. Noch mehr als sinkende Nachfrage fürchten deutsche Unternehmer und Manager zunehmenden Wettbewerb.[15] Nicht ohne Grund. Der Wettbewerb wird härter werden. Nur die Starken braucht das nicht zu beunruhigen.

Phantastereien

Tastend nähert sich die Wirtschaft den veränderten Gegebenheiten. Sie tut das nicht geschlossen und nicht als Ganzes. Aber die am stärksten betroffenen Teilbereiche sind aktiv geworden. Insgesamt kann sie der weiteren Entwicklung einigermaßen gelassen entgegensehen. Wenn sonst nichts mehr hilft, hilft oft noch die Verlagerung von Aktivitäten in Regionen, die vorerst weiter dynamisch wachsen.

Dieser Ausweg ist der Politik versperrt. Sie ist standortgebunden. Deutsche Politik kann sich nicht von Deutschland, niederländische nicht von den Niederlanden und europäische nicht von Europa verabschieden. Deutsche, niederländische oder europäische Unternehmen können das. Täte Politik das Gleiche, hörte sie auf zu sein. Gerade weil sie aber unverrückbar an ihrem Standort ausharren muss, muss sie noch sensibler auf dessen Veränderungen eingehen als die Wirtschaft. Doch das geschieht nicht.

Die Politik verhält sich, wie sie sich meistens verhalten hat. Als sich vor dreißig Jahren der demographische Umbruch in Deutschland und einer Reihe weiterer Länder abzuzeichnen begann, wurde er von ihr zunächst rundweg in Abrede gestellt. Den kleinen Schwankungen im Gebärverhalten wollte sie keine Bedeutung beimessen, und sie riet andren, es ihr gleichzutun. Als sich einige Zeit später die niedrigen Geburtenraten verfestigt hatten, wurden sie tabuisiert. Das Geburtenverhalten der Bevölkerung wurde zum Nicht-Thema erklärt. Erst als es unter dem Druck einer breiter werdenden öffentlichen Debatte nicht länger verdrängt werden konnte, nahm sich die Politik seiner mit spitzen Fingern an. Durch diese Verschleppung wurden Schäden verursacht, die größtenteils vermeidbar gewesen wären. Ihr ganzes Ausmaß wird in einigen Jahren sichtbar sein.

Ähnliches wiederholt sich jetzt, wobei bereits die zweite Phase, die des Verdrängens, erreicht sein dürfte. Wiederum nimmt die Politik nicht hinreichend zur Kenntnis, dass sich Grundlegendes an ihrem Standort verändert, diesmal die Grundlagen des Wirtschaftens. Sie verhält sich weiter so, als könne und werde sich der Entwicklungspfad, den die frühindustrialisierten Länder zu Beginn der Industrialisierung eingeschlagen haben, bis in fernste Zeiten fortsetzen. In diesem Geiste beschlossen im März 2000 die Staats- und Regierungschefs der Europäischen Union in Lissabon, bis zum Jahr 2010 die EU zum »wettbewerbsfähigsten und dynamischsten wissensbasierten Wirtschaftsraum der Welt zu machen«.[16] Sie sahen nicht oder wollten nicht sehen, dass ein solcher Beschluss von der ersten Stunde an ohne jeden Realitätsbezug war. Sich hehre Ziele zu setzen ist löblich. Dabei die Bodenhaftung zu verlieren ist peinlich und nicht selten kontraproduktiv. Die Staats- und Regierungschefs der EU haben in Lissabon ihre Völker dem Spott der übrigen Welt preisgegeben. Angespornt haben sie sie nicht. Dennoch lassen sie nicht ab von solchen Phantastereien, die sie gerne als Visionen ausgeben.

Nicht zuletzt solcher Phantastereien wegen haben die Regierungen der Euro-Länder mit Deutschland, Frankreich und Italien an der Spitze auch den Stabilitätspakt, der 1997 zur Absicherung der neuen Währung geschlossen worden war, bis zur Unkenntlichkeit aufgeweicht. Nunmehr kann jedes Land, das gegen diesen Vertrag verstößt, für sein Verhalten eine Vielzahl von Rechtfertigungsgründen geltend machen. Zu ihnen gehören Sozialreformen, Kosten für Europas Einigung oder im Falle Deutschlands auch Kosten der Wiedervereinigung. Selbst Maßnahmen zur Konjunkturankurbelung können unter bestimmten Voraussetzungen die Überschreitung der Defizitgrenzen rechtfertigen. Darüber hinaus können die Fristen zum Schuldenabbau gestreckt werden – gegebenenfalls bis zum Sankt-Nimmerleins-Tag. Nach dieser »Reform« kann die verhängnisvolle Schuldenpolitik der zurückliegenden Jahre und Jahrzehnte ungezügelt fortgesetzt werden. Der Stabilitätspakt ist zu einem Feigenblatt zusammengeschrumpft.

Eine solide Haushaltspolitik und ein stabiler Geldwert werden dem Linsenmus fragwürdiger Wachstums- und Beschäftigungsimpulse geopfert. Offenbar haben viele Politiker noch immer nicht begriffen, dass derartige schuldenfinanzierte Impulse im weltweit veränderten wirtschaftlichen Umfeld nicht nur sinnlos, sondern für die künftige wirtschaftliche Entwicklung schädlich sind. Die Auffassung, durch Schulden könne sowohl die gegenwärtige als auch die künftige Wirtschaftskraft nachhaltig gesteigert werden, ist längst widerlegt.

Es gibt kein einziges Beispiel, dass eine Politik unablässigen Schuldenmachens jemals erfolgreich gewesen wäre. Hingegen zeigen zahlreiche Beispiele, dass bei solider staatlicher Haushaltsführung über kurz oder lang auch die Wirtschaft floriert.[17] Die heutige Schuldenpolitik in vielen frühindustrialisierten Ländern offenbart die Unfähigkeit von Regierungen, epochale Veränderungen zu begreifen und ihnen gemäß zu handeln. Sie sind dieser Aufgabe nicht gewachsen und versuchen deshalb, noch eine Weile weiterzumachen wie bisher. Die Völker der frühindustrialisierten Länder werden diese kurzsichtige Politik schon bald auszubaden haben. Denn für ein Land, dessen Bevölkerung und Wirtschaft expandieren, sind Schulden eine Last. Für ein Land, dessen expansive Phase zu Ende geht, sind sie jedoch Gift.

Besonders toll treiben es derzeit die US-Amerikaner. Zwar nimmt ihre Bevölkerung noch an Zahl zu. Ob aber auch ihre Wirtschaft noch aus eigener Kraft wächst, ist schwer zu sagen. Unbestreitbar sind deren Zuwachsraten deutlich höher als die der europäischen Volkswirtschaften. Doch dafür bedurfte es eines gewaltigen staatlichen Ausgaben- und Steuersenkungsprogramms sowie einer sehr lockeren Geldpolitik. Im Jahre 2004 verzeichnete der amerikanische Haushalt mit rund 520 Milliarden US-Dollar ein Rekorddefizit, 2005 erhöhte es sich weiter. Die Neuverschuldung, gemessen am Bruttoinlandsprodukt, lag bei 4,4 Prozent. Gleichzeitig schwoll das Leistungsbilanzdefizit der USA auf etwa 670 Milliarden US-Dollar an. Die Importe von Waren und Diensten überstiegen die Exporte um rund 500 Milliarden US-Dollar. So viel haben die US-Amerikaner mehr verbraucht als erwirtschaftet – Waren und Dienste im Wert von weit über 4000 US-Dollar pro Haushalt und Jahr. Hinzu kommen Vermögensübertragungen und Regierungstransfers im Wert von nochmals ungefähr 170 Milliarden US-Dollar.[18]

Besonders problematisch ist, dass sich die USA vor allem im Ausland verschulden. Während sich die europäischen Regierungen das Geld zumeist noch bei ihren eigenen Bürgern borgen, pumpt die US-Regierung die Bürger anderer Länder an. Bei den US-Amerikanern selbst ist nicht mehr viel zu holen. Seit den 1990er Jahren sank deren im internationalen Vergleich ohnehin niedrige Sparquote auf nunmehr 3,8 Prozent ihrer verfügbaren Einkommen – ein Bruchteil dessen, was Europäer oder Japaner auf die hohe Kante legen. Ohne deren Ersparnisse könnten die USA ihren Kapitalbedarf auch nicht annähernd decken. Um ihr Wirtschafts- und Finanzmodell aufrechterhalten zu können, sind sie dringend auf fremde Hilfe angewiesen. Den rund 890 Milliarden US-Dollar, die 2004 von Wirtschaft und Staat netto investiert wurden, stand eine Nettokapitaleinfuhr von etwa 630 Milliarden aus dem Ausland gegenüber.[19]

Eine Zeit lang kann ein so hoher Kapitalimport als Zeichen des Ansehens gewertet werden, das die USA weltweit genießen. Doch irgendwann tauchen Fragen auf: Was ist der US-Dollar noch wert? Ist der US-amerikanische Wohlstand nicht ein Wohlstand auf Pump? Hängt diese Volkswirtschaft nicht am Tropf anderer? Und zugleich wächst weltweit die Furcht, der Glaube an die Wirtschaftskraft und die militärische Stärke der USA könnte in nicht allzu ferner Zukunft der Einsicht weichen, dass beide zu erheblichen Teilen nur geliehen sind. Wenn sich diese Erkenntnis verbreitet, könnte die Weltwirtschaft schwer erschüttert werden.

Es gibt keinen Zweifel: Die USA sind ein großes, leistungsfähiges Land. Aber sie sind wie alle anderen fest eingebunden in internationale Abhängigkeiten. So souverän, wie sie sich geben, sind sie nicht. Auch sie sind auf die Unterstützung und das Wohlwollen anderer angewiesen, nicht zuletzt der Europäer. Gelegentlich scheinen die USA das zu vergessen: Die europäisch-amerikanischen Beziehungen beruhen auf Gegenseitigkeit. Die USA brauchen Europa genauso, wie Europa die USA braucht.

Sparen oder konsumieren

Um die von Politik und Wirtschaft angestrebten Wachstums- und Beschäftigungsziele zu erreichen, müssten in fast allen frühindustrialisierten Ländern die Bevölkerungen noch mehr verbrauchen, als sie dies ohnehin tun. Aber sie zögern. Von wenigen Ausnahmen, namentlich den USA, abgesehen, steigt die Sparquote, gemessen am verfügbaren Einkommen der privaten Haushalte, in den meisten Ländern seit einiger Zeit an. Drei Gründe dürften hierfür maßgeblich sein: Zum einen waren die Sparquoten vor allem in den 1990er Jahren verbreitet gesunken, so dass ihr derzeitiger Anstieg in gewissem Umfang die Wiederaufnahme eines langfristigen Trends bedeutet. Zweitens fürchten in zahlreichen Ländern die Menschen um ihre Arbeitsplätze – es kommt zum Angstsparen. Dass dies jedoch ein eher nachrangiger Grund ist, zeigt die Tatsache, dass auch in Ländern, in denen die Menschen kaum Arbeitsplatzsorgen haben, wie in der Schweiz, die Sparquote in der jüngeren Vergangenheit markant gestiegen ist. Drittens – und dieser Grund ist entscheidend – haben zumindest in (West-)Europa die Babyboomer jenes Alter erreicht, in dem Menschen von jeher verstärkt Vermögen gebildet haben.

Hinzu kommt, dass gerade diese Jahrgänge, die sich dem Gipfel ihrer Erwerbsphase nähern oder diesen schon erklommen haben, inzwischen wissen: Ohne substantielle private Vermögensbildung werden wir in einer zahlenmäßig abnehmenden und stark alternden Bevölkerung unseren Lebensstandard später nicht halten können. Das wurde ihnen lange genug von Politik und Wissenschaft, Banken und Versicherungen gesagt, und sie haben sich überzeugen lassen. Erleichtert wurde diese Überzeugungsarbeit durch eine Vielzahl staatlicher Sparanreize. Sie zeigen Wirkung. Nach Abzug aller Verbindlichkeiten hatten die Deutschen bis 2004 Vermögen im Wert von schätzungsweise 9,6 Billionen Euro gebildet, von denen etwa 2,7 Billionen Euro, also knapp dreißig Prozent, Geldvermögen waren. Besonders bemerkenswert ist, wie sich diese Vermögen entwickelt haben. Die Reinvermögen erhöhten sich in den zurückliegenden zehn Jahren um real etwa zwanzig Prozent.[20] Das ist erheblich mehr als das reale Wachstum während dieser Zeit.

Die meisten Regierungen unterstützen diese Entwicklung – und doch ist sie ihnen ein Dorn im Auge. An ein und demselben Tag werden die Bürger von ein und derselben Regierung aufgefordert, noch mehr und noch ausdauernder zu sparen und sich zugleich beim Einkaufen nicht zurückzuhalten. Die Botschaft der Politik ist: Bürger, gebt euer Geld aus, sonst können die von uns gesteckten Wachstumsziele nicht erreicht werden! Legt es aber auch auf die hohe Kante, sonst sinkt euer Lebensstandard eher früher als später! Die chaotische Widersprüchlichkeit der Politik in einer so wichtigen Frage ist symptomatisch für den Zustand der frühindustrialisierten Länder. Sie wissen nicht mehr, welche Richtung sie einschlagen sollen. Die Bürger sind verunsichert. Wie sichern sie ihren Lebensstandard am verlässlichsten? Indem sie in der Gegenwart mehr ausgeben, oder indem sie für die Zukunft mehr sparen? Die Politik lotst sie einmal in die eine und sogleich wieder in die entgegengesetzte Richtung. Was am Vormittag noch richtig war, ist am Nachmittag schon falsch, und am nächsten Tag ist es genau umgekehrt. Ein Schiff, das so gesteuert wird, muss ins Schlingern geraten.

Einige Notenbanken unterstützen den Kurs der Regierung, die Nachfrage anzukurbeln. Sie haben die Zinsen so weit gesenkt, dass es schwierig geworden ist, nach Abzug von Steuern und Inflationsrate überhaupt noch Erträge zu erwirtschaften. Viele Sparer erleiden ständig empfindliche Vermögensverluste. Das ist kein individuelles Missgeschick. Das ist so gewollt. Der Bevölkerung wird zu verstehen gegeben: Lasst das dumme Sparen! Es beeinträchtigt das Wachstum und ist deshalb schädlich.

Auch hier marschieren die US-Amerikaner an vorderster Front. Obwohl auch sie steuerlich geförderte Sparprogramme haben, will ihre Regierung, dass sie konsumieren und nicht sparen. Mit dem Geld, das übrig bleibt, sollen sie den Aktien-, Anleihen- und Immobilienmarkt aufpumpen. Das hat aus Sicht der Regierung die vorteilhafte Nebenwirkung, dass sich viele Bürger wohlhabender dünken, als sie in Wirklichkeit sind. Solche Wohlstandsillusionen sind wichtiger Bestandteil der Verbrauchsstrategie. Und diejenigen, die kein Geld haben, sollen es sich borgen. Billig genug ist es ja bei einer Realverzinsung von knapp über null Prozent. Das Wichtigste ist, dass das Geld rasch umgeschlagen wird. Nur nichts dem Konsum entziehen. Konsum ist Wachstum!

Hätten beispielsweise die Deutschen – für die meisten anderen frühindustrialisierten Länder gilt Ähnliches – im Jahre 2004 ihre Einkommen genauso hemmungslos ausgegeben wie die US-Amerikaner und nicht 10,9, sondern wie diese nur 3,8 Prozent gespart, hätten sie rund 100 Milliarden Euro zusätzlich in den Konsum fließen lassen können. Das sind knapp fünf Prozent des Bruttoinlandsprodukts.[21] Mit an Sicherheit grenzender Wahrscheinlichkeit wären die Wachstumsraten kräftig gestiegen und wohl auch die Beschäftigtenzahlen. Und dann? Dann hätte über kurz oder lang das Geld für Investitionen gefehlt, ohne die Wachstum ebenso wenig möglich ist wie ohne Nachfrage, und die Zinsen wären steil nach oben geschossen. Ein hochloderndes Strohfeuer wäre rasch in sich zusammengefallen. Hätten alle frühindustrialisierten Länder dem amerikanischen Beispiel nachgeeifert, befänden sie sich mittlerweile in einer tiefen wirtschaftlichen Krise. Die USA können sich nur verhalten, wie sie sich verhalten, weil sich die anderen nicht so verhalten. Anlass für Lobpreisungen der US-amerikanischen Wirtschafts- und Finanzpolitik ist das nicht.

Also doch sparen? Ernsthaft kann diese Frage nicht gestellt werden. Individuen und Volkswirtschaften, die immer nur von der Hand in den Mund leben, sind arm dran. Für den Einzelnen bedeutet Sparen die Bildung individueller Vermögen – großer oder kleiner. Individuelle Vermögen schaffen ein Mehr an Sicherheit und Unabhängigkeit. Für die Wirtschaft eines Landes bedeutet Sparen, dass Kapital bereitgestellt wird – viel oder wenig. Kapital ist eine tragende Säule jeder produktiven, wettbewerbsfähigen Volkswirtschaft. Wo kein oder nur wenig Kapital ist, reicht die Wirtschaftskraft allenfalls aus, um die Menschen am Leben zu erhalten. Mehr nicht. Darüber hinaus erschließt Kapital – individuell und kollektiv – den Zugang zu den Volkswirtschaften, die jetzt an der Reihe sind, kräftig zu expandieren. Denn Kapital ist weltweit knapp. Nichts brauchen die aufstrebenden Länder dringlicher.

Deshalb ist es richtig, in den frühindustrialisierten Ländern die Vermögensbildung breitester Bevölkerungsschichten anzuregen und zu fördern. Kein einziges dieser Länder leidet unter zu hohen Ersparnissen und erst recht nicht die Gemeinschaft aller. Der Appell, mehr zu konsumieren, kann allenfalls kurzfristig sinnvoll sein. Politik, die auf Nachhaltigkeit setzt, wird sich in der Regel solcher Appelle enthalten und stattdessen die Bürger zum Sparen ermutigen. Eine forcierte Konsumpolitik ist im Grunde eine Politik des »Nach uns die Sintflut«. Die Menschheitserfahrung ist hier wiederum eindeutig. Umso bedenklicher ist es, dass sich die frühindustrialisierten Länder unter Führung der USA in ebendiese Richtung bewegen.

Private Schulden

Die Wirtschaft zieht mit der Politik am selben Strang: Wachstum um jeden Preis, auch um den Preis des eigenen Bankrotts und den des Kunden. Während auf der einen Seite die Ersparnisse privater Haushalte in vielen Ländern steigen, wächst auf der anderen Seite die Zahl derjenigen, die überschuldet sind. Zu den Geringverdienern gehören diese Menschen zumeist nicht. Eher zu den Haltlosen, die dem gewaltigen Konsumsog nicht widerstehen können und die Kontrolle über ihre Ausgaben verloren haben.

Die Bereitschaft, sich für den Erwerb von Konsumgütern und Dienstleistungen, vom Fitness-Studio bis zur Urlaubsreise, zu verschulden, nimmt in den frühindustrialisierten Ländern von Jahr zu Jahr zu. Zugleich sinkt die Bereitschaft, Schulden pünktlich zu begleichen. In Deutschland bleibt in vielen Bereichen etwa jede zweite Rechnung erst einmal liegen.[22] Ursächlich dafür ist in den seltensten Fällen ein Rückgang der Kaufkraft. Vielmehr nimmt die Zahl der Menschen zu, die mit der Erfüllung ihrer Wünsche nicht warten wollen, bis sie sie bezahlen können. Das öffentliche Klima begünstigt diese Haltung.

Im Jahre 2004 waren von den 37 Millionen Haushalten in Deutschland 3,1 Millionen überschuldet. Von ihnen meldeten 49 000 Verbraucherinsolvenzen an, die gerichtlich geregelt werden mussten.[23] Zunehmend betroffen sind Jugendliche. Das Hauptmotiv für ihr Schuldenmachen sind nach eigenem Bekunden schicke Kleidung, Handys und Freizeitvergnügen. Lebensnotwendiges ist nicht darunter – es geht um Wohlstandsschulden. Sechs Prozent der 13- bis 17-Jährigen haben Schulden von durchschnittlich knapp 400 Euro. Bei jedem achten 18- bis 20-Jährigen erhöht sich dieser Betrag auf etwa 1500 Euro. Bei jedem sechsten 21- bis 25-Jährigen sind es dann schon mehr als 2000 Euro.[24] Bei ihnen kommt das Auto hinzu, das ihre finanziellen Möglichkeiten übersteigt. Immer mehr, vor allem jüngere Menschen, erliegen den Verlockungen einer Konsum- und Kreditgesellschaft.

Dabei geht es in Europa, verglichen mit den USA, noch gemäßigt zu. Im Land der unbegrenzten Möglichkeiten erklimmt die Verschuldung der privaten Haushalte immer neue Rekordhöhen. 2004 stand jeder Haushalt mit durchschnittlich 19 000 US-Dollar in der Kreide – Hypotheken nicht eingerechnet. Zusammen mit diesen lag die Gesamtverschuldung bei 9 Billionen US-Dollar. Fast vierzig Prozent dieses Schuldenberges wurden seit 2001 aufgehäuft. Und wieder sind es keineswegs die Einkommensschwächsten, die die höchsten Schulden haben. Vielmehr erklären ganz normale Durchschnittsverdiener: Ja, wir leben über unsere Verhältnisse, und zwar ständig. Haushalte der amerikanischen Unter- und Mittelschicht müssen oft bis zu vierzig Prozent ihrer laufenden Einkommen für die Schuldentilgung aufwenden. Nicht alle stehen das durch. 2003 gingen 1,6 Millionen Privathaushalte offiziell bankrott. Das waren doppelt so viele wie zehn Jahre zuvor und ebenso viele wie während der gesamten sechziger Jahre. Seit 1990 hat jeder zehnte private US-Haushalt Konkurs angemeldet.[25] Allem Anschein nach hat sich das Tempo der Umsatz- und Konsummaschine erhöht.

Eine solche Entwicklung sollte nahe legen, zügellosen Konsum zu erschweren und insbesondere bei der Vergabe von Krediten sorgsamer vorzugehen. Aber eine Wirtschaft und Politik, die auf Konsum und Wachstum fixiert sind, denken nicht daran, das zu tun. Kaufmännisch kluges Verhalten, wie es noch vor einer Generation selbstverständlich war, könnte den Konsum und damit das Wachstum bremsen. Also werden den Zögernden die Kredite geradezu aufgedrängt. Ob im Kaufhaus, beim Autohändler oder im Reisebüro – überall liegen die einfach auszufüllenden Kreditanträge, die »garantiert schnell und unbürokratisch« bearbeitet werden, griffbereit. Fragen werden kaum gestellt. Der Kunde kann das Geld mitunter gleich mitnehmen. Sich einer Kreditkarte zu erwehren ist schwer geworden. Selbst der Insolventeste hat keine große Mühe, sie zu bekommen. Ist das Konto nicht gedeckt, werden großzügige »Limits« eingeräumt. Die Banken verfahren ähnlich, und einige sind erst unter den harten Schlägen einer kaum noch zu verkraftenden Zahl von Insolvenzen wieder etwas vorsichtiger geworden, manche sogar übervorsichtig. Aber alle sind getrieben, ihre Umsätze, Marktanteile und Gewinne zu erhöhen – und das trübt gelegentlich den Blick für das kaufmännisch Vernünftige, Machbare.

Dass dieses Wirtschaften eine rapide wachsende Zahl von Opfern fordert, steht außer Frage. Der Gesellschaft bleibt deshalb gar nichts anderes übrig, als gnädig mit ihnen umzugehen. Die alten Schuldtürme könnten die Gestrauchelten nicht fassen. Während noch vor einer Generation selbst zu verantwortende Schulden einen erheblichen Makel darstellten und sich vor zwei Generationen mancher Schuldner der Schande wegen gar erschoss, führen sie heute nur noch ausnahmsweise zu gesellschaftlicher Ächtung. Doch die Gesellschaft zeigt sich noch gnädiger. Sie hat in zahlreichen Ländern auch gewohnheitsmäßigen Schuldenmachern den Weg geebnet. Nach einem kleinen Reuebekenntnis und einigen Jahren des Wohlverhaltens sind sie wieder aller Schulden ledig und können von vorne anfangen. »Die Möglichkeit der Restschuldbefreiung sehen viele Schuldner als Einladung, noch mehr Schulden zu machen«, meinte vor einiger Zeit ein Vertreter der deutschen Inkassofirmen, und der Deutsche Gerichtsvollzieherbund stimmte zu.[26]

Die immer länger werdende Schuldenschleppe von Betrieben und Privathaushalten muss irgendjemand tragen. Die Lasten dieser Schleppe sind beträchtlich. In Deutschland müssen Gläubiger im Privatbereich mehr als neunzig Prozent ihrer Forderungen als uneinbringlich abschreiben.[27] Insgesamt lagen die Forderungsausfälle durch Insolvenzen 2004 bei etwa 45 Milliarden Euro.[28] Hinzu kommt, dass Überschuldungen nicht selten Kettenreaktionen auslösen, unter denen Lieferanten, Aktionäre, Bankkunden und gelegentlich auch die Steuerzahler zu leiden haben. Die um sich greifende Überschuldung hat in den frühindustrialisierten Ländern eine Umverteilungsmaschinerie erheblichen Ausmaßes in

Gang gesetzt. Der geringere Teil fließt von Reich zu Arm. Der ungleich größere geht von den Sorgsamen an die Sorglosen – Nebenwirkungen eines Wachstums um jeden Preis.

Kauft, liebe Leute, kauft!

Bis vor etwa 150 Jahren – ein Wimpernschlag in der Menschheitsgeschichte – konnte die überwältigende Bevölkerungsmehrheit fast überall auf der Welt allenfalls existentielle Bedürfnisse befriedigen, und oft noch nicht einmal das. Gemessen an dem, was die Menschen in den frühindustrialisierten Ländern und einigen weiteren Regionen heute als Grundversorgung ansehen, herrschte weltweit materielle Not. Allerdings dürfte diese damals nur in Ausnahmefällen als solche empfunden worden sein. Denn die Menschen kannten nichts anderes. Abgesehen von ein paar Reichen lebten alle wie sie selbst – ärmlich. Die Armut ließ sie genügsam sein. Genügsamkeit war ihre Prägung, und dank dieser Prägung lebten sie im Einklang mit ihren bescheidenen wirtschaftlichen Möglichkeiten.

Dieser Einklang von Anspruch und Wirklichkeit machte ihnen das Leben leichter und wurde deshalb von der Gesellschaft sorgsam kultiviert. Genügsamkeit war eine Tugend. Zugleich erschwerte sie aber auch die Verbesserung der Produktionsbedingungen und die Erschließung neuer Güter-, Dienstleistungs- und Wissensmärkte. Viele glaubten ja zu haben, was sie brauchten, und sahen nicht ein, warum sie ihre gewohnte Lebensweise verändern sollten. Zäh hielten sie an den überkommenen bäuerlichen oder handwerklichen Strukturen fest und betrachteten Neuerungen mit Argwohn. Das Ziel materiellen Wohlstands war zu entfernt und vage, als dass es die Massen hätte entzünden können. Überdies war der Weg dorthin mühsam und für viele mit großen Opfern verbunden. Umso bemerkenswerter ist es, dass Minderheiten ganze Völker dazu brachten, ihre Produktivität rasch zu steigern und so die Voraussetzungen für den späteren Massenwohlstand zu schaffen. Dies war eine historisch außergewöhnliche und keineswegs selbstverständliche Leistung von Eliten.

Das ist jetzt anders. Zwar können in großen Teilen der Welt die meisten noch immer nur ihre existentiellen Bedürfnisse befriedigen. Insoweit sind sie in derselben Lage wie die Menschen in den frühindustrialisierten Ländern, ehe diese aufstiegen. Im Gegensatz zu diesen, die zu Beginn weder Weg noch Ziel kannten, haben jedoch die Armen von heute deren Beispiel vor Augen. Sie haben eine Vorstellung von Massenwohlstand. Und sie wissen, wie man dorthin gelangt. Die frühindustrialisierten Länder haben ihnen die Bahn bereitet. Nach besseren Produktionsbedingungen brauchen sie nicht erst lange zu suchen. Sie stehen abrufbereit. Vor allem aber reiben sich die Armen von heute, anders als die Armen vor Beginn der Industrialisierung, an ihren bescheidenen wirtschaftlichen Möglichkeiten und wollen sie überwinden. Dafür sind sie bereit, Opfer zu bringen. In den heute noch armen Ländern besteht also bereits jene mentale Disposition, die in den frühindustrialisierten Ländern erst allmählich wachsen musste.

Diese Disposition erleichtert die Erschließung neuer Märkte. Die Wirtschaft ist dabei, dies zu tun. Doch deutlich größer sind ihre Anstrengungen, den Absatz ihrer Güter und Dienste auch dort noch zu steigern, wo die Nachfrage bereits abgeebbt ist und Kaufimpulse immer wieder neu geweckt werden müssen. Die gängige Begründung für dieses auf den ersten Blick paradoxe Verhalten ist, dass in den armen Ländern größere Investitionen nicht lohnten, da die dortige Kaufkraft noch zu gering sei. Dabei wird gerne übersehen, dass das Gleiche vor gar nicht langer Zeit auch für die frühindustrialisierten Länder galt. Auch hier schwang sich der Markt im Wechselspiel von Angebot und Nachfrage erst nach Generationen zu den nunmehr erreichten Höhen auf.

In Anbetracht der Mühsal, die es offensichtlich bereitet, in den frühindustrialisierten Ländern immerfort wachsende Güter- und Dienstleistungsmengen zu vermarkten, müssen die Produzenten entscheiden, was sinnvoller ist: in diesen Ländern den Vertriebsaufwand möglicherweise exponentiell zu steigern oder den Aufwand für die Erschließung neuer Märkte zu vergrößern. Bei dieser Entscheidung geht es nicht um ein Alles oder Nichts. Es geht um eine Verschiebung der Gewichte: mehr Aufwand auf den weithin ungesättigten, weniger Aufwand auf den weithin gesättigten Märkten.

Die Verrenkungen, die die Wirtschaft auf den weithin gesättigten Märkten der frühindustrialisierten Länder vornimmt, um Menschen zum Kaufen von Waren und Diensten zu bewegen, die viele weder brauchen noch haben wollen, sind fast schon pathetisch. Wie das Bettlerkind in Theodor Storms »Weihnachtsabend« die Passanten anfleht: »Kauft, lieber Herr!«, so flehen hier die meisten Anbieter, von der Boutiqueninhaberin über den Handwerker und Mittelständler bis zum Discounter-Betreiber und Großunternehmer: »Kauft, liebe Leute, kauft!«

Aber dieses Flehen bewegt nichts mehr. Die Kunden wollen und müssen umworben, umgarnt, betört werden. Genügt auch das nicht, werden sie angefüttert mit kostenlosen Mobiltelefonen, Internetzeiten und Ähnlichem. Nicht selten werden sie auch in regelrechte Rauschzustände versetzt. Durch Farben, Töne und Gerüche, durch Glücksversprechen und Inszenierungen jedweder Art sollen ihre Gefühle aktiviert und rationale Kontrollen so weit wie möglich ausgeschaltet werden. Nicht wenige, vor allem jüngere Menschen, erliegen dieser Strategie.[29] Sie berichten von »zwanghaftem Kaufen«, »Kaufen wie von Sinnen« oder »unkontrollierbarer Kauflust«. Psychologen konstatieren mitunter tatsächlich alle Symptome eines Rausches, das heißt eines übersteigerten Gefühlszustands aufgrund erregender Erlebnisse.

Spätestens wenn dieser Zustand erreicht ist, zeigt sich, dass oftmals nicht fehlendes Geld, sondern fehlendes Interesse den Kauf zuvor verhindert hat. Sobald die Vernunftbremsen gelockert sind und der Gefühlsmotor auf vollen Touren läuft, wird gekauft. Das Geld ist da, zwar nicht in den Taschen aller, aber doch vieler. Wenn diese vielen wollen, dann gehen nicht nur Alltags-, sondern auch Luxusgüter in großen Mengen über die Ladentheken, dann werden auch von Angehörigen wirtschaftlich schwächerer Schichten horrende Preise für Fußballspiele und Boxkämpfe, für Rockkonzerte und – im Rheinland – Karnevalssitzungen entrichtet. Also müssen die Menschen dazu gebracht werden, kaufen zu wollen. Ohne das geht es in weithin gesättigten Märkten nicht mehr. Das belegt eine einfache Überlegung: Würde in irgendeinem frühindustrialisierten Land nur noch gekauft, was die Menschen nach reiflicher Überlegung für kaufenswert halten, würden Umsatz und Gewinn schlagartig einbrechen. Die Wirtschaft würde augenblicklich entgleisen. Ein Albtraum von Produzenten und Politikern würde Wirklichkeit.

Freilich kostet die Weckung irrationaler Kaufimpulse Geld, viel Geld. Dieses Geld müssen – wie sollte es anders sein – die Kunden aufbringen. Würde bei jeder Ware, jeder Dienstleistung sauber ausgewiesen, was diese an sich kostet und was es kostet, die Kunden dazu zu bringen, sie zu erwerben – den Kunden würden oftmals die Augen übergehen. Bei einer stattlichen Zahl von Produkten sind die Kosten der »Verkaufsförderung« weit höher als der eigentliche Warenwert. All die Sportler und Filmstars, Klatschspalten-Größen und Entertainer, die uns Versicherungen, Kaugummis, Autos oder Urlaubsreisen nahe bringen sollen, haben eben ihren Preis. Und je bekannter sie sind, desto teurer sind sie und desto tiefer muss der Kunde in die Tasche greifen.

Ein immer höherer Anteil der Wertschöpfung – des Kapitals, des Wissens und der Arbeitskraft – dient in den frühindustrialisierten Ländern einzig und allein dazu, Menschen Dinge schmackhaft zu machen, denen sie ohne diesen Zuckerguss nicht näher treten würden. Der Befriedigung manifester Bedürfnisse dient ein immer kleinerer Anteil der Güterwelt. Für vieles müssen die Bedürfnisse erst aufwändig geweckt und dann ebenso aufwändig am Leben gehalten werden. Das ist das Wesen reifer Volkswirtschaften und materiell wohlhabender Gesellschaften: Sie haben einen Entwicklungsstand erreicht, wo die Weckung von Bedürfnissen der Befriedigung von Bedürfnissen um nichts nachsteht. Dabei werden sogar solche Bedürfnisse erzeugt, deren Befriedigung den Menschen schadet. Konsum wird hier zur Perversion.

Generation XXL

Menschen mit gewaltiger Körperfülle gab es zu allen Zeiten. Aber sie waren so selten, dass sie mitunter auf Jahrmärkten oder im Panoptikum ausgestellt und bestaunt wurden. Das geschieht heute kaum noch. Ursächlich dafür ist zum einen das veränderte Verständnis von menschlicher Würde. Weitaus bedeutsamer ist jedoch die enorme Zunahme der Zahl stark Übergewichtiger und Fettleibiger. Manche von ihnen sind ernsthaft krank. Die meisten aber sind schlicht überernährt: zu viele Kalorien bei zu geringer körperlicher Aktivität.

Solche Überernährten tauchten schon vor einem halben Jahrhundert vor allem in den USA in größerer Zahl auf. Schnaufend und schwitzend quälten sie sich in Busse und Bahnen, zwängten sich hinter die Lenkräder ihrer Autos und mühten sich – manchmal vergeblich –, Platz im Flugzeug- oder Kinositz zu nehmen. Sie wurden bemitleidet oder belächelt, aber kaum jemals beneidet. Dick zu sein war kein erstrebenswerter Zustand.

Dennoch breitete sich dieses Phänomen in den nachfolgenden Jahrzehnten in allen frühindustrialisierten Ländern und in allen Regionen und Bevölkerungsschichten, die westliche Essgewohnheiten annahmen, mit großer Geschwindigkeit aus. Dick sind heute nicht mehr nur US-Amerikaner und Briten, Deutsche und Dänen, sondern immer häufiger auch Chinesen und Brasilianer, Nigerianer und Mexikaner. Fettleibigkeit kennt keine Grenzen mehr, auch wenn der Westen nach wie vor führt. Die Zahlen sind alarmierend: Starkes Übergewicht und Fettleibigkeit sind zu einer Massenerscheinung geworden, die der jahrzehntelangen stetigen Zunahme der Lebenserwartung ein jähes Ende bereiten könnte. US-amerikanische und britische Wissenschaftler befürchten, dass sich in ihren Ländern eine ganze Generation ins frühe Grab fressen und möglicherweise jünger sterben werde als ihre Eltern.[30]

Was für die USA und Großbritannien befürchtet wird, muss fast unterschiedslos für den ganzen Westen befürchtet werden. Hier sind zwischen der Hälfte und zwei Dritteln der Bevölkerung übergewichtig, ein Achtel bis ein Sechstel sogar stark übergewichtig. Starke Übergewichtigkeit ist dabei, in vielen Ländern des Westens zur häufigsten Todesursache aufzurücken. In den USA sterben gegenwärtig jährlich etwa 300 000 Menschen an den Folgen anhaltend überhöhter Kalorienzufuhr; in Großbritannien sind es 53 000 – ein fast ebenso großer Anteil der Bevölkerung. In den anderen frühindustrialisierten Ländern sind die Größenordnungen ähnlich.

Besonders beunruhigend ist zum einen der rasche Anstieg der Zahl stark Übergewichtiger. In Großbritannien kommen regierungsamtliche Studien zu dem Ergebnis, dass sich die Zahl der Fettleibigen in nur 25 Jahren verfünffacht hat und Fettleibigkeit mittlerweile als epidemisch anzusehen ist. Auch in dieser Hinsicht sind die Unterschiede zwischen den frühindustrialisierten Ländern allenfalls mäßig. Und zum anderen beginnen die Gewichtsprobleme immer früher. Schon Dreijährige haben mit ihnen zu kämpfen, und unter Zehnjährigen sind sie weit verbreitet. Manche bezeichnen die jetzt Heranwachsenden als Generation XXL.

Was die einen zu viel auf die Waage bringen, fehlt bei anderen. Mager- und Ess-Brech-Süchtige sind zwar nicht so zahlreich wie Übergewichtige. Aber auch diese Gruppe wird rasch größer. In Deutschland gelten derzeit zwölf Prozent der Jugendlichen als mager- oder ess-brech-süchtig, wobei, wie bei den Übergewichtigen, diese Störungen immer früher beginnen. Schon Acht- und Zehnjährige sind betroffen. Als Ursachen genannt werden verfehlte Schönheitsideale und die Schwächung sozialer Normen, die insbesondere jungen Menschen Halt geben könnten. Demgegenüber spielt materielle Not bei der Unterernährung von Menschen in frühindustrialisierten Ländern praktisch keine Rolle. Unterernährung ist hier die Folge individuellen Fehlverhaltens, nicht von Bedürftigkeit.

Aber gleichgültig, ob zu viel oder zu wenig – Schäden verursacht der falsche Umgang mit Lebensmitteln allemal. Damit verlässt er den Bereich des Privaten. Die Übergewichtigen erkranken weit überdurchschnittlich oft an sogenannter Altersdiabetes, und zwar in immer jüngeren Jahren. Schon Kinder sind mitunter Altersdiabetiker. Die Kosten dieser »Volksseuche«, an der in einem Land wie Deutschland gegenwärtig mehr als sechs Millionen Menschen erkrankt sind und bis 2010 voraussichtlich zehn Millionen erkrankt sein werden, sind immens. Die Übergewichtigen wälzen ihre Lasten auf andere ab. In Deutschland werden diese Lasten auf jährlich reichlich 70 Milliarden Euro veranschlagt, wovon allein 28 Milliarden Euro für die Behandlung ernährungsbedingter Diabeteserkrankungen benötigt werden.[31] Hinzu kommen die Kosten für 44 000 Schlaganfälle aufgrund falscher Ernährung, 27 000 Herzinfarkte, 27 000 Amputationen von Gliedmaßen, viele tausend Fälle von Nierenversagen, Erblindung und vorzeitig verschlissenen Gelenken sowie ungezählte Fälle von Herz-Kreislauf-Erkrankungen.[32] Gelegentlich werden sogar schon ungeborene Kinder im Leib ihrer esssüchtigen Mütter geschädigt.[33] Und keineswegs harmloser sind die Folgen der Mager- sowie Ess-Brech-Sucht. Auch sie verursachen beträchtliche Kosten, die wiederum zum größten Teil der Allgemeinheit aufgebürdet werden.

Nach vorsichtigen Schätzungen könnte mindestens die Hälfte des Aufwandes für übermäßig Dicke und Dünne eingespart werden, wenn diese sich dazu bequemten, menschen-, alters- und geschlechtsgemäße Lebensmittelmengen zu verzehren. Doch das überfordert viele. Einfacher ist es, nach dem Staat zu rufen, der Diätkuren, Essprogramme und Behandlungszentren finanzieren soll. Was in einer auch nur halbwegs intakten Gesellschaft die ältere der jüngeren Generation am Mittags- oder Abendbrottisch beiläufig vermittelt, ist in den Gesellschaften der frühindustrialisierten Länder und allen, die ihnen nacheifern, zu einem im Wortsinne »existentiellen« Problem geworden: der rechte – und das heißt nicht zuletzt maßvolle – Umgang mit Speisen und Getränken. Viele essen sich krank und nicht wenige zu Tode. Und viele, so der Befund von Ernährungswissenschaftlern, können sich kein vernünftiges Essen mehr zusammenstellen, geschweige denn kochen. Etwas Elementareres hätte eine Gesellschaft kaum verlernen können.

Iss was, trink was!

Dass es immer mehr erheblich über- und unterernährte Menschen gibt, deutet darauf hin, dass im fundamentalsten Lebensbereich das Wachstums- und Wohlstandskonzept der frühindustrialisierten Länder aus den Fugen geraten ist. Die einstige Wohltat ausreichender, gesunder Ernährung ist für viele zur Plage übermäßiger, krank machender Kalorienzufuhr geworden. Während weltweit noch immer Unzählige hungern, haben die Bevölkerungen der frühindustrialisierten Länder zu viel zu essen und zu trinken. Bertolt Brechts Reim »Reicher Mann und armer Mann standen da und sah'n sich an. Und der Arme sagte bleich: Wär' ich nicht arm, wärst du nicht reich« kann schwerlich Allgemeingültigkeit beanspruchen. Im Blick auf die weltweit krasse Ungleichverteilung von Nahrungsmitteln ist ihm der Wahrheitsgehalt jedoch kaum abzusprechen. Das Fleisch, das die einen zu wenig auf den Rippen haben, drückt die anderen im Übermaß – Millionen von Tonnen.

Diese Ungleichheit hat es früher nicht gegeben. Bis in die jüngste Vergangenheit war Hunger der ständige Begleiter fast aller Menschen. Wurde er zu groß, zogen sie in fremde Länder, wo sie nicht selten mit anderen Menschen zusammenprallten. Viele bezahlten das mit ihrem Leben. Die

Wahrscheinlichkeit, unmittelbar oder mittelbar hungers zu sterben, war groß. Auch in den frühindustrialisierten Ländern hungerten noch im 19. Jahrhundert breite Bevölkerungsschichten, und selbst im 20. Jahrhundert war Hunger nicht völlig gebannt. Regional und zeitlich begrenzt, gab es weiter Hungersnöte, die letzten großen im und nach dem Zweiten Weltkrieg.

Der unablässige Kampf gegen den Hunger hat die Entwicklung der Menschheit maßgeblich bestimmt. Die Menschen wollen wie alle Lebewesen satt werden. Doch nur die Bevölkerungen der frühindustrialisierten Länder können von sich sagen: Wir haben es geschafft. Wir haben das lange ersehnte Menschheitsziel erreicht. Bei uns hungert niemand mehr, es sei denn aus freien Stücken. Doch zugleich müssen sie feststellen, dass sie das Ziel verfehlt haben, dass sie über das Ziel hinausgeschossen sind. Denn sie sind nicht nur satt. Vielmehr wächst die Zahl (über-)ernährungsbedingter Krankheits- und Sterbefälle in beängstigendem Ausmaß.

Das kreatürliche Bedürfnis, zu essen und zu trinken, und das kulturelle Bedürfnis, dies mit Geschick und Geschmack sowie in einem gepflegten Rahmen zu tun, werden in den frühindustrialisierten Ländern überlagert von der Manie ständiger Nahrungszufuhr. Schon das leiseste Hunger- oder Durstgefühl wird energisch bekämpft. Eine 45-minütige Schulstunde oder Universitätsvorlesung meinen viele nicht ohne Erfrischungsgetränke und kleine Imbisse durchstehen zu können. Das Gleiche meinen immer mehr Kino- und Theaterbesucher. Speisen und Getränke sind allgegenwärtig, und kategorisch heißt es: Iss was! Trink was! Bahnhöfe, Flughäfen und sonstige Orte, an denen Menschen zusammentreffen, sind zu Stätten pausenlosen Essens und Trinkens umfunktioniert worden. Ihre ursprüngliche Bestimmung tritt darüber in den Hintergrund. Und sollte sich trotz aller Speisetempel, Supermärkte, Einkaufsläden, Werkskantinen, Gastwirtschaften und heimischen Küchen ein winziges Hungergefühl einschleichen, helfen Getränke-

und Snackautomaten aus der Verlegenheit. Die Toleranz gegenüber Hunger- und Durstgefühl tendiert in den frühindustrialisierten Ländern gegen null.

Aber auch wenn Hunger und Durst gestillt sind, wird weitergegessen und -getrunken. Früher konnte sich das nur eine hauchdünne Oberschicht leisten. Wohlbeleibt zu sein war Ausdruck ihres Wohlstands. Heute können alle wohlbeleibt sein. Stopf in dich hinein, was irgend hineingeht! Die USA sind hier wiederum führend, obwohl Europa ihnen dicht auf den Fersen ist. »All you can eat«, »Happy hour«, jedes Getränk zum halben Preis, drei Donuts für den Preis von zweien. Wer ein Riesensteak in wenigen Minuten hinunterschlingt, braucht es nicht zu bezahlen. Popcorn-Becher, groß wie Papierkörbe, Pizzen, groß wie Wagenräder, Softdrinks aus Eiskübeln. Wettessen. Wetttrinken. Fress- und Saufgelage, bis der Krankenwagen kommt. Und dann ab zum Arzt, ins Hospital, in die Reha-Klinik, in die Frührente.

Die Geißel Hunger hat sich im Westen gewandelt zur Geißel Überfluss, die – wie die Geißel des Hungers – Opfer fordert. Nur weniges beschäftigt die Menschen in den frühindustrialisierten Ländern so sehr wie das Ringen mit ihren überzähligen Pfunden. Ganze Wirtschaftszweige unterstützen sie dabei und setzen damit Milliardenbeträge um. Aber solange die Verlockungen von noch mehr Essen und Trinken so groß sind, bewirkt das Ringen wenig. Neun von zehn Diätkuren – so eine Schätzung[34] – sind erfolglos, wenn nicht gar schädlich. Der Wohlstand frisst seine Kinder. Irgendwo muss der Überfluss ja hin. Ein Schelm, der behauptet, dass niemand versuche, ihn unter das Volk zu bringen.

Wer argumentiert, jedem stehe es frei, von dem Überangebot an Speisen und Getränken Gebrauch zu machen oder auch nicht, verkennt entweder die Natur des Menschen oder ist ein Heuchler. Denn dieses Überangebot ist fast unwiderstehlich aufbereitet – und zwar nicht in erster Linie, um ästhetischen Maßstäben zu genügen, sondern um es zu verkaufen. Der Bierdurst wird mit Salzgebäck gesteigert, der Appetit mit Geschmacksverstärkern. Zur Steigerung der Ess-

und Trinklust ist fast alles erlaubt. Esst, Leute, esst! Trinkt, Leute, trinkt! Schließlich gönnt ihr euch ja sonst nichts.

Das Fatale daran ist, dass die geplagten Körper der fröhlichen Esser und Trinker und ihrer Widerparte, der krankhaft Hungernden, immer häufiger streiken. Abgesehen vom individuellen Leid werden dadurch die Krankenstatistiken aller frühindustrialisierten Länder gewaltig aufgebläht. In die Rubrik »wachsender Wohlstand« passen diese Statistiken schwerlich. Einmal mehr hat sich eine Entwicklung selbst ad absurdum geführt. Wäre eine andere möglich gewesen?

Die Frage berührt wiederum Grundsätzliches. Ja, eine andere Entwicklung wäre möglich gewesen, und sie ist auch heute noch möglich. Aber sie entspräche nur sehr bedingt den eingeschliffenen Wachstums- und Wohlstandsvorstellungen der Menschen in den frühindustrialisierten Ländern. Diese sind nämlich trotz aller Bekenntnisse zu qualitativem Wachstum bis auf weiteres vor allem quantitativ gepolt. Nicht die bestmögliche, sondern die größtmögliche Menge an Gütern und Diensten ist in der Regel das Ziel.

Im Bereich der Nahrungsmittel wird das überdeutlich. Der Markt ist überschwemmt mit Produkten, die an sich zu billig sind. Das beginnt bei den Erzeugern, gleichgültig ob im In- oder Ausland. Dass viele von ihnen nur subventioniert überleben können, ist die Folge eines grundlegenden Missstandes. Was sie auf dem Markt für Fleisch, Milch, Getreide oder Obst und Gemüse erzielen, ist zu wenig, um existieren und zugleich kontinuierlich hohe Qualität gewährleisten zu können. Aber auch die Händler werden nur selten reich. Der Kampf um den Kunden wird fast immer über den Preis ausgetragen. Qualitätsoffensiven sind zumeist bloßes Rankenwerk. Der Kunde will und soll sein Hähnchen für 2,19 Euro und sein Kilo Februar-Tomaten für 1,49 Euro haben. Und so sind die dann auch.

Wohlstand, der krank macht

Der verbreitete Nahrungsmittelmissbrauch in den frühindustrialisierten Ländern setzt sich fort im nicht minder verbreiteten Missbrauch von Genussmitteln. Das Muster ist ähnlich. Erzeugnisse, die in Maßen genossen das Wohlbefinden des Menschen heben können, werden in solchen Massen konsumiert, dass sie immer häufiger zu Krankheit und vorzeitigem Tod führen. Auch dazu einige Zahlen.

In Deutschland sind 4,3 Millionen der über 17-Jährigen alkoholabhängig. Das entspricht einem Bevölkerungsanteil von sieben Prozent. Etwa jeder fünfte Patient, der eine allgemeinmedizinische Praxis aufsucht, leidet an alkoholbedingten Störungen. Nach Herz-Kreislauf-Erkrankungen ist Alkoholmissbrauch der zweithäufigste Grund für Krankenhausaufenthalte von Männern. Absolut hat sich die Zahl dieser Fälle innerhalb von zehn Jahren verdoppelt. Wegen Alkoholmissbrauchs werden jährlich mehr als 90 000 Erwerbspersonen arbeitsunfähig; 42 000 Menschen sterben alkoholbedingt; jeder sechste Verkehrstote ist ein Opfer des Alkohols. Die Hälfte der wegen Straftaten im Straßenverkehr Verurteilten stand unter Alkoholeinfluss. Der durch Alkoholmissbrauch verursachte Schaden wird – bei enger Abgrenzung – mit 20 Milliarden Euro im Jahr beziffert.[35] Deutschland, ein Land von Alkoholikern? Alle Zahlen lassen sich unschwer auf die Mehrzahl der frühindustrialisierten Länder übertragen. In einigen sind die Probleme sogar noch größer als in Deutschland.

Und der Alkoholkonsum beginnt immer früher. In Deutschland konsumierten Jugendliche 2003 sechsmal so viel Alkohol wie 1998.[36] Ein Drittel der 15-jährigen Mädchen und knapp die Hälfte der gleichaltrigen Jungen trinken mindestens einmal in der Woche Alkohol.[37] Aber auch 8- und 9-Jährige befinden sich bereits unter den Konsumenten. Der häusliche Kühlschrank macht's möglich.

Noch häufiger als deutsche greifen britische Jugendliche zur Flasche. Jedes zweite 15-jährige Mädchen und weit mehr als die Hälfte der gleichaltrigen Jungen konsumieren regelmäßig Alkohol, wobei die Zahl derjenigen, die bis zur Besinnungslosigkeit trinken, steil ansteigt. In Großbritannien ist angeblich jede zweite Notaufnahme in ein Krankenhaus alkoholbedingt, manche meinen sogar, es seien siebzig Prozent. Unlängst klagte der britische Premier Blair, exzessiver Alkoholkonsum sei dabei, die »neue britische Krankheit« zu werden.[38]

Allerdings ist diese Krankheit nicht auf Großbritannien beschränkt. In zahlreichen frühindustrialisierten Ländern hat der Alkoholkonsum bei einem Teil der Bevölkerung die Grenzen des Gesundheitsverträglichen weit überschritten. Acht Prozent der Bevölkerung konsumieren in Deutschland vierzig Prozent des Alkohols.[39] Die Fläschchen und Gläschen von diesem und jenem summieren sich bei ihnen im Laufe eines Jahres zu mehreren Eimern krank machenden reinen Alkohols.

Was der Alkohol nicht schafft, schafft das Nikotin. Wieder sind die Verhaltensunterschiede zwischen den frühindustrialisierten Ländern gering. In Westeuropa liegt der Anteil der Raucher bei den über 15-Jährigen bei durchschnittlich 35 Prozent. Der Einstieg beginnt im statistischen Mittel mit knapp 12 Jahren.[40] Von den 15-Jährigen raucht in Deutschland jeder Vierte – 27 Prozent der Mädchen und 25 Prozent der Jungen.[41] In Frankreich rauchen 40 Prozent aller 15- bis 19-Jährigen.[42] Im Durchschnitt geben Raucher in Deutschland rund tausend Euro im Jahr für Tabakwaren aus.[43] Nicht wenige von ihnen zählen zu den wirtschaftlich Schwachen.

Nach jüngsten US-amerikanischen Untersuchungen verkürzen Raucher ihr Leben um durchschnittlich 13,2 Jahre, Raucherinnen sogar um 14,5 Jahre. Doch ehe sie ihren frühen Tod sterben, belasten sie sich selbst und die Allgemeinheit mit vielfältigen Krankheiten. Rauchen, so der ranghöchste Gesundheitsberater der USA, schadet fast jedem Organ.[44] Für die meisten Raucher und Raucherinnen geht es deshalb nicht darum ob, sondern nur wie schnell sie erkranken. In der Regel genügen – französischen Untersuchungen zufolge – wenige

Jahrzehnte. Dann müssen wiederum riesige Milliardenbeträge aufgebracht werden, um die angerichteten Schäden notdürftig zu kaschieren. Mehr ist zumeist nicht mehr möglich.

Maßloser Nahrungsmittelkonsum, maßloser Genussmittelkonsum – und schließlich Drogen. Noch nie, so der Direktor der Europäischen Beobachtungsstelle für Drogen und Drogensucht im Oktober 2003, nahmen junge Menschen in der Europäischen Union so viel Drogen.[45] Und nicht nur junge Menschen und nicht nur in der EU. Die Drogen, die die frühindustrialisierten Länder von allen Seiten überfluten, werden überall begierig nachgefragt. Ihr Konsum ist zu einem weiteren krank machenden Massenphänomen geworden.

An Drogen zu gelangen ist im Allgemeinen einfach. Mehr als die Hälfte der deutschen Schüler berichtet, dass ihnen – mitunter unmittelbar vor ihrer Schule – mehr oder minder regelmäßig Drogen unterschiedlicher Härtegrade angeboten werden. Der Zuspruch ist groß. Unter den 15-jährigen Deutschen männlichen wie weiblichen Geschlechts hat bereits jeder Vierte Drogenerfahrung.[46] Unter den Schweizer Jungen dieses Alters gehört einer aktuellen Untersuchung der Weltgesundheitsorganisation zufolge sogar jeder Zweite zu den Erfahrenen.[47] Regelmäßig kifft unter den deutschen Jugendlichen nahezu jeder Fünfte.[48] Die Zahl derer, die Drogenberatungsstellen aufsuchen (müssen), hat sich innerhalb von zehn Jahren verfünffacht.

Alle Bemühungen der Politik sowie öffentlicher und privater Einrichtungen, die Seuche einzudämmen, waren bislang nur insoweit erfolgreich, als die Zahl der Drogentoten nicht proportional zum Drogenkonsum ansteigt und hier und da gelegentlich sogar sinkt. Im Übrigen sind die Ergebnisse der Drogenbekämpfung enttäuschend. Gleichgültig, ob freizügige Strategien wie in den Niederlanden oder repressive wie in Schweden verfolgt werden – dauerhaft größere Erfolge können nirgendwo vermeldet werden.[49]

Die Gründe sind, wie so oft, vielschichtig. Entscheidend ist jedoch nach übereinstimmender Auffassung fast aller Experten das gesellschaftliche Klima in Verbindung mit der gestiegenen Kaufkraft vor allem Jugendlicher.[50] Wie aber muss es um dieses Klima bestellt sein, wenn nicht nur Einzelne, sondern große Gruppen sich selbst und die Gesellschaft am liebsten hinter Drogennebeln verbergen oder im Rausch vergessen? Nicht alles, was Menschen plagt, hat die Gesellschaft verschuldet. Wenn sich jedoch viele – namentlich jüngere – aus ihr ausklinken möchten und es ihnen leicht gemacht wird, das auch zu tun, lässt das auf ernste gesellschaftliche Defekte schließen. Wohlstandsdefekte.

Volkskrankheiten

Die Menschen in den frühindustrialisierten Ländern haben begonnen, sich sinnlos im Kreise zu drehen. Nach den gewaltigen Aufbauleistungen in den Jahrzehnten unmittelbar nach dem Zweiten Weltkrieg sind sie jetzt dabei, immer wieder niederzureißen, was sie gerade errichtet haben. Individuelle und gesellschaftliche Wohlstandssteigerungen sind so kaum noch möglich. Die deutsche Gesundheitsministerin Ulla Schmidt hat dieses Dilemma, bezogen auf den Gesundheitszustand von Kindern, im Oktober 2004 auf den Punkt gebracht, als sie sagte:

»In den letzten Jahren hat sich die Gesundheitssituation unserer Kinder verändert. Während lebensbedrohende Infektionskrankheiten deutlich zurückgegangen sind, nehmen chronische Erkrankungen und andere komplexe Beeinträchtigungen immer weiter zu. Der Gebrauch von Alkohol, Tabak und illegalen Drogen ist weit verbreitet. Eine nicht unerhebliche Anzahl von Kindern und Jugendlichen ist seelisch krank. Die Bandbreite der Störungen ist weit. Emotionale und Verhaltensstörungen, Aufmerksamkeitsdefizitsyndrome, Störungen des Sozialverhaltens, psychosomatische Störungen oder Psychosen sind keine Seltenheit mehr. Auch Krankheiten wie Allergien und Atemwegserkrankungen haben zugenommen. Die Ursachen sind vielfältig, sind zum Teil im Lebensstil oder auch in Umweltfaktoren zu suchen.«[51]

Zutreffender kann der Befund nicht präsentiert werden. Zu ergänzen ist lediglich, dass er für alle frühindustrialisierten Länder und auch nicht nur für Kinder, sondern für die gesamte Bevölkerung gilt. Auch bei den Erwachsenen nehmen »chronische Erkrankungen und andere komplexe Beeinträchtigungen immer weiter zu«. Eine Erfolgsgeschichte ist das nicht. Erfolgsgeschichten hören sich anders an.

Allerdings ist dabei zu berücksichtigen, dass ein wichtiger Grund für die Zunahme besonders von chronischen Erkrankungen und komplexen Beeinträchtigungen die starke Alterung der Bevölkerungen in den frühindustrialisierten Ländern ist. In der Vergangenheit kam vielen Krankheiten ein früher Tod zuvor. Menschen, die sterben, noch ehe sie alt geworden sind, brauchen sich selten mit Arthrosen, grauem Star oder Schwerhörigkeit, erst recht nicht mit Altersdemenz oder Alzheimer herumzuplagen. Auch entgehen sie bestimmten Herz-Kreislauf- oder Krebserkrankungen. So gesehen ist ein großer Teil der oft beklagten Morbidität der Bevölkerungen dieser Länder nur die dunkle Seite der von den meisten erstrebten Langlebigkeit. Diese dunkle Seite muss nicht immer dunkel bleiben. Aber nach dem derzeitigen Stand gesellschaftlicher Entwicklung und medizinischen Könnens ist sie unvermeidlich.

Ein weiterer Grund für die Zunahme von Krankheitsfällen ist die Ausbreitung des »Prinzessin-auf-der-Erbse-Syndroms«. Unter diesem Begriff fassen Mediziner Krankheiten zusammen, die nur Menschen bekommen, die sich diese Krankheiten leisten können. Diejenigen, die unter diesem Syndrom leiden, geraten schon beim kleinsten Unwohlsein in helle Aufregung. Für nichts und wieder nichts belagern sie – nicht selten wohlgelitten – die Arztpraxen. Und wehe, ihnen wird nicht ein Mittelchen verschrieben, und sei es auch nur, damit sie es anschließend in den Mülleimer werfen können.

Eine andere Erscheinungsform dieses Syndroms ist das Bedürfnis, sich wahllos mit Vitaminen, Mineralstoffen, Spurenelementen und dergleichen vollzupumpen – Substanzen, mit denen der Organismus zumeist nichts Besseres anzufangen weiß, als sie auszuscheiden. Die US-Amerikaner, spotten Mediziner, hätten den teuersten Urin der Welt. Er sei gesättigt mit solchen Substanzen. Auf diese Weise gelangen Milliardenwerte in die Kanalisation der frühindustrialisierten Länder. Wohlstandskloake.

Wie dem kostspieligen »Prinzessin-auf-der-Erbse-Syndrom« am wirksamsten zu begegnen ist, wussten bereits jene, die die Geschichte von der Prinzessin vor langer Zeit ersannen. Herunter von den Matratzen und Federbetten übertriebener Opulenz und wie die Märchenprinzessin von früh bis spät – metaphorisch gesprochen – Schweine hüten! Wer sich überflüssige Arztbesuche und Medikamente nicht leisten kann und ein paar sinnvolle Aufgaben im Leben hat, ist vor bestimmten Krankheiten, denen findige Marketingexperten immer wieder neue hinzufügen, bestens gefeit.

Aber selbst wenn den ernsthaften Alterskrankheiten, den weniger ernsthaften Wohlstands- und Modekrankheiten und der ebenfalls nicht unbedeutenden Zahl eingebildeter Krankheiten gebührend Rechnung getragen wird, bleiben immer noch genügend, die die medizinische Erfolgsbilanz frühindustrialisierter Länder beträchtlich trüben. Mit der Volkskrankheit Diabetes konkurriert der mittlerweile ebenfalls zu einer Volkskrankheit aufgestiegene Formenkreis der Allergien. Vereinzelt gab es sie immer. In ihrer Massenhaftigkeit aber sind sie eine Erscheinung unserer Zeit. Wer unter einer oder gar mehreren von ihnen leidet, sieht bestimmte Aspekte des zivilisatorisch-technischen Fortschritts weniger euphorisch als seine gesunden Mitmenschen. Oder richtiger: Er sieht sie weniger euphorisch als seine *noch* gesunden Mitmenschen. Denn der Kreis der Allergiker wird täglich größer. Keiner ist zu alt und keiner zu jung, um nicht zu ihm zu stoßen. Schon jetzt ist in Deutschland etwa ein Fünftel der Bevölkerung behandlungsbedürftig.[52] Und wieder müssen ungezählte Milliarden aufgewendet werden, um Symptome einer Krankheit zu lindern – an Heilung ist vorerst nicht zu denken –, die Menschen früherer Zeiten kaum dem Namen nach kannten.

Die noch größere Herausforderung für das Gesundheitswesen werden nach Expertenmeinung künftig jedoch psychische Störungen sein.[53] Auch sie sind nicht neu. Schon in den 1960er Jahren fanden sich in US-amerikanischen Bussen Schilder mit der Aufschrift: »Denk dran: Einer von zehn ist psychisch gestört.« Mit diesem Hinweis sollten gelegentlich aufflammende Konflikte unter Fahrgästen nach dem Motto entschärft werden: Nur nicht aufregen – der oder die meint es doch gar nicht so. Psychische Störungen waren also schon damals ein Thema, das die Öffentlichkeit bewegte. Doch seitdem hat es erheblich an Brisanz gewonnen.

Nach einer neuen, international vergleichenden Untersuchung von Weltgesundheitsorganisation und Harvard University leiden 26 Prozent der US-Amerikaner im Laufe eines Jahres an solchen Störungen. In Frankreich, Belgien und den Niederlanden sind es etwa 18, in Deutschland, Italien, Spanien und Japan rund 9 Prozent. Die Symptome sind vielfältig: Schlaflosigkeit, nervöse Magenbeschwerden, starke Kopfschmerzen, große innere Unruhe, aber auch Angstzustände, Panikattacken, Depressionen und Aggressionen.

In Deutschland ist etwa die Hälfte der Erkrankten leicht beeinträchtigt, reichlich ein Drittel mäßig und das verbleibende Siebtel schwer. Dieses eine Siebtel entspricht 1,2 Prozent der Gesamtbevölkerung oder rund einer Million Menschen, die irgendwann im Laufe eines Jahres ernsthaft psychisch erkranken. Nach Rückenproblemen sind psychische Störungen mittlerweile der zweithäufigste Grund für Krankschreibungen, und ihre Zahl steigt. Die Zahl der Arbeitsfehltage aufgrund depressiver Störungen, die derzeit in Deutschland bei zwölf Millionen liegt, erhöht sich jährlich um durchschnittlich fünf Prozent.[54] Abermals sind Kinder und Jugendliche besonders betroffen. In nur vier Jahren – von 1997 bis 2001 – stiegen bei ihnen die Fallzahlen um fünfzig Prozent.[55] Bei jungen Angestellten verdoppeln sie sich sogar fast jährlich.[56]

Nun ist nicht auszuschließen, dass psychische Störungen heute nicht zuletzt deshalb vermehrt in Erscheinung treten, weil sie zum einen häufiger als solche erkannt und zum anderen seltener von Familienangehörigen, Freunden, Arbeitskollegen oder auch dem Pfarrer mit Erfolg behandelt werden. Doch wenn dem so sein sollte, wäre das Problem nur verlagert, nicht aber gelöst. Denn das hieße, dass Mitmenschen immer weniger in der Lage sind, sich leichterer psychischer Störungen anderer anzunehmen und sie abzubauen. Was früher in Gesprächen zwischen Eltern und Kindern, Großeltern und Enkeln, Arbeitgebern und Arbeitnehmern bereinigt oder vielleicht auch im Beichtstuhl einer Lösung zugeführt wurde, ist nunmehr eine Sache für Ärzte und Psychiater. In deren Praxen finden sich zunehmend Menschen, die früher keiner professionellen Betreuung bedurften.[57]

Die Frage ist: Wie ist es um die Beschaffenheit einer Gesellschaft in allen ihren großen und kleinen Einheiten bestellt, wenn psychische Störungen zum Massenphänomen werden? Allem Anschein nach nicht zum Besten. Sonst müssten nicht wiederum Milliardensummen aufgebracht werden, um einen Zustand herzustellen, der früher auch ohne diesen Aufwand möglich war.

Gelockerter Zusammenhalt

Es bedarf keines hochentwickelten Scharfsinns, um zu erkennen, dass Wirtschaftswachstum und materieller Wohlstand sich in den frühindustrialisierten Ländern zunehmend selbst verzehren und darüber hinaus menschliches Leid verursachen. Allein durch den Missbrauch von Nahrungs- und Genussmitteln, durch Drogen und Zivilisationskrankheiten wie Allergien und Psychosen dürfte mindestens ein Zehntel dessen, was erwirtschaftet wird, wieder zunichte gemacht werden. Das gilt jedenfalls dann, wenn nicht nur der Aufwand für die Schadensminderung, also beispielsweise die Drogentherapie, sondern auch derjenige für die Schadensverursachung, also das Geld für den »Stoff«, in die Rechnung eingeht. Weitere Kosten von Wachstum und Wohlstand kommen hinzu. An ihnen zu rühren heißt, eine Lawine auszulösen.

Auf die Kosten, die die Sicherung des materiellen Wohlstands der frühindustrialisierten Länder gegen Angriffe von außen verursacht, wurde bereits hingewiesen. Für das Militär, zur Abwehr von Terroranschlägen, zur Verhinderung von Armutswanderungen oder zum Schutz von Eigentumsrechten muss schätzungsweise ein weiteres Zehntel des Erwirtschafteten aufgewendet werden. Ebenfalls hingewiesen wurde auf die noch schwerer zu beziffernden Kosten für die Beseitigung von Umweltschäden und die – hoffentlich – umweltverträgliche Entsorgung der riesigen Abfallmengen, die sich im Windschatten der Güterberge ansammeln. Schließlich soll nochmals an den kostenträchtigen Verbrauch nicht regenerierbarer Ressourcen erinnert werden. Wird auch er berücksichtigt, wendet der Westen mit Sicherheit ein Drittel und wahrscheinlich sogar noch mehr seiner Wirtschaftskraft dafür auf, nicht Wohlstand, sondern eine bloße Wohlstandsfassade zu schaffen.[58]

Immer mehr verhalten sich die Völker der frühindustrialisierten Länder wie jene Prominente, die von früh bis spät arbeiten, um herumjetten, ein großes Haus führen, ihre Mitmenschen mit spektakulären Festlichkeiten beeindrucken und Vermögensverwalter, Lifestyle-Berater, PR-Leute, Visagisten, Redenschreiber und – nicht zu vergessen – Leibwächter beschäftigen zu können. Am Abend sinken sie dann erschöpft auf die Bettkante nieder und fragen sich – sollten sie dazu überhaupt noch in der Lage sein: Was habe ich heute getan? Ich habe mehr gegessen und getrunken als mir gut tut. Ich habe mich zu wenig bewegt. Ich habe über Dinge geredet, von denen ich keine Ahnung habe, und Entscheidungen getroffen, deren Folgen ich nicht abschätzen kann. Ich habe versucht, Leute, die mir völlig gleichgültig sind, in meinen Bann zu ziehen. Vor allem aber habe ich mich restlos verausgabt – physisch und mehr noch psychisch. Als Mensch habe ich abermals nichts dazugewonnen, nur verloren.

Auf die Völker der frühindustrialisierten Länder übertragen bedeutet das, dass sie über dem Akt einer historisch beispiellosen Mehrung materiellen Wohlstands vieles andere vernachlässigt haben. Sie vernachlässigten nicht nur den großen Bereich des Philosophischen, Religiösen, Musischen, Spielerischen. Sie vernachlässigten vor allem Familie, Freundschaften, Nachbarschaften, das gesellschaftliche Gefüge insgesamt und auf eine merkwürdig paradoxe Weise sogar sich selbst. Wahrscheinlich war die monomanische Fixierung auf das Technisch-Wirtschaftliche Voraussetzung für die grandiosen Erfolge, die auf diesem Gebiet erzielt worden sind. Nur darf über deren Größe nicht ihre Begrenztheit aus dem Blick geraten. Dem geschaffenen Reichtum stehen erhebliche Defizite gegenüber. Die Völker des Westens sind reicher und ärmer denn je. Der Einzelne ist wirtschaftlich so unabhängig wie noch nie – und dennoch äußerst verletzlich. Er kann sich nur noch auf wenig stützen, was nicht mit Geld zu bezahlen ist. Ähnlich verhält es sich mit der Bevölkerung insgesamt. Materiell geht es ihr glänzend. Doch zugleich ist ihr gesellschaftliches Gehäuse so morsch geworden, dass es nur noch mit hohem und ständig steigendem Aufwand aufrechterhalten werden kann.

Man kann es auch anders sagen: Die Völker des Westens sind zu Gefangenen ihres großen, prächtigen Wohlstandsbaus geworden. Wie mancher Schlossherr sich nichts anderes mehr leisten kann als sein Gemäuer, für nichts anderes mehr arbeitet und auf alles Übrige verzichtet, so leben die Menschen kaum noch etwas anderem als ihrem materiellen Wohlstand. Ständig kreisen sie um die Frage, ob die Wirtschaft wächst, die Menge an Gütern und Diensten größer wird, die Einkommen steigen. Dieses Kreisen um immer dasselbe hat sie krank gemacht.

Zwar steht außer Frage, dass sich trotz dieser Krankheit viele Individuen bester Gesundheit erfreuen. Voller Schwung und Begeisterung nehmen sie jede Herausforderung an und meistern ihren Alltag mit Bravour. Viele leben in intakten Familien, ziehen ihre wohlgeratenen Kinder groß, üben interessante und gutbezahlte Berufe aus, zahlen pünktlich ihre Hypothekenraten und freuen sich auf den nächsten Urlaub. Doch ihr Zustand lässt nur bedingt Schlüsse auf den Zustand der Gesellschaft zu. So erfreulich der Zustand der vielen ist – er steht nicht für das gesellschaftliche Ganze.

Gesellschaften sind Organismen. Sie sind so leistungsfähig oder -schwach wie ihre schwächsten Teile. Ein Arzt, der bei einem Patienten eine kranke Leber diagnostiziert, wird diesen kaum mit der Bemerkung nach Hause schicken, dass mit Blick auf seine kräftigen Schenkel und Oberarme kein Anlass zur Beunruhigung bestehe. Vielmehr wird er diesem Patienten ein hohes Maß an Aufmerksamkeit widmen. Dabei fehlt den Gesellschaften der frühindustrialisierten Länder mehr als diesem Patienten. Ihnen fehlt das vermutlich Wichtigste: der feste innere Zusammenhalt. Ihre noch immer dominierende expansive Prägung hat ihn empfindlich gelockert.

Vandalen

Dieser abnehmende gesellschaftliche Zusammenhalt offenbart sich in vielerlei Formen, denen jedoch allen gemeinsam ist, dass sich Einzelne und Gruppen bis hin zu großen Verbänden und Organisationen nicht mehr an Regeln halten, die das menschliche Miteinander verträglich und mitunter sogar angenehm machen. Diese Individuen und Gruppen sehen sich nicht mehr in der Pflicht, zum allgemeinen Wohl beizutragen. Vielmehr setzen sie ihre Eigeninteressen – und seien diese noch so gemeinschaftsschädlich – rücksichtslos durch. Nach Belieben werden andere und das Gemeinwesen ausgebeutet. Was zählt, ist der eigene Vorteil, das hemmungslose Sich-Ausleben, Sich-Austoben.

Ein Beispiel ist der Vandalismus, der in allen frühindustrialisierten Ländern und darüber hinaus dramatisch ansteigt. Zu seinen noch eher harmlosen Spielarten gehören die Graffiti, die überall öffentliche Gebäude, Brücken und ganze Straßenzüge verunstalten. Wenn sie mitunter als legitime Form jugendlicher Subkultur angesehen werden, zeigt dies nur, wie sehr die Normen eines gedeihlichen Zusammenlebens bereits in Vergessenheit geraten sind. Denn mit diesen Graffiti zwingt eine kleine Minderheit der übrigen Bevölkerung etwas auf, was diese nicht haben will, und bedient sich dabei auch noch anderer Leute Eigentum. Wieso soll der Eigentümer eines Hauses, der dieses gerne in lichtem Gelb sieht, davon angetan sein, wenn eines Morgens meterhohe schwarze Runen darauf prangen? Sie bereiten ihm Verdruss und Kosten. In Deutschland werden alleine für die Beseitigung von Graffiti an Gebäuden jährlich etwa 100 Millionen Euro ausgegeben. Für den Einzelnen können das leicht einmal einige tausend sein. Weitere 100 Millionen Euro werden aufgewendet, um öffentliche Verkehrsmittel von Graffiti zu befreien.[59] Und nur ein Bruchteil der besprühten Flächen wird überhaupt noch gereinigt. Millionen von Quadratmetern haben die Graffitisprüher für sich in Beschlag genommen. Die Gesellschaft nimmt dies ohnmächtig hin.

Kaum wehrhafter zeigt sie sich, wenn Rowdybanden mutwillig fremdes Eigentum nicht nur beschmieren, sondern schwer beschädigen oder ganz zerstören. Wie steht es um den Zusammenhalt einer Gesellschaft, in der kurz nach Eröffnung einer neuen U-Bahn-Station Schaukästen, Bänke und Treppengeländer aus ihren Verankerungen gerissen werden und gleich auch noch die Natursteinverkleidung der Wände mit Vorschlaghämmern großflächig zertrümmert wird? Wie steht es um ihren Zusammenhalt, wenn ein Busfahrer, der gegen das Aufschlitzen der Sitze in seinem Bus aufbegehrt, von den jugendlichen Tätern krankenhausreif geschlagen wird?

Gewiss, das ist nicht der Alltag in deutschen wie anderen europäischen Städten. Aber solche Ereignisse sind auch nicht so selten, dass sie als völlig atypisch abgetan werden könnten. Stadtmöblierer müssen regelmäßig hohe Summen aufbringen, um sinnlose Beschädigungen an Bushaltestellen, Toilettenhäuschen und anderen öffentlichen Einrichtungen zu beseitigen. An demolierte Telefonzellen, in Teiche geworfene Parkbänke oder zertrampelte Blumenrabatten haben sich die meisten mittlerweile dermaßen gewöhnt, dass sie sie kaum noch wahrnehmen. Es scheint dazuzugehören, dass in einem Zug die Fahrgäste ihre beschuhten Füße auf die Polster legen. Die Mitreisenden gehen schweigend darüber hinweg. Sie wollen keinen Ärger.

Durch sinnlosen Vandalismus werden selbst in einem nur mittelgroßen Land jährlich Milliardenwerte vernichtet. Sowohl die Schadensbeseitigung als auch die Schadensvorbeugung gehen ins Geld. Wo einstmals preisgünstige Glasscheiben ausreichten, müssen jetzt teure, kratzfeste Produkte eingesetzt werden. Wo früher Geländer aus fingerdicken Eisenstangen genügten, kommen heute armdicke Stahlrohre zum Einsatz. Schwächeres würde den Vandalismusattacken nicht standhalten. Und Ehrenmale, Kirchen und ähnliche Baulichkeiten müssen aufwändig mit farbabweisenden Substanzen überzogen werden, um die Würde des Ortes zu gewährleisten.

Resignierend nimmt die Bevölkerungsmehrheit hin, dass sich nicht nur versprengte Wirrköpfe, sondern beachtliche Scharen so weit aus ihrer Mitte entfernt haben, dass sie das alles nicht mehr berührt. Es sind nicht mehr ihre Züge und Straßenbahnen, Parkanlagen und Hausfassaden, Ehrenmale und Kirchen. Für sie sind das nur noch Ziele von Aggressionen. Soll doch die Mehrheit zusehen, wie sie damit fertig wird!

In einer Gesellschaft, deren Zusammenhalt spürbar abgenommen hat, gilt auch nicht länger die Vermutung, dass sich Mitmenschen im Zweifelsfall anständig, ehrlich und fair verhalten werden. Diese Vermutung war einstmals Ausweis entwickelter Zivilisationen. Das ist vorbei. Schon vor Jahrzehnten bestanden US-amerikanische Hotels und Tankstellen auf Vorkasse. Die Gefahr, dass der Gast oder Kunde sich entfernen könnte, ohne zu bezahlen, war zu groß. Aber selbst Vorkasse genügt nicht. Wer bar bezahlt, hat einen schweren Stand. Es müssen zusätzliche Sicherheiten, meistens in Form von Kreditkarten, geboten werden. Denn heute geht die Vermutung im Zweifelsfall dahin, dass der Hotelgast zechprellend die Minibar leert, die hoteleigenen Handtücher und Bademäntel einpackt, Obstteller samt Besteck mitgehen lässt und in Vorhänge oder Teppiche Löcher sengt, ohne dafür einzustehen. Von ungefähr kommen diese Vermutungen nicht. Im deutschen Restaurantwesen wird von einem zügigen Geschirr- und Besteckschwund ausgegangen. Viele Gäste klauen. Kaum einer tut das aus Not. Sie wollen Dinge an sich bringen, einfach nur an sich bringen. Das ist ihre Prägung.

Entsprechend groß ist der Markt für Schadensversicherungen und Sicherheitstechnik. Die Bürger verbarrikadieren sich. Haustüren dick wie Tresorwände, dreifach verschlossen und verriegelt, einbruchsichere Fenster, Bewegungsmelder, Wärmesensoren – der Katalog ist umfangreich, und die Polizei wird nicht müde, den Bürgern Tipps zu geben, wie sie sich noch wirksamer voreinander schützen können. Die auch nachts weit geöffneten Fenster, die unverschlossenen Häuser und Autos, der auf Treu und Glauben ausgehändigte Hotelschlüssel – das sind keine Halluzinationen von Greisen, das sind Erinnerungen der heute jungen Alten an Zeiten, in denen die Menschen in den frühindustrialisierten Ländern materiell arm waren, aber vielleicht gerade deshalb fester zusammenhielten. Das Schwinden dieses gesellschaftlichen Zusammenhalts ist nicht nur ein Verlust in sich selbst. Es erschwert nicht nur den Alltag. Es nagt auch beträchtlich am materiellen Wohlstand.

Wolfsgesellschaft

Vertrauen ist gut, Kontrolle ist besser – diese Weisung Lenins zur Führung seiner kommunistischen Räterepublik ist zur Richtschnur auch des Westens geworden. Angeschoben vom technischen Fortschritt, sind Überwachungssysteme und Kontrollen unterschiedlichster Art heute engmaschiger als jemals zuvor. Und täglich werden an dieser Front neue Siege errungen. Allein im freiheitlichen Großbritannien sind mittlerweile 4,2 Millionen sogenannte Sicherheitskameras installiert – für jeweils vierzehn Bürger eine. Im Durchschnitt wird jeder Brite im Großraum London, so eine Schätzung, täglich von dreihundert solcher Kameras beobachtet.[60]

Jeder misstraut jedem. Die Bürger misstrauen den Politikern und diese den Bürgern. So liegt der Gedanke, dass jeder Bürger seine Steuerkraft selbst einschätzt und entsprechende Zahlungen an das Gemeinwesen leistet, der heutigen Gesellschaft so fern, dass er niemandem mehr in den Sinn kommt. Aber so wurden einst Steuern in den frühindustrialisierten Ländern erhoben, und so werden sie bis heute in einigen sich entwickelnden Ländern erhoben. Nicht ohne Erfolg. Oder der moderne Sozialstaat. Eine seiner Wurzeln ist die kollektive Überzeugung, der Schwächere könne nicht auf die Hilfe des Stärkeren vertrauen und der Stärkere nicht darauf, dass seine Hilfe nicht missbraucht wird. Trotz beachtlicher regionaler Unterschiede[61] sinkt außerhalb des engsten Familien- und Freundeskreises der Vertrauensspegel rasch ab. Ich kenne den oder die doch gar nicht! Westler sind immer wieder überrascht von der Offenheit und Vertrauensbereitschaft mancher Völker, die sich den westlichen Lebensstil noch nicht zu Eigen gemacht haben.

Gelogen und betrogen haben Menschen wohl zu allen Zeiten, und die Verhaltensforschung lehrt uns, dass zu lügen und betrügen nicht nur unsere Gattung vom Kleinkindalter an auszeichnet, sondern auch unsere äffische Verwandtschaft. Umso größer ist die kulturelle Leistung, diese fest in unserer Natur verankerte Eigenschaft zu zügeln und zu unterdrücken. Irgendwann hatten unsere Vorfahren begriffen, dass eine auf Lug und Trug gegründete Gesellschaft ungemein friktionsreich und kräftezehrend ist. Lug und Trug vernichten Wohlstand oder lassen ihn gar nicht erst entstehen. Wer davon ausgehen muss, dass der andere ihn wahrscheinlich über den Tisch zu ziehen versucht, wird eine Zusammenarbeit mit ihm vermeiden. Dadurch unterbleibt eine möglicherweise fruchtbare Kooperation. Kommt sie wider Erwarten doch zustande, werden beide Seiten sich argwöhnisch beäugen. Das wiederum kostet Zeit und Geld. Wissenschaftler haben versucht zu klären, welchen Einfluss Vertrauen in einer Gesellschaft auf deren wirtschaftlichen Erfolg hat. Der Zusammenhang ist beeindruckend. Vertrauen schafft Wohlstand, Misstrauen schmälert ihn.[62]

Was folgt daraus für eine Gesellschaft, die unablässig mit gravierenden Vertrauensbrüchen konfrontiert wird? Die überwältigende Mehrheit der Deutschen – bei anderen Völkern sieht es kaum anders aus – hat kein Vertrauen in ihre Politiker.[63] Die Politiker ihrerseits können unschwer dartun, dass große Bevölkerungskreise nicht daran denken, etwa dem Kaiser zu geben, was des Kaisers ist, sprich ihre vom Gesetz vorgeschriebenen Steuern und Sozialbeiträge abzuführen. Täten sie es, müsste der Staat kaum Schulden machen. Aber sie tun es nicht, weil sie dem Staat misstrauen, dass er mit den ihm zur Verfügung gestellten Mitteln haushälterisch umgeht. Gründe für dieses Misstrauen gibt es reichlich, wobei die Grenze zwischen bloß schludrigem und bereits kriminellem Verhalten immer schwerer zu ziehen ist. Ein Teufelskreis.

Betrug und Bestechung sind weit verbreitet und breiten sich weiter aus. Noch schlimmer ist jedoch: Die Bevölkerung insgesamt nimmt immer weniger Anstoß daran. Besonders abgestumpft sind die Deutschen. In den alten Bundesländern hielten zu Beginn dieses Jahrzehnts nur 57 Prozent der Bevölkerung Sozialleistungsmissbrauch für verwerflich und nur 63 Prozent Bestechung. Dabei waren die besser ausgebildeten und wohlhabenderen Schichten bei etlichen Delikten sogar noch nachsichtiger als die übrige Bevölkerung.[64] Was der Sozialleistungsmissbrauch für den kleinen Mann ist, ist der Steuerbetrug für den großen. Allein bei der Umsatzsteuer wird der deutsche Fiskus jährlich um hohe Milliardenbeträge geprellt, 2003 um fast 17 Milliarden Euro.[65] Nicht minder bedeutsam sind die Einnahmeausfälle bei den sonstigen Steuern, namentlich der Einkommensteuer.

Die Deutschen, aber auch viele andere Europäer, haben zu bestimmten Straftaten eine bemerkenswert lockere Einstellung entwickelt. Vor allem Korruption wird immer mehr zu einem Kavaliersdelikt. Die Fallzahlen steigen kräftig an.[66] Zwar kann das auch auf einen verbesserten Wirkungsgrad der Strafverfolgungsbehörden zurückzuführen sein. Doch selbst dann ist unbestreitbar, dass Korruption sowohl die Wirtschaft als auch das Verhältnis zwischen Staat und Bürgern schleichend vergiftet. Um an Aufträge zu gelangen, wird keineswegs nur ausnahmsweise kräftig geschmiert. Nicht bloß die Deutsche Bahn weiß davon ein Lied zu singen. In nur einem Jahr erlitt sie durch die Bestechung von Mitarbeitern Schäden im zweistelligen Millionenbereich.[67] Getragen werden die Verluste von den Kunden. Wohlstandsverluste.

Die Gesellschaften der frühindustrialisierten Länder laufen Gefahr, dass immer mehr Menschen meinen, nur wenn sie mit den Wölfen heulten, könnten sie erfolgreich sein. Von einer solchen Gesellschaft ist es nicht mehr weit bis zu einer Gesellschaft, in der der Mensch tatsächlich des Menschen Wolf ist.[68] Es ist eine weitere große kulturelle Leistung, jene Wolfsgesellschaft zurückgedrängt zu haben. Weil der erreichte unwölfische Zustand jedoch nicht naturgegeben, sondern das Ergebnis kultureller Anstrengungen ist, müssen die sich mehrenden Fälle von Vertrauensbruch ernst genommen werden. Sie deuten auf gesellschaftlichen Zerfall.

Eigen- und Gemeinnutz

Das häufigste Motiv für Vertrauensbruch ist die Mehrung des eigenen Nutzens. Das gilt für Privatpersonen ebenso wie für Unternehmen, Parteien und überhaupt alle Einrichtungen, die von Menschen geschaffen worden sind. Diese Verbindung von Vertrauensbruch und Nutzenmehrung bereitet allen Gesellschaften Schwierigkeiten, besonders aber denjenigen des Westens. Denn wie die Wertekanons aller übrigen Gesellschaften gebietet auch der ihre, Vertrauensbruch zu ächten. Gleichzeitig schätzen sie jedoch – im Gegensatz zu manchen anderen Gesellschaften – die Mehrung des eigenen Nutzens so sehr, dass sie geneigt sind, den ihn möglicherweise begleitenden Vertrauensbruch hinzunehmen. Dabei beruhigen sie sich mit dem Gedanken, die Mehrung des eigenen Nutzens fördere zugleich das Gemeinwohl, der Vertrauensbruch diene also gewissermaßen einem höheren Zweck. Geht es jedem Einzelnen gut, so ihre Rechtfertigung, geht es allen gut.

Diese weitgehende Gleichsetzung von Eigen- und Gemeinnutz ist, wie die Geschichte zeigt, nicht grundsätzlich falsch. Aber sie hat Grenzen. Eigennutz mehrt den Gemeinnutz nämlich nur unter bestimmten Voraussetzungen. Liegen diese nicht vor, entsteht zwischen Eigen- und Gemeinnutz ein Konflikt. Auch das zeigt die Geschichte. Wiederholt gab es Phasen, in denen sich nicht nur Einzelne – die gibt es immer –, sondern ganze Gesellschaften wegen dieses Konflikts vom Streben nach Eigennutz angewidert abwandten und Gemeinnutz unmittelbar zu verwirklichen trachteten. Diese Versuche wurden vor allem durch Bewegungen unternommen, die sich in Europa bis in die Antike zurückverfolgen lassen und die im 19. Jahrhundert unter dem Begriff »kommunistisch« gebündelt worden sind. Längere Zeit erfolgreich waren deren Bestrebungen bislang allerdings nur in wenig entwickelten Gesellschaften. In entwickelten Gesellschaften war das letzte Großexperiment dieser Art schon Jahrzehnte vor dem amtlichen Ende des real existierenden Sozialismus gescheitert. Ein weiteres Mal hatte sich die Mehrung des Eigennutzes als die für die Mehrung des Gemeinnutzes erfolgreichere Strategie erwiesen.

Allerdings wäre es voreilig, aus diesem abermaligen Erfolg den Schluss zu ziehen, die Mehrung des Eigennutzes sei auch künftig ein Garant für die Mehrung des Gemeinnutzes. Das wäre nur dann der Fall, wenn jeder Einzelne seinen Nutzen langfristig, also weit über den Tag und gegebenenfalls sogar über seine eigene Lebensspanne hinaus bis hin zu seinen Kindern und Kindeskindern suchen würde. Nur dann bestünde eine gewisse Chance, dass der individuelle Nutzen der vielen zum gemeinsamen Nutzen aller verschmelzen würde. Die kurzfristige Optimierung des Eigennutzes birgt hingegen nicht selten die Gefahr, das Gemeinwohl zu beeinträchtigen. Das liegt im Wesen einer Gesellschaft. Da sie grundsätzlich auf Dauer angelegt ist, dient ihrem Wohle nur, was ihren dauerhaften Interessen nicht zuwiderläuft. Der nur für den Tag gemehrte Eigennutz genügt diesem Erfordernis oft nicht.

Zukunftszweifel

Die Kurzfristigkeit der Nutzenmehrung ist neben der Fokussierung auf Materielles eine weitere Schwäche des Westens. Ihm fehlt der lange Atem. Keuchend hastet er im Sekundentakt durch die Zeit und nennt das »dynamisch«. »Flüchtig« wäre treffender. Ein Ereignis muss das andere jagen, und wenn die Ereignisse das nicht von selbst tun, werden sie produziert, inszeniert. Im Umgang mit der Zeit verhalten sich die Völker des Westens, als hätten sie keine mehr, als sei die Zeitquelle Zukunft versiegt.

Da könnte etwas dran sein. Menschen reden besonders hingebungsvoll von Dingen, die ihnen abgehen: der Kranke von der Gesundheit, der Alte von der Jugend, der Mittellose vom Geld. Die Völker des Westens reden von der Zukunft, und zwar so inbrünstig, als wollten sie sie beschwören. Zukunft ist für sie nichts Selbstverständliches mehr – nichts, was sich auch ohne ihr Zutun einstellt. Wohin sich der Blick auch wendet, überall werden Zukunftsriten zelebriert: in Parteiprogrammen, Unternehmensberichten, der Werbung. Nur nicht die Zukunft aus den Augen verlieren! Sie könnte sich wie ein Trugbild in nichts auflösen.

Das sollte zu denken geben. Noch nie lebten Menschen so lange Leben, und wohl noch nie glaubten sie, so wenig Zeit zu haben. Schon Kinder leiden Untersuchungen zufolge unter Zeitnot.[69] Jugendliche, die noch nicht die halbe Welt gesehen haben, fürchten, die Zeit sei ungenutzt an ihnen vorübergegangen. Und alle beeilen sich, aus der Zeit herauszupressen, was herauszupressen ist. Es könnte ja schon morgen alles vorbei sein. Nutze den Tag!

Nutze den Tag? Solche Sprüche sind aufgesetzt. Die ausgepresste Zeit ist zu nichts mehr nutze, und die Völker des Westens sind dieser Massen an nutzloser Zeit überdrüssig. Deshalb versuchen sie, sie wie lästige Insekten zu vertreiben oder gar totzuschlagen. Dabei bedienen sich die Menschen raffiniert ausgeklügelter Zeitvertreibungs- und -totschlagsmethoden. 2004 saß in Deutschland jeder Bürger im Durchschnitt dreieinhalb Stunden vor dem Fernsehgerät, die über Fünfzigjährigen brachten es sogar auf mehr als viereinhalb Stunden – werk-, sonn- und feiertags.[70] Und noch höher ist der Fernsehkonsum in Ländern wie den USA.

Fernsehen und Computerspiele sind jedoch nicht der einzige Zeitvertreib von Groß und Klein. Die Menschen vertreiben sich die Zeit auch mit endlosem Versenden von Spaßpost, milliardenfach ausgetauschten Kurzbotschaften und – sollten noch Zeitreste übrig sein – dem Herunterladen von Klingeltönen auf ihre Mobiltelefone, Klingeltöne, die vom Anbieter unter dem Gesichtspunkt ausgewählt worden sind, die Zeit zu vertreiben. Hektische Lebensgier und tosender Zeitvertreib – Individuen und Völker, die glauben, eine gestaltbare Zukunft zu haben, dürften sich anders verhalten.

Verstärkt werden die Zukunftszweifel der Völker des Westens durch die Ungewissheit, ob jemand eines Tages ihre Stafette übernehmen wird. Menschen früherer Zeiten waren sich einigermaßen sicher, dass die nach ihnen Kommenden die begonnenen Kirchen, Klöster, Paläste und Plätze vollenden würden. Das ließ sie ohne Hast arbeiten. Sie hatten Zeit. Die Zeit, die sie hatten, ging über ihre eigene Lebensspanne weit hinaus. Diese Sicherheit gibt es heute nicht mehr. Was nicht die jetzt Lebenden vollbringen, wird – so die uneingestandene Befürchtung – nie vollbracht. Deshalb werden unter hohem Druck große Projekte hochgezogen, die allerdings oft nur kurzlebig sind. Kaum stehen sie, heißt es: Weg damit! Menschen werden heute oft älter als Häuser.

Häuser werden nicht länger für Kinder und Kindeskinder errichtet, noch nicht einmal für das übernächste Jahrzehnt. Die alten Segenssprüche sind sinnlos geworden. Die Bauherren wissen das. Gebaut wird für den Tagesbedarf. Abbruchfreundlicher Beton, vorgehängte Fassaden, hier ein paar Seile, dort ein Stückchen Draht oder ein wenig Kunststoff. Bauzeit sechs Monate. Ohne ständige aufwändige Sanierungsarbeiten fällt das meiste auch ohne Zutun einer Abrissbirne schnell wieder in sich zusammen. Das soll so sein. Schließlich wird nicht für die Ewigkeit gebaut.

Leben für den Tag

Auch die Kunst spiegelt diese Sichtweise wider. Sie will nur dem Tag genügen. Ihre Werke sind ebenfalls flüchtig. Oft kann noch nicht einmal mehr von Werken gesprochen werden, jedenfalls nicht im herkömmlichen Sinne. An die Stelle von Werken sind »Installationen« getreten, die von eifrigen Putzfrauen bei Gelegenheit versehentlich entsorgt werden, und »Happenings«, »Ereignisse«. Oft blinkt die Kunst nur, wie Glühwürmchen blinken. Das ist mitunter recht hübsch anzuschauen. Die Zukunft bereichert es selten.

Die Wirtschaft verhält sich ähnlich. Viele ihrer Kapitäne steuern nur noch auf Sicht. Sechs Monate sind bereits eine lange Zeit, fünf Jahre eine Ewigkeit. Sind die Unternehmen börsennotiert, erwartet die Öffentlichkeit alle drei Monate eine Erfolgsbilanz. Von ihr hängen Belohnung in Form steigender und Bestrafung in Form fallender Börsenkurse ab. Manche Unternehmen halten solche Wechselbäder nicht lange durch. Um bloß keine Risiken einzugehen, um ja nichts in den Augen irgendwelcher Analysten falsch zu machen, beschränken sie sich ängstlich auf die Gegenwart und vernachlässigen die Zukunft. Ein Unternehmen zu führen bedeutet zunehmend, auf äußere Ereignisse zu reagieren. Damit wird wirtschaftliches Handeln dem politischen immer ähnlicher: auf Ereignisse reagieren und die Reaktionen attraktiv verpacken.

Beim Verpacken reicht dem Westen keiner das Wasser. Noch nie wurde so viel und so schön verpackt wie heute. Die

Völker der frühindustrialisierten Länder leben in einer Verpackungskultur. Verpackt werden Weihnachtsgeschenke und Reitpferde, wissenschaftliche Gutachten und Regierungsprogramme. Inhalte zählen nur noch wenig, die Verpackung umso mehr. Im Jargon unserer Zeit heißt das: Die Dinge müssen rübergebracht werden – durch Verpackung, versteht sich. Nur, wie das mit Verpackungen so geht: Sie werden liebevoll entknotet oder lieblos heruntergerissen – und dann? Dann bleibt oft nicht viel, was das Aufheben in des Wortes dreifacher Bedeutung lohnt.[71]

Was wird von den Völkern des Westens aufgehoben werden? Statistiken vielleicht, von dem, was Menschen einst konsumierten? Selbst das ist zweifelhaft. Denn während tausend Jahre alte Pergamente auch in Jahrhunderten noch lesbar sein werden, sind die elektronischen Chiffren der Jetztzeit, wie so vieles, flüchtig. Ein Tonband aus den 1960er Jahren ist schon jetzt nicht mehr zu gebrauchen. Das gleiche Schicksal wird in Kürze Video- und MAZ-Aufzeichnungen ereilen, DVDs und was immer danach kommt.

Die Flüchtigkeit des westlichen Lebensstils schlägt sich positiv in den Wachstumsraten der frühindustrialisierten Länder nieder. Nur nichts ein zweites oder drittes Mal benutzen. Ex und hopp! Platz für Neues schaffen! Je höher der Umschlag an Gütern und Diensten, desto stärker florieren Wirtschaft und Beschäftigung. Die Zahlen bestätigen das. Nur – besonders wohlstandsfördernd ist diese Form des Wirtschaftens kaum. Gut ernährt ist nicht unbedingt derjenige, der viel isst. Wer ständig sein Mobiliar erneuert, ist deshalb noch nicht gut eingerichtet. Die Völker des Westens setzen in großer Geschwindigkeit viel um. Darin sind sie unangefochtene Meister. Wohlstand hat jedoch auch etwas mit Nachhaltigkeit zu tun, mit Vergangenheit und Zukunft. Daran mangelt es.

Die Völker, die ständig von der Zukunft reden, haben sich in die Gegenwart verbissen. Der modisch letzte Schrei von gestern ist heute bereits eine alte Klamotte, die eben noch schicke Polstergruppe landet wenig später auf dem Sperrmüll. Das Gefühl, etwas für ein ganzes Leben zu schaffen oder zu erwerben, ist der großen Mehrheit fremd geworden. Nur weniges ist noch nachhaltig – ausgenommen eine Reihe naturwissenschaftlicher Erkenntnisse, die die Welt auf Dauer revolutioniert haben.

Menschen früherer Zeit lebten individuell kurze Leben, aber sie lebten die Existenzen ihrer Vorfahren weiter, und sie lebten in ihren Nachkommen fort. Deshalb dachten und fühlten sie in sehr viel längeren Zeiträumen als die Menschen heute. Heute durchleben die Menschen ihre siebzig, achtzig und wohl auch neunzig Jahre. Das aber war es dann auch oft. Für wie viele sind Groß- und Urgroßeltern noch erlebte Wirklichkeit, und wie viele machen sich ernsthafte Gedanken über das Leben der Menschen in hundert oder zweihundert Jahren? Wenige. Die meisten sind froh, wenn sie heil durch das eigene Leben kommen.

Dadurch sind ihre langen individuellen Leben kurz, verglichen mit den kurzen, aber mit Vor- und Nachfahren verknüpften Leben der Menschen früherer Epochen. Zukunft? Sie geht bei den Bevölkerungen der frühindustrialisierten Länder über die eigene Lebensspanne kaum hinaus. Und die ist in stark gealterten Gesellschaften für viele nicht mehr lang. Warum sich also mit Gedanken an die Zukunft beschweren? Warum für sie planen? Die beschwörende Zukunftsrhetorik des Westens sucht zu verbergen, dass er auf diese Fragen keine überzeugenden Antworten weiß.

Kein Platz für Kinder

Wer Kinder hat, fühlt häufig anders. Doch keine einzige Bevölkerung eines frühindustrialisierten Landes ersetzt sich noch in der Zahl ihrer Kinder; in zahlreichen Ländern ist der Anteil Kinderloser hoch, und weithin sinkt die Geburtenrate weiter. Warum?

Die Gesellschaft gibt auf diese Frage wohlfeile Antworten. Besonders rasch ist sie – wie sollte das bei ihrer Prägung anders sein? – mit wirtschaftlichen Gründen bei der Hand. Kinder, so lautet ihr gängigstes Argument, sind teuer, und wer sie hat, dem droht Verarmung. Daraus wird gefolgert: Gebt potentiellen Eltern mehr Geld, und sie werden mehr Kinder haben! Ob diese Gleichung aufgeht, ist allerdings fraglich. Nicht fraglich ist lediglich, dass starke finanzielle Anreize dazu beitragen können, vermutlich ohnehin bestehende Kinderwünsche schneller zu verwirklichen. Auf die Gesamtzahl der Neugeborenen hat das keinen Einfluss.

In Deutschland beispielsweise wurde von 1974 bis 2004 das sogenannte Kindergeld real, das heißt unter Berücksichtigung der Geldentwertung, stufenweise verzehnfacht.[72] Das Geburtenverhalten hat sich dadurch nicht verändert. Dann hätte das Kindergeld eben verzwanzig- oder verdreißigfacht werden müssen, meinen manche. Vielleicht hätte sich dadurch die Geburtenrate tatsächlich erhöht. Sicher ist das jedoch nicht. Die betroffenen Jahrgänge erklären nämlich mehrheitlich, es seien nicht vorrangig wirtschaftliche Gründe, die sie davon abhielten, mehr oder überhaupt Kinder zu haben. Auf die Frage, warum sie sich nicht vorstellen könnten, ein Kind zu bekommen, erklärten im Oktober 2004 in Deutschland 44 Prozent der Befragten: Weil ich keinen geeigneten Partner habe, und ebenfalls 44 Prozent: Weil ich auch ohne Kinder mit meinem Leben zufrieden bin. Wirtschaftliche Erwägungen folgten erst an sechster Stelle. Sie waren kaum gewichtiger als Begründungen wie: Weil diese Welt immer weniger lebenswert ist, oder: Weil mir die Verantwortung für ein Kind zu groß ist.[73]

Dass nicht vorrangig wirtschaftliche Gründe für das Geburtenverhalten maßgeblich sind, erhellt auch die Tatsache, dass in praktisch allen frühindustrialisierten Ländern die wirtschaftlich schwächsten Bevölkerungskreise zwar noch immer nicht viele, aber doch deutlich mehr Kinder haben als die wirtschaftlich stärkeren. Es gibt keinen positiven Zusammenhang zwischen Einkommenshöhe und Kinderzahl, wenn von einer kleinen Gruppe sehr Reicher abgesehen wird, die eine große Familie mitunter als Statussymbol betrachten.[74]

Die Nichterfüllung des Wunsches nach Kindern beruht in den frühindustrialisierten Ländern in den seltensten Fällen auf objektiv wirtschaftlicher Bedürftigkeit. Wenn wirtschaftliche Erwägungen gegen ein Kind sprechen, sind zumeist Verschiebungen im westlichen Wertesystem ursächlich. Materielle Güter haben eine ständige Aufwertung erfahren, während der Wert von Menschen abgenommen hat. Das zeigt sich im historischen Vergleich. Hätten die jungen Menschen vor vierzig Jahren materielle Güter ähnlich hoch bewertet wie die heute Jungen – in zahlreichen frühindustrialisierten Ländern wären schon jetzt die Straßen und Plätze ziemlich menschenleer. Die Eltern von gestern und vorgestern hatten nämlich nur wenig von dem, was die potentiellen Eltern von heute für unverzichtbar halten.

Die heute Jungen mögen sich einmal die Lohnzettel ihrer Eltern und Großeltern zeigen lassen, die dort vermerkten Nettobeträge in ihren heutigen Geldwert umrechnen und dann entscheiden, ob das für eine Familie reicht. In den meisten Fällen werden sie zu dem Ergebnis gelangen: Es reicht nicht. Denn was bei diesen Berechnungen herauskommt, sind Monatseinkommen von oft nur 700 oder 800 Euro – in heutiger Kaufkraft. Kann man mit einem solchen Einkommen Kinder großziehen? Die Eltern von damals konnten es. Ihre Prioritätenliste war: erst das Kind oder die Kinder, dann die etwas aufwändigere Urlaubsreise, dann der Kleinwagen und dann – vielleicht – die 55 Quadratmeter große Eigentumswohnung. Sie handelten damit nicht edler oder aufopferungsvoller als die Menschen heute. Sie waren nur anders geprägt: erst das Kind und dann das Auto – nicht umgekehrt.

In keinem einzigen frühindustrialisierten Land fehlen heute die materiellen Voraussetzungen, um eine bestandserhaltende Zahl von Kindern großzuziehen – weder individuell noch kollektiv. Was fehlt, ist der Wille, das zu tun. Für viele sind Kinder die Mühe nicht wert, die sie bereiten. Schließlich kosten sie nicht nur Geld, sie kosten auch Zeit, mit der in diesen Ländern geaast oder gegeizt wird. So oder so ist die Folge Zeitnot, der vieles zum Opfer fällt. Eben auch Kinder. Die

Menschen brauchen die Zeit, um sich nach ihrem Arbeitstag, ihrer Arbeitswoche ausgiebig entspannen, einen ungestörten Fernsehabend genießen oder ihre Karriere voranbringen zu können. Kinder stören da leicht.

Der westliche Lebensstil hat die Menschen in einen ungelösten und möglicherweise unlösbaren Konflikt gestürzt. Vor allem Frauen haben ihn, wenn schon nicht auszutragen, so doch auszuhalten. Einerseits wird ihnen unablässig das Zuckerbrot materiellen Wohlstands unter die Nase gehalten, zugleich werden Maßstäbe für gesellschaftliches Ansehen definiert, denen in der Regel nur durch eine recht anspruchsvolle, in jedem Fall aber zeit- und kraftaufwändige Erwerbstätigkeit Genüge getan werden kann. Andererseits wird ein Sozialverhalten eingefordert, das mit der propagierten Wohlstandsmehrung samt postulierter Erwerbstätigkeit frontal zusammenstößt. Dieses Einerseits und Andererseits bringen viele nicht unter einen Hut. Sie sind frustriert, verärgert und nicht selten überfordert. Eine Gesellschaft, die einen solchen Lebensstil kreiert, hat Schwächen, an denen sie eines Tages zugrunde geht.

Die Gesellschaft spürt das und sucht nach Auswegen. Den nächstliegenden hat schon der griechische Philosoph Platon vor annähernd 2500 Jahren gewiesen: Der Staat sammelt alle Kinder ein und formt sie nach seinem Bilde. Die Diktatoren aller Zeiten liebten diese Idee. Rumäniens gestürzter Staatschef Ceauşescu war der bislang letzte, der sie großformatig in die Tat umsetzte. Könnte diese Idee auch Erziehungsmodelle in freiheitlichen, individualistischen Gesellschaften inspirieren?

Da freiheitliche, individualistische Gesellschaften bislang noch nicht ernsthaft versucht haben, Platons Idee fortzuentwickeln und an ihre Gegebenheiten und Bedürfnisse anzupassen, ist eine abschließende Beantwortung dieser Frage nicht möglich. Zu bedenken ist allerdings – und hierfür genügen die bisherigen Erfahrungen –, dass mit dem fortschreitenden Ausbau gesellschaftlich-staatlicher Kinderbetreuung irgendwann der Punkt erreicht sein wird, an dem sich die

Menschen fragen: Wozu überhaupt Kinder, wenn diese, kaum dass sie geboren sind, in Krippen, Horten, Ganztagskindergärten und Ganztagsschulen verschwinden? Auf Anhieb mag manchem die Vorstellung einer Rundumbetreuung recht verlockend erscheinen. Nach einiger Zeit dürften sich jedoch immer mehr fragen, was an diesem Wesen, das sie gezeugt oder geboren haben, ihr Kind sein soll. Dass dies durchaus keine bloß abstrakte Betrachtung ist, zeigt der Kinderwunsch, den junge Menschen bar aller Restriktionen haben. In Deutschland gelten mittlerweile nur noch 1,7 Kinder pro Frau als die ideale Kinderzahl[75] – weit weniger, als zur Bestandserhaltung der Bevölkerung erforderlich ist.

Der Westen sollte aufhören, sich etwas vorzumachen: Ihm fehlen weder Geld noch Krippenplätze. Ihm fehlt ein gesellschaftliches Leitbild, in dem Platz für Kinder ist. Kinder zu nähren, zu bekleiden, zu behausen und zu beschulen reicht nicht. Es reicht nicht, wenn die Mutter die Fünfjährige aufklärt, dass der große Mann da am Tisch, der gerade den Braten aufschneidet, ihr Vater ist. Es reicht nicht, mehr Kinderfreundlichkeit zu predigen, und es reicht noch nicht einmal, sie zu praktizieren. Die Probleme des Westens sind grundsätzlicher. Sie werden offenbar, wenn die EU-Kommission nicht nur eine Verminderung der Arbeitslosenquote anstrebt – das ist geboten –, sondern zugleich auch eine Erhöhung der Erwerbstätigenquote, namentlich derjenigen von Frauen. Das ist nicht geboten. Erwerbstätigkeit kann und darf nicht das höchste aller menschlichen Güter sein. Sie ist nur ein Gut von mehreren.

500 000 Euro für ein Kind

Die Kinderarmut lastet wie eine Hypothek auf dem materiellen Wohlstand frühindustrialisierter Länder. Kinder sind nämlich nicht nur ein Wert an sich, sie sind auch eine Investition – und zwar die weitaus größte und wichtigste, die eine Gesellschaft tätigt. Die Höhe dieser Investition bemisst sich nach der jeweiligen Leistungsfähigkeit ihrer Volkswirtschaft, ist also von Land zu Land und von Zeitpunkt zu Zeitpunkt verschieden. Trotzdem lässt sie sich zumindest annäherungsweise in Geld ausdrücken.

In Deutschland beispielsweise empfängt ein Mensch bis zur Vollendung seines zwanzigsten Lebensjahres Leistungen im Wert von durchschnittlich 500 000 Euro. Diese Leistungen werden zur Hälfte entgeltlich und zur Hälfte unentgeltlich erbracht. Die entgeltlichen Leistungen stellt zu knapp zwei Dritteln das Gemeinwesen in Form von Kindergärten und Schulen, Sportplätzen und Straßenraum, Infrastruktureinrichtungen und Transferleistungen wie Kindergeld oder steuerlichen Entlastungen der Eltern zur Verfügung. Der Wert aller dieser Leistungen beträgt durchschnittlich 8120 Euro pro Kopf und Jahr. Weitere 4380 Euro oder reichlich ein Drittel der entgeltlichen Leistungen werden in der Regel von den Eltern finanziert. Sie umfassen Obdach, Kleidung, Ernährung und die zahllosen Dinge, die ein Mensch während seiner ersten zwanzig Lebensjahre im häuslich-familiären Bereich benötigt. Der Gesamtaufwand von Gemeinwesen und Eltern liegt damit bei durchschnittlich 12 500 Euro pro Kopf und Jahr. Das sind 250 000 Euro bis zum zwanzigsten Geburtstag.[76]

Kinder und Jugendliche benötigen jedoch nicht nur Schulen und Lehrer, Schlafzimmer und Betten. Sie müssen auch bekocht werden, ihre Wäsche ist zu waschen und zu flicken, bei den Jüngeren muss gelegentlich das Fahrrad repariert werden. Mit solchen für das Wohl von Kindern und Jugendlichen unverzichtbaren hauswirtschaftlich-handwerklichen Tätigkeiten verbringen Eltern in Deutschland im Durchschnitt zwei Stunden pro Kopf und Tag. Aber auch damit ist es noch nicht getan. Darüber hinaus benötigen Kinder und Jugendliche von Eltern oder zumindest Erwachsenen Zuwendung und Zeit für gemeinsame Spiele, das Abfragen von Vokabeln, »Erziehungsgespräche« und Ähnliches – pro Tag durchschnittlich noch einmal anderthalb Stunden.[77]

Diese Stunden sind unbezahlbar. Da Erwachsene jedoch, statt sich Kindern zu widmen, auch einer Erwerbsarbeit nachgehen könnten, soll diese Zeit mit einem Geldwert belegt werden: 9,75 Euro pro Stunde, das entspricht etwa achtzig Prozent eines durchschnittlichen Nettostundenlohns. Der Gesamtaufwand an unentgeltlichen, aber geldwerten Leistungen beträgt nach dieser Rechnung reichlich 34 Euro pro Tag oder 12 500 Euro pro Kopf und Jahr – das sind nochmals 250 000 Euro bis zum zwanzigsten Geburtstag. Vom investiven Gesamtaufwand für einen Heranwachsenden trägt damit das Gemeinwesen knapp ein Drittel oder 162 000 Euro, die Eltern oder andere Erwachsene erbringen die verbleibenden reichlichen zwei Drittel oder 338 000 Euro.

Daraus ergibt sich, dass die Bevölkerung Deutschlands wie anderer frühindustrialisierter Länder in den zurückliegenden Jahrzehnten zusätzliche Billionenbeträge hätte aufbringen müssen, wenn sie nicht nur zwei Drittel, sondern, wie heute noch in Frankreich oder bis in die 1960er Jahre auch in Deutschland, neunzig Prozent der Zahl der Kinder großgezogen hätte, die zur Erhaltung ihres Bestandes erforderlich ist. Denn dann lebten heute statt knapp 17 reichlich 23,5 Millionen Menschen unter zwanzig Jahren zwischen Rhein und Oder.

Um diese zusätzlichen 6,5 Millionen Kinder und Jugendlichen zu versorgen, müsste das Gemeinwesen knapp 53 Milliarden Euro aufbringen, und die Haushalte mit Kindern hätten noch einmal reichlich 28 Milliarden Euro zu tragen. Dieser Betrag von insgesamt rund 81 Milliarden Euro entspricht der gegenwärtigen Wertschöpfung von annähernd 1,6 Millionen Erwerbstätigen. Im häuslichen Bereich müssten weitere 8,3 Milliarden Arbeitsstunden – unentgeltlich – geleistet werden. Das ist ebenso viel wie die derzeitige Erwerbsarbeitszeit von 5,8 Millionen Erwerbstätigen. Oder umgekehrt: Weil sich die Bevölkerung Deutschlands nur zu zwei Dritteln und nicht zu neunzig Prozent in der Zahl ihrer Kinder ersetzt, unterbleiben jährlich Investitionen im Wert von überschlägig mehr als 160 Milliarden Euro, jeweils zur

Hälfte entgeltlich und unentgeltlich. Würden diese Investitionen getätigt und wollte die Bevölkerung darüber hinaus ihren derzeitigen Lebensstandard aufrechterhalten, müssten 2,3 Milliarden bezahlter Arbeitsstunden zusätzlich auf dem Markt erbracht werden. Zugleich könnte das Arbeitskräfteangebot sinken, weil mehr Menschen als bisher durch Kinder zeitlich gebunden wären. Die wahrscheinliche Folge wäre ein Rückgang der Arbeitslosigkeit um schätzungsweise die Hälfte.

Diese Zahlen legen nahe, dass die Größe des Kinder- und Jugendanteils an einer Bevölkerung bedeutsam für deren wirtschaftliche Entwicklung ist. Ein internationaler Vergleich verstärkt die Vermutung.[78] Danach besteht zwischen Geburtenrate, sprich dem Anteil von Kindern und Jugendlichen an einer Bevölkerung, und dem Wachstum ihrer Wirtschaft zwar kein durchgängiger, aber dennoch auffälliger Zusammenhang. Wo in frühindustrialisierten Ländern die Geburtenraten vergleichsweise hoch sind – in den USA, Großbritannien oder Irland –, da sind auch die Wachstumsraten recht ansehnlich. Wo hingegen die Geburtenraten gering sind – in Japan, Deutschland oder der Schweiz –, da dümpelt auch die Wirtschaft vor sich hin.

Nun kann auch hier darüber gestritten werden, was Ursache und was Wirkung ist, ob also eine hohe wirtschaftliche Dynamik die Geburtenfreudigkeit erhöht oder umgekehrt eine hohe Geburtenrate die wirtschaftliche Dynamik beflügelt. Empirisch belegt ist jedoch, dass von Kindern und selbst noch von Enkeln hohe wirtschaftliche Motivationen ausgehen. Junge Familienväter sind die wirtschaftlich Motiviertesten, motivierter als ihre ledigen oder kinderlosen Altersgenossen.[79] Und Familien mit Kindern erscheinen mitunter nur deshalb wirtschaftlich schwach, weil das Einkommen durch eine größere Personenzahl geteilt werden muss. Was Vater und/oder Mutter jedoch absolut auf die Beine stellen, übersteigt nicht selten die Leistungen der Kinderlosen. Deshalb sollten Völker, die so eifrig ihre Wirtschaftsdaten miteinander vergleichen, dies auch gelegentlich mit ihren Bevölkerungsdaten tun. Sie werden dabei zu überraschenden Einsichten gelangen. Dazu gehört, dass die jahrzehntelange Vernachlässigung des Zusammenhangs von Demographie und Ökonomie eine der folgenreichsten Fehlleistungen der frühindustrialisierten Länder ist.

Das heißt nun nicht, dass durch eine Erhöhung von Geburtenrate und Kinderzahl Wirtschaft und Beschäftigung angekurbelt werden könnten oder sollten. Ein solches Ansinnen würden die Menschen zu Recht zurückweisen. Denn Wirtschaft und Beschäftigung anzukurbeln mag eine Aufgabe von Politikern, Unternehmern, Gewerkschaftern und vielleicht auch jedem Einzelnen sein. Ein Grund für menschliche Existenz ist ein solches Ankurbeln jedoch nicht.

Der Hinweis auf den engen Zusammenhang von Bevölkerungs- und Wirtschaftsentwicklung soll vielmehr bewusst machen, dass die weithin isolierte Betrachtung der Wirtschaft und ihrer tatsächlichen oder auch nur vermeintlichen Probleme dem Gegenstand nicht gerecht wird. Denn Wirtschaft ist auf das Innigste verwoben mit Gesellschaft. Genau genommen sind Probleme der Wirtschaft sogar nur ein Widerschein gesellschaftlicher Probleme einschließlich der Bevölkerungsentwicklung. Zu häufig wird in der öffentlichen Debatte übersehen, dass die Wirtschaft nichts Eigenständiges ist. Sie ist eine Manifestation, also ein Offenbarwerden gesellschaftlich geleiteten individuellen und kollektiven Handelns. Nicht mehr und nicht weniger. Um die Wirtschaft zu sehen und zu verstehen, muss deshalb die Gesellschaft in den Blick genommen werden.

Weichenstellungen

Dass der westliche Lebensstil die Geburtenrate und damit den Anteil von Kindern und Jugendlichen an der Gesamtbevölkerung sinken lässt, ist mittlerweile unübersehbar. Dass er aber auch die Potentiale des Nachwuchses vermindert, wird noch nicht hinreichend wahrgenommen. Dabei sind die Befunde alarmierend.

Die erste Weichenstellung erfolgt schon vor der Zeugung. Da die Qualifizierteren im Allgemeinen noch deutlich weniger Kinder haben als die geringer Qualifizierten[80] und Qualifizierung zwar nicht immer, aber doch häufig auch etwas mit ererbter Qualifizierungsfähigkeit zu tun hat, steigt der Anteil weniger Qualifizierungsfähiger an den nachwachsenden Jahrgängen ständig an. Noch vor gar nicht langer Zeit war diese Aussage politisch geächtet. Heute wird sie toleriert. Lehrer sprechen offen von der abnehmenden Beschulbarkeit ihrer Schüler, und eine große deutsche Tageszeitung stellte unlängst ohne Fragezeichen fest: Deutschland droht zu verdummen.[81] Andere frühindustrialisierte Länder befürchten für sich das Gleiche.

Die zweite Weiche wird unmittelbar nach der Geburt gestellt. Zwar kümmert sich die große Mehrheit engagiert und liebevoll um ihren Nachwuchs. Eine wachsende Minderheit tut dies jedoch nicht. In den ersten zwei, drei Lebensjahren, in denen Kinder wichtigste, lebensbestimmende Fähigkeiten entwickeln, fehlen ihnen keineswegs nur in Ausnahmefällen Bezugspersonen, die diese Entwicklung gekonnt fördern. Die Gründe hierfür sind hinlänglich geklärt. Der bedeutsamste: Den Erwachsenen, an erster Stelle den Eltern, fehlt die Zeit. Ihre Erwerbstätigkeit, die Entfaltung des eigenen Ichs oder gesellschaftliche Verpflichtungen nehmen sie in Beschlag. Hinzu kommt nicht selten ein latentes Desinteresse an Kindern. Dieselben Faktoren, die zur Kinderarmut beitragen, tragen auch dazu bei, dass eine beachtliche Zahl der dennoch Geborenen vernachlässigt wird. Einen Hund zu halten fällt vielen, gerade auch jungen Paaren leichter.

Die Folgen: In Deutschland zeigen zwischen einem Siebtel und einem Fünftel der Fünfjährigen massive Sprach- und Verhaltensauffälligkeiten, kulturell-soziale Entwicklungsrückstände, gesundheitliche Defizite und motorische Störungen. Jedem siebten Kind fehlt es an einer ausreichenden Grundversorgung.[82] Das gilt nicht nur für Kinder aus den sogenannten sozialen Unterschichten. Nicht wenige wachsen auch in äußerlich völlig normal erscheinenden Familien auf.

Werden sie älter, bedienen sie sich oftmals an spendenbeschickten Mittagstischen. Zu Hause können sie keine warme Mahlzeit mehr erwarten. Sie sind, wie ein Helfer bemerkte, nicht arm, aber arm dran. Immer häufiger wird der Grundstein für ein späteres berufliches, aber auch menschliches Scheitern bereits in den Elternhäusern – auch in begüterten – gelegt. Und wiederum sind die Befunde in den verschiedenen frühindustrialisierten Ländern bemerkenswert ähnlich.

Im Kindergarten soll das Versäumte nachgeholt werden. Mitunter gelingt das. Oft gelingt es aber auch nicht. Allerdings bestehen hier gewisse Unterschiede zwischen den Ländern. Die skandinavischen beispielsweise sind recht erfolgreich. Deutschland gehört zu den weniger erfolgreichen. Die zu betreuenden Gruppen sind zu groß, manchmal sind sie sprachlich zu heterogen, und auch das Personal ist nicht selten schlecht ausgebildet. Wie soll eine Kindergärtnerin, die selbst möglicherweise nur mit Mühe die Mittlere Reife geschafft hat, die intellektuellen Bedürfnisse hellwacher Fünfjähriger befriedigen? »Ich erlebe Praktikantinnen, die keinen Satz ohne Fehler schreiben«, klagte unlängst eine Kindergartenleiterin in Nordrhein-Westfalen.[83] Keine guten Voraussetzungen für die Entwicklung des Nachwuchses!

Bis zu dessen Einschulung sind dann auch nur wenige der zuvor festgestellten Mängel beseitigt. Der Gesundheitszustand von Erstklässlern, so eine Untersuchung, verschlechtert sich sogar.[84] Immer mehr können nicht ihrem Alter gemäß stehen, gehen, hören und sehen. Auch fehlen ihnen elementarste soziale Kompetenzen. Kein Mensch hat sie die Zauberwörter »bitte«, »danke« oder »Entschuldigung« gelehrt. Selbst die üblichen Begrüßungsformeln kommen ihnen nur stammelnd über die Lippen. Was früher bei der Einschulung als selbstverständlich vorausgesetzt werden konnte, ist jetzt Lehrstoff eines speziell eingerichteten schulischen Benimm-Unterrichts.[85] Viele Kinder können nichts, stöhnen die Lehrer. Weder hatten sie Gelegenheit, sich an Erwachsenen emporzuranken, noch konnten sie sich an Geschwistern abschleifen. Ihre soziale Inkompetenz, die häufig einhergeht mit fehlenden zwischenmenschlichen Beziehungen, ist ein fruchtbarer Nährboden für Aggressionen und Gewalttätigkeiten.[86]

Besonders besorgniserregend ist die schwindende Sprachfähigkeit des Nachwuchses in praktisch allen frühindustrialisierten Ländern von Europa über die USA bis Japan. Denn Sprache ist das wichtigste intellektuelle Werkzeug und die Sprachfähigkeit deshalb Schlüsselkompetenz. Mit dem Nachwuchs wird jedoch zu wenig gesprochen – so die schlichte Feststellung der Experten. Die Kinder verbringen zu viel Zeit vor dem Fernseh- und Computerbildschirm und vernachlässigen darüber die verbale Kommunikation. Zahlen bestätigen das. In Deutschland sitzen 83 Prozent der 6- bis 13-Jährigen jeden Tag stundenlang vor dem Fernsehgerät;[87] ein ähnlicher Prozentsatz verfügt über einen eigenen Computer, der von immerhin jedem zehnten Kind »exzessiv« genutzt wird.[88] In den USA verbringen sogar schon zwei Drittel der unter Zweijährigen durchschnittlich zwei Stunden am Tag mit Fernsehen sowie Computer- und Videospielen. Jedes vierte dieser Kleinkinder verfügt über ein eigenes Fernsehgerät.[89] Die Fähigkeit von Kindern und Jugendlichen, komplexere Texte zu verstehen, bleibt dadurch unterentwickelt.

Die Zahl derjenigen, die nicht richtig lesen und schreiben können, wird in Deutschland mit elf Millionen beziffert. Das ist fast jeder siebte über Sechsjährige. Unter ihnen sind zahlreiche Ausländer, die auch ihre Muttersprache nicht mehr beherrschen, aber auch viele Deutsche. Vier Millionen gelten als funktionale Analphabeten, die zwar ihren Namen kritzeln und einzelne Wörter lesen können, für die aber geschriebene Sätze keinen Sinn mehr ergeben.[90]

Unzulängliche Sprachfähigkeit ist auch eine Hauptursache für schulisches und späteres berufliches Versagen. Und wieder betrifft das nicht nur Ausländer. Von dem einen Zehntel, das in Deutschland noch nicht einmal den Hauptschulabschluss erlangt, geben viele als Ursache an, sie hätten dem Unterricht nicht folgen können – und zwar sprachlich. Ausbilder bestätigen das. Sie halten eine wachsende Zahl von

Schulabgängern für nicht mehr ausbildbar. Selbst einfachste Rechenoperationen, die in Texte gekleidet sind, bedeuten für diese Jugendlichen eine unlösbare Aufgabe. Nicht jeder, aber doch ein beachtlicher Teil unter jenen 25 Prozent, die in Deutschland die Lehre abbrechen, fühlte sich überfordert und war es wohl auch.[91]

Allerdings gehören nicht selten auch Lehrer zu den Überforderten. Zwar sind sie in der Regel gerade in Deutschland fachlich gut ausgebildet. Aber bei Didaktik und Pädagogik geben ihnen Experten schlechte Noten.[92] Sie können ihr Wissen nur unzulänglich vermitteln. Dieses Manko in Verbindung mit dem Unvermögen vieler ihrer Schüler fördert deren Schulmüdigkeit. Nach einer Stichprobe an deutschen Schulen schwänzen regelmäßig 15 Prozent der Hauptschüler, sechs Prozent der Realschüler und fünf Prozent der Gymnasiasten den Unterricht.[93] Oft wird es ihnen leicht gemacht. Wen kümmert es schon, wenn sich ein Zwölfjähriger der Schule verweigert? Die Eltern, die Lehrer, das Jugendamt? Manchmal keinen. Jeder, so das nicht mehr hinterfragte Lebensmotto, soll sehen, wo er bleibt. Auch ein Zwölfjähriger. Wenn alle Stricke reißen, schicken diejenigen, die es sich leisten können, ihre Kinder auf Privatschulen. Diese boomen. Für die anderen bleibt die Straße – in allen frühindustrialisierten Ländern.

Der Westen war schon einmal weiter. Zivilisatorische Errungenschaften wie Zuvorkommenheit oder Rücksichtnahme sind verloren gegangen. Viele leiden unter diesem Verlust und sagen das auch.[94] Doch zugleich erklären sie: Mit Zuvorkommenheit und Rücksichtnahme kommt man nicht weiter. Und auch der Bildungsdrang, der den Westen einst beseelte, ist weithin abgestorben. Noch vor zwei Generationen brachten die Menschen große Opfer, damit ihre Kinder etwas lernten. Heute ist das vielen gleichgültig. Bücher sind in ihren Haushalten selten geworden. Wer will noch lesen? Lesen bedeutet doch Anstrengung, und die gilt es zu vermeiden.

Weil auch diese Folgen des westlichen Lebensstils von den Völkern der frühindustrialisierten Länder verdrängt wurden, ist ihnen entgangen, wie sehr sie vom Lern- und Bildungseifer ihrer Altvorderen gezehrt haben. Am härtesten trifft der Verzehr der Kultur- und Bildungsgüter die jetzt Nachwachsenden. Schätzungen, wonach mindestens ein Fünftel außerstande sein wird, später einmal den eigenen Verbrauch zu erwirtschaften,[95] signalisieren: Völker, die wie die Deutschen glauben, sie ersetzten sich in der Zahl ihrer Kinder zumindest noch zu zwei Dritteln, ersetzen sich in Wirklichkeit nur noch zur Hälfte. Sie bürden der nachwachsenden Generation nicht nur eine hohe Altenlast, sondern darüber hinaus auch noch viele Junge auf, die sich nicht selbst tragen können und von anderen mitgeschleppt werden müssen. Der materielle Wohlstand schmilzt so weiter dahin.

Zerbrochene Familien

Wohlstand, der arm macht. Dieses Paradox ist in allen frühindustrialisierten Ländern zu beobachten. In den nationalen Armutsberichten findet es seinen Niederschlag. Fast überall driften Arme und Reiche weiter auseinander, auch wenn die Armen nicht ärmer werden. Aber sie werden zahlreicher, und die Reichen werden reicher. Wie sich bei einem Schiff, das über den Bug sinkt, das Heck zunächst höher und höher über die Wasserlinie hebt, vermehrt sich Armut und steigt der Reichtum. Dabei hat die sich ausbreitende Armut vor allem zwei Gründe: die abnehmende Ergiebigkeit von Erwerbsarbeit und die Auflösung des Familienverbandes.

Die Auflösung des Familienverbandes ist eine weitere Folge des westlichen Lebensstils. In dem von ihm erzeugten Klima der Unverbindlichkeit, Flüchtigkeit und konsequent ich-bezogenen Vorteilssuche gedeihen nicht nur Kinder schlecht. Auch Paarbeziehungen leiden darunter. Wie jeder jedem misstraut, misstrauen auch die Geschlechter einander. Lassen sie sich dennoch aufeinander ein, haben die Beteiligten nicht selten bereits zu Beginn eine Exit-Strategie im Hinterkopf. Sich nur nicht dem anderen anvertrauen, sich ihm oder ihr ausliefern. Vor allem nicht wirtschaftlich.

Das ist besonders Frauen ein Anliegen. Denn sie waren in der Regel diejenigen, die bei einer Trennung die größeren materiellen Einbußen erlitten. Dem hat der Gesetzgeber in vielen Ländern einen Riegel vorgeschoben und gelegentlich des Guten sogar zu viel getan. Doch das reichte nicht. Die Frauen sollten und wollten wirtschaftlich auf eigenen Beinen stehen. Viele haben das geschafft – und damit dem Familienverband einen Großteil seines wirtschaftlich begründeten Zusammenhalts entzogen. Die traditionellen Geschlechterrollen endeten. Der Mann war nicht länger der vorrangige Ernährer der Familie, die Frau nicht länger wirtschaftlich von ihm abhängig.

Dadurch verlor die Ehe ihren auf Dauer angelegten Versorgungscharakter. Sofern sie überhaupt noch geschlossen und nicht durch nichteheliche Lebensgemeinschaften, Lebensabschnittsgemeinschaften oder ähnliche Formen des mehr oder minder vorübergehenden Zusammenlebens von Menschen unterschiedlichen oder gleichen Geschlechts verdrängt wurde, entwickelte auch sie sich oft zu einer zeitlich begrenzten Verbindung. In fast allen frühindustrialisierten Ländern wird heute jede zweite bis dritte Ehe geschieden, wobei die meisten Scheidungen schon während der ersten sechs Jahre nach der Trauung erfolgen.[96] Die menschheitsgeschichtlich neue Langlebigkeit ist also entgegen mancher Erklärungsversuche nicht ursächlich für die hohen Scheidungsziffern.

Nun mag die leichte Auflösbarkeit zwischenmenschlicher Beziehungen, die von einem oder beiden Beteiligten als unbefriedigend oder sogar belastend empfunden werden, vielen wünschenswert erscheinen. Probleme wirft die Trennung jedoch häufig dann auf, wenn sie auch minderjährige Kinder betrifft. An die 200 000 sind es jährlich in Deutschland. 2,3 Millionen Kinder und Jugendliche, das sind fünfzehn Prozent der Minderjährigen, wachsen derzeit bei einem alleinerziehenden Elternteil, zumeist der Mutter, auf; weitere

950 000, das sind nochmals sechs Prozent, mit einem Stiefvater oder einer Stiefmutter. Ebenfalls sechs Prozent haben nichtverheiratete Eltern.[97]

Häufig wird auch diesen Kindern gegeben, was Kinder brauchen. Nicht selten werden sie aber zu »Sich-selbst-Erziehenden«. Das kann gut gehen oder auch nicht. Dass Kinder aus zerbrochenen Familien einen weit überproportionalen Anteil bei sogenannten Problemkindern stellen und deren Zahl ständig wächst, ist unbestritten. Im äußersten Fall landen sie in Heimen. Rund siebzig Prozent der Heimkinder stammen aus Familien, die sich aufgelöst haben, die übrigen aus »überforderten« Familien – insgesamt etwa 10 000. Weitere Problemkinder stehen in der Obhut von Jugendämtern. Das alles kostet viel Geld. Und »die allgemeine soziale Entwicklung«, so ein Jugendamtsleiter, »wird die Kosten weiter in die Höhe treiben«.[98]

Hohe Kosten entstehen jedoch nicht nur dem Gemeinwesen. Auch für die unmittelbar Betroffenen verschlechtert sich die wirtschaftliche Lage oft beträchtlich. Neben Arbeitslosigkeit ist das Zerbrechen einer Partnerschaft der wichtigste Grund für Armut in einem frühindustrialisierten Land. Was zwei gemeinsam gut stemmen konnten, schaffen sie getrennt nicht mehr. In Deutschland gehören rund 40 Prozent der Alleinerziehenden zu den Armen, 25 Prozent erhalten Sozialhilfe. Von den knapp drei Millionen Sozialhilfeempfängern ist mehr als eine Million minderjährig. Die deutliche Mehrheit von ihnen sind Trennungsopfer. Ganz anders ist die Lage von intakten Familien. Paare mit bis zu zwei Kindern sind nur zu drei Prozent von Armut betroffen. Sozialhilfebedürftig sind noch weit weniger.[99]

Der Zerfall der Familie als Wirtschaftsverband und die Vereinzelung des Individuums zehren vermutlich am stärksten am materiellen Wohlstand der frühindustrialisierten Länder. Bei gleichem Lebensstandard brauchen und verbrauchen nun einmal vier Ein-Personen-Haushalte sehr viel mehr als ein Vier-Personen-Haushalt. Die Menschen lassen sich ihre freiwillige oder unfreiwillige Vereinzelung etwas kosten. Ob diese Vereinzelung menschengerecht ist, soll dahingestellt bleiben. Viele haben sie selbst gewählt. Doch wirtschaftlich aufwändig ist sie allemal.

Der große materielle Wohlstand des Westens hat einem Lebensstil Vorschub geleistet, der so sehr auf Ineffizienz, ja Vergeudung angelegt ist, dass viele darüber verarmen. Die zunehmende Armut, mag sie auch relativ sein, muss nicht zuletzt in diesem Lichte gesehen werden: Wie unwirtschaftlich leben die von ihr Betroffenen? Oder umfassender: Könnten die westlichen Gesellschaften nicht erheblich wohlhabender sein, wenn sie ihren Wohlstand nicht wie rasend verschleuderten? Es gibt kaum Zweifel, welche Antwort hierauf gegeben werden muss.

Was ist Reichtum?

Um den Wohlstand eines Volkes ermessen zu können, genügt es nicht, dessen Produktivitätsziffern zu kennen. Meldungen wie »Deutschlands Wohlstand sinkt im internationalen Vergleich« können getrost als Unsinn abgetan werden, wenn sie sich ausschließlich auf die unterschiedliche Entwicklung des Bruttoinlandsprodukts in verschiedenen Ländern stützen. Neben den Produktivitätsziffern oder – weiter gefasst – dem materiellen Reichtum zählen nämlich auch Zeit-, Einfalls- und Gefühlsreichtum, Geschichte, Bildung und Kultur, musische und technische Fähig- und Fertigkeiten und nicht zuletzt oder sogar ganz besonders der gesellschaftliche Zusammenhalt, die Sozialität einer Gesellschaft. Nicht selten zehren Völker noch generationenlang vom Reichtum ihrer Geschichte und Kultur, nachdem ihre wirtschaftliche Blüte verwelkt ist. Der materielle Reichtum der antiken Griechen und Römer war längst zu Staub zerfallen, da paukten Europas Schüler noch immer deren Sprachen. Die Kultur eines Volkes erweist sich oft als ungleich bedeutender und dauerhafter als seine Wirtschaftskraft, so eindrucksvoll diese im Moment auch sein mag.

Deshalb muss es den Völkern der frühindustrialisierten Länder zu denken geben, dass die Schatztruhen ihres Geistes, ihrer Kunst und Kultur zu Zeiten gefüllt wurden, als sie, gemessen an heutigen Maßstäben, wenig im Bereich der Wirtschaft vorzuweisen hatten. Ein einfacher Test mag das belegen. Man nehme eine Gruppe amerikanischer oder japanischer, chinesischer oder australischer Touristen und führe sie durch eine beliebige europäische Stadt. Wie magisch sind sie von den Vierteln und Bauwerken angezogen, die vor Jahrhunderten unter Bedingungen großer materieller Bedürftigkeit, aber eben auch großen ästhetischen und kulturellen Verständnisses entstanden. Den Europäern selbst ergeht es nicht anders. Nach einer schmerzlichen Phase kollektiver Verblendung nehmen sie jetzt wieder Kosten und Mühen auf sich, um die Werke ihrer Altvorderen zu erhalten. Das hat nicht nur historisierend-sentimentale Gründe. Sie haben auch erkannt: Vieles von dem, was vor langer Zeit entstand, war ganz einfach menschengemäß und schön. Zugleich fliehen sie vor vielen ihrer eigenen Schöpfungen, insbesondere denen, die in Phasen größter wirtschaftlicher Dynamik entstanden sind.

Vor allem in den Wirtschaftswunderjahren, im dritten Quartal des 20. Jahrhunderts, wurden in allen frühindustrialisierten Ländern derartige Monstrositäten errichtet, dass die Nachgeborenen nichts Eiligeres zu tun haben, als sie abzureißen, sobald sich eine Gelegenheit dazu bietet. Entschuldigend ist oft gesagt worden, anderes sei unter den Zwängen der Nachkriegszeit nicht möglich gewesen. Man habe handeln müssen, und zwar rasch. In Deutschland hätten viele Millionen Ausgebombte und Vertriebene kein Dach über dem Kopf gehabt. Für Ästhetik und Schönheit seien da weder Zeit noch Geld gewesen. Wie aber ist dann zu erklären, dass auch in den anderen frühindustrialisierten Ländern, in denen es keine Vertriebenen und allenfalls wenige Ausgebombte gab, in Frankreich, Spanien oder Skandinavien, genauso inhuman und scheußlich gebaut wurde wie in Deutschland?

Und wie kann man ferner erklären, dass sich das, was bei Baulichkeiten zu beobachten ist, in Konzertsälen und Gemäldegalerien wiederholt? Die Mehrheit meidet Zeitgenössisches. Zeitgenössisches zu Gehör oder Gesicht zu bringen ist meistens ein gewagtes Unterfangen und trägt mitunter Züge des Sektiererischen. Zu sagen, das sei bei Kunst eben so – erst wenn sie Patina angesetzt habe, würden breitere Schichten der Bevölkerung sie zu schätzen lernen, ist offenkundig falsch. Denn wovon viele bis heute angetan sind, sei es in der Architektur, Musik oder Bildenden Kunst, davon waren viele auch schon zum Zeitpunkt der Entstehung angetan. Gewiss gibt es Ausnahmen, wurde der eine oder die andere spät, gelegentlich sogar erst postum und vielleicht auch nie entdeckt. Ein Schubert oder van Gogh sind Beispiele für eine verzögerte Entdeckung. Ihnen stehen jedoch die Mozarts, Haydns oder Beethovens, die Dürers, Rembrandts oder Rubens und viele andere gegenüber, die sich schon zu Lebzeiten nicht über mangelnde Aufmerksamkeit zu grämen brauchten. Das Volk stand in ihren Konzerten – Sitzplätze waren den Betuchten vorbehalten –, pfiff ihre Melodien und hängte sich Kopien ihrer Bilder in die Stube. Und zwar von Anfang an und nicht erst hundert Jahre später. Gleiches lässt sich von der leichten Muse sagen. Evergreens zünden meistens sofort und dann immer wieder aufs Neue.

Überzeugender als die gequälten Versuche, die kulturell-künstlerische Dürre unserer materiell überbordenden Epoche mit einer angeblichen Begriffsstutzigkeit des Publikums bemänteln zu wollen, ist die Feststellung, dass es kaum jemals einem Individuum, aber auch einem Volk möglich ist, gleichzeitig mehreres gleich gut zu tun. Die Geschichte weist betont religiöse oder künstlerische, wissenschaftliche oder militärische, philosophische oder ökonomische Phasen auf. Zwar sind diese nicht lupenrein voneinander zu trennen, und immer findet sich alles auch gleichzeitig. Aber die meisten Phasen sind deutlich grundiert.

Die Grundierung unserer Phase ist das Ökonomische. Das ist für sich genommen weder gut noch schlecht, und erfahrungsgemäß ist das Leben in einer solchen Epoche angenehmer als in einer Epoche, in der sich alles zum Beispiel um Militärisches dreht. Dennoch darf nicht so getan werden, als werde durch die Ausrichtung einer Gesellschaft auf das Ökonomische nicht zugleich vieles ausgeblendet oder zumindest in den Hintergrund gedrängt, was ebenfalls zur menschlichen Existenz gehört und diese reich und fruchtbar macht. Hier die Balance zu finden ist die Krönung gesellschaftlichen Strebens. Es wäre vermessen zu behaupten, die Völker des Westens hätten sich dieser Krönung auch nur genähert.

Nebenwirkungen

Unsere Zeit hat große Stärken. Der Westen hat große Stärken. Ob beim Zahnarzt, Optiker oder Autohändler, ob am Computer oder Navigator, ob im Operationssaal oder Flugzeug – wer das Staunen nicht verlernt hat, kommt aus dem Staunen nicht heraus. Was die Menschen namentlich in den frühindustrialisierten Ländern im wissenschaftlich-technischen Bereich binnen weniger Generationen erreicht haben, ist atemberaubend. In historisch kurzer Zeit haben sie ein schwindelerregend hohes Niveau materiellen Wohlstands erklommen. Zugleich haben sie die Horizonte des Menschen erweitert. Und nicht nur das. Sie achten die Würde des Menschen und seine Rechte oft höher, als das in früheren Zeiten der Fall war. Sie können stolz sein auf das Geleistete. Aber gerade weil das Geleistete so blendend ist, sehen viele nicht mehr seinen Preis.

Denn alles hat zwei und oft noch mehr Seiten. Nichts ist frei von Nebenwirkungen. Kaum etwas ist nur gut oder nur schlecht. Diese elementare Einsicht nicht für Wirtschaftswachstum und materielle Wohlstandsmehrung gelten lassen zu wollen gehört zu den großen Selbsttäuschungen und Irrtümern des Westens. Besteht auch nur die geringste Vermutung, etwas könne zu Wirtschaftswachstum und materieller Wohlstandsmehrung beitragen, gilt dieses Etwas unbesehen als wünschenswert und gut. Über Nebenwirkungen wird selten nachgedacht und noch seltener gesprochen. Das würde die Denk- und Handlungsmuster des Westens stören und die Menschen verunsichern.

Die Völker der frühindustrialisierten Länder verhalten sich wie Gastwirte, die ihre Tageseinnahmen als Gewinn verbuchen. Eine Zeit lang mag das gut gehen. Doch irgendwann stößt diese Art des Wirtschaftens an Grenzen. Dann können die Lieferanten nicht mehr bezahlt werden und auch nicht der Verpächter. Die Schwierigkeiten häufen sich, und schließlich ist der Wirt pleite. Solche Wirte gibt es immer wieder. Trotzdem ist ihr Schicksal manchen Jungwirten keine Warnung. Sie machen es den Alten nach.

Die Pleite droht dem Westen vorerst nicht. Aber auch bei ihm türmen sich mittlerweile unbeglichene Forderungen. Er hat nicht gelernt, in Salden zu rechnen: Wie viel muss aufgewendet werden, um was zu erreichen? Die Menschen früherer Zeiten hatten hierfür ein feines Gespür. Bei ihrer Nahrungsbeschaffung unterließen sie alles, was mehr Kalorien verbrauchte, als es einbrachte. Die Menschen neuerer Zeit haben dieses Gespür weitgehend verloren, jedenfalls dann, wenn sich das Wirtschaften vom Einzelnen ablöst und zu einer kollektiven Veranstaltung wird.

Was für jedes ordentlich geführte Unternehmen eine Selbstverständlichkeit ist, ist auf nationaler und internationaler Ebene eine seltene Ausnahme. Mit grenzenloser Naivität setzen die Völker die von ihnen erwirtschaftete Güter- und Dienstemenge mit einer Mehrung ihres materiellen Wohlstands gleich. Nach den Kosten dieser vermeintlichen Wohlstandsmehrung fragen sie nicht. Wenn die Briten ihre Öl-, die Niederländer ihre Gas- oder die Deutschen ihre Kohlevorkommen ausbeuten, ist das für sie Wohlstandsmehrung pur. Dass sich zugleich ihre Vorkommen leeren, geht lediglich in die Rechnungen der Unternehmen, nicht aber in die volkswirtschaftlichen Betrachtungen ein.

Vollends auf Abwege führt diese Vorgehensweise, wenn aus dem Vergleich der von Völkern erwirtschafteten Menge von Gütern und Diensten geschlossen wird, dass es diesem

Volk »gut« und jenem »schlecht« gehe. Ein solcher Schluss ist allenfalls zulässig, wenn die verglichenen Volkswirtschaften nur das Existenzminimum bereitstellen. Leisten sie hingegen mehr, werden Aussagen über das Wohlergehen der Völker immer schwieriger. Wer kann schon sagen, ob es den Luxemburgern, Schweizern oder Norwegern, den Deutschen oder Franzosen, den Westeuropäern oder den US-Amerikanern »besser« oder »schlechter« geht. Die Zahlen gaukeln hier Gewissheiten vor, die es nicht gibt.

Dennoch an sie zu glauben hat die Völker des Westens fehlgeleitet. Da sie immer nur zu hören bekommen, wie es um ihre Wirtschaftskraft steht, haben sie weiter, wie Menschen in materieller Not, wirtschaftliche Erwägungen über alle anderen gestellt und alles andere vernachlässigt. »It's the economy, stupid!« – »Nur die Wirtschaft zählt, Dummkopf!«[100] blieb ihr tausendfach geechotes Credo. Die Wirtschaft muss wachsen und immer weiter wachsen, wenn es den Menschen gut und immer besser gehen soll. Wirtschaftswachstum wurde nicht nur mit materieller Wohlstandsmehrung gleichgesetzt – das war schon fragwürdig genug –, sondern mit Wohlstandsmehrung überhaupt. Das aber war schlicht unsinnig. Denn Wohlstand speist sich aus zahlreichen Quellen. Fraglos ist die Wirtschaft eine der wichtigsten. Aber eben nur eine.

Doch weil Wirtschaftswachstum und Wohlstandsmehrung in den frühindustrialisierten Ländern zu Synonymen geworden sind, sehen viele die anderen Quellen des Wohlstands nicht mehr. Ein Nachlassen der Wirtschaftskraft setzen sie gleich mit drohender Armut. Die Vorstellung gar, die produzierte Güter- und Dienstemenge könnte eines Tages geringer sein als heute, versetzt sie ebenso in Schrecken wie die Vorstellung, dass es in vielen ihrer Länder dereinst mehr über 75-Jährige als unter 25-Jährige geben wird. Doch das ist die wahrscheinlichste Entwicklung. Die Weichen sind gestellt, und die Völker des Westens haben sie gründlich gestellt. Das sollte ihnen Anlass sein, jetzt auch nach anderen Quellen des Wohlstands Ausschau zu halten.

Die Zukunft gewinnen

Cliquen

Wollen die Völker des Westens die Zukunft gewinnen, müssen sie zunächst die Möglichkeiten und Grenzen ihrer politischen Ordnung ausloten. Das haben sie bisher nicht getan. Sie wissen allenfalls, dass sie in Demokratien leben und die politische Macht – zeitlich begrenzt – Repräsentanten, genannt Politikern, anvertrauen; dass sich die staatliche Gewalt auf Legislative, Exekutive und Judikative verteilt und bestimmte Werte, namentlich die Würde und die Rechte des Menschen, zu achten sind. Was darüber hinausgeht, verliert sich für die meisten im Ungefähren. Wie beispielsweise bildet sich in dieser Ordnung Volkes Wille? Was bedeutet politische Verantwortung? An welchen Maßstäben sind Politiker zu messen? Oder wie werden sie ausgewählt?

Stellen sich die Völker des Westens diese und ähnliche Fragen, werden sie alsbald erkennen, dass ihre Ordnung zumindest in einem Punkt allen anderen Ordnungen gleicht: Auch in ihr geben recht kleine Gruppen, Cliquen, die mitunter als Eliten angesehen werden, den Ton an. Das ist immer und überall so. Immer und überall haben Cliquen das Sagen – von gelegentlichen, zumeist kurzen und in der Regel chaotischen Unterbrechungen abgesehen. Selbst scheinbare Alleinherrscher, absolute Fürsten und Diktatoren sind nichts anderes als besonders sichtbar herausgestellte Mitglieder einer Clique. Ohne diese würde ihre Herrschaft keine 24 Stunden überdauern.

Gegründet sind solche Cliquen auf Blutsbande, Stammeszugehörigkeiten, gemeinsame Bildungshintergründe, gleichgerichtete Interessen oder Ähnliches. Großcliquen untergliedern sich häufig in Kleincliquen und diese in Seilschaften. Ergänzt, verjüngt und vergrößert werden sie durch Kooptation, das heißt, die jeweiligen Cliquenmitglieder entscheiden, wer neu hinzutreten darf. Dabei ist das wichtigste Auswahlkriterium die Ein- und Anpassungsfähigkeit des Neumitglieds. Irgendwelche Sachkenntnisse oder sonstige Qualifikationen sind hingegen nachrangig. Sie werden durch die Loyalität zur Clique ersetzt.

Diese Loyalität wird ausgebaut und gefestigt durch Rituale, die zum größten Teil schon vom europäischen Adel des Mittelalters und noch früher praktiziert worden sind. Hierzu gehören die fast selbstverständliche Anrede mit dem Vornamen, das rasche Duzen – sofern sprachlich möglich –, Trinkgelage, Jagdausflüge und wohl auch ein paar gemeinsame Leichen im Keller. Letztere stärken den Zusammenhalt der Clique ganz besonders.

Die Ziele, die von den Cliquen verfolgt werden, sind unterschiedlich, auch wenn sie sich mitunter nicht scharf voneinander trennen lassen. Einige wollen sich schlicht selbst bereichern. Andere möchten eine Klientel bedienen. Wieder andere suchen Ansehen und Ruhm. Einige geben sich dabei pragmatisch, andere ideologisch. Doch was immer ihre Ziele und Vorgehensweisen sind: Für alle ist das Mittel zum Zweck die politische Macht. Machterlangung und -erhaltung sind deshalb der Seinsgrund aller dieser Cliquen.

Die Cliquen, die in den westlichen Demokratien für die Übernahme politischer Macht bereitstehen, rekrutieren sich zumeist aus Interessengemeinschaften. Entsprechend verfolgen sie Klientelpolitik. Allerdings verschleiern sie das gerne und geben vor, nach Gerechtigkeit, dem Glück der Menschen und Ähnlichem zu streben. Da sie aufgrund ihrer Auswahlkriterien nur begrenzt über Sachverstand verfügen, sind sie in hohem Maße von anderen abhängig: dem öffentlichen Dienst, externen Sachverständigen, Lobbyisten. Politiker und Politikerinnen, die aufgrund ihrer Vorbildung und beruflichen Erfahrung politische Macht von Anfang an sachgerecht handhaben können, sind Ausnahmen. Die Werdegänge von Politikern zeigen das. Sachverstand erwerben die meisten erst in Ausübung ihrer Ämter. Deshalb wird in der Politik mehr noch als in anderen Tätigkeitsbereichen häufig dilettiert. An die Stelle von Können tritt im besten Fall guter Wille. Scheinbar hohe Regierungskunst besteht nicht selten aus bloßer Improvisation, aus mehr oder minder erfolgversprechendem Herumexperimentieren.

Etwas anderes kann und darf die Bevölkerung nicht erwarten. Wer sich als Taxifahrer, Schiffskapitän, Pilot oder Arzt betätigen will, muss zuvor Proben seines Könnens abgeliefert haben. Andernfalls drohen ihm empfindliche Strafen. Elektriker, Klempner oder Anstreicher haften für unsachgemäße Arbeiten. Da versteht die Gesellschaft keinen Spaß. Nicht so in der Politik. Es gibt keine Eignungsprüfung für Politiker und keine Qualitätskontrolle. Gäbe es sie, würden viele erst gar nicht zum Test antreten. So aber kann sich jede und jeder in der Politik tummeln, ohne Gefahr zu laufen, für möglicherweise angerichtete Schäden wirklich zur Verantwortung gezogen zu werden. Was ist denn geworden aus den Männern und Frauen, die den Deutschen vor einigen Jahren eine Pflegeversicherung eingebrockt haben, die vom ersten Tag an eine Fehlkonstruktion war und jetzt aufwändig saniert werden muss? Stolz tragen sie ihre Orden und Ehrenzeichen und verzehren ihre großzügig bemessenen Pensionen. Oder was kann schon denen passieren, die mit ihrer ideologiegetränkten, dilettantischen Visapolitik Deutschland und Europa erheblichen Schaden zugefügt haben? Das Schlimmste ist der Verlust des Amtes. Andere verlieren für weit weniger ihren Arbeitsplatz – ohne Pensionsberechtigung.

Vielleicht traute deshalb Lenin jeder Kochfrau zu, ein Land regieren zu können. Wirkliche Professionalität ist selten. Der Begriff »Berufspolitiker« ist irreführend. Er erweckt den Eindruck von Qualifikationen, die es oft nicht gibt. Die Politik verhehlt das nicht. Munter wird ein Filmschauspieler zum Präsidenten, eine Lehrerin zur Sozialministerin oder ein Grundstücksmakler zum Wirtschaftsminister befördert. Dabei hält sich jeder von ihnen für qualifiziert, auch den Stuhl des anderen besetzen zu können. Mach mal! Du kannst das schon! Eben noch für die EU-Osterweiterung zuständig, vermag der Politiker schon einen Tag später die Verantwortung für die europäische Industriepolitik zu übernehmen. Andere Menschen müssen sich auf einen solchen Wechsel lange vorbereiten. Politiker glauben, das nicht nötig zu haben.

Politiker

Gerne geben sich Politiker als Alleskönner. Gleichgültig, welches Thema aufgerufen, welche Frage gestellt wird – ein richtiger Politiker ist nie um eine Antwort verlegen. Oft wird das sogar von ihm erwartet. An ein ehrliches »Davon habe ich keine Ahnung« ist die Öffentlichkeit nicht gewöhnt. Und da er sie nicht enttäuschen will, blufft er. In der begründeten Hoffnung, dass ihm so schnell keiner auf die Schliche kommt, flunkert er das Blaue vom Himmel herunter – bis er eines Tages selbst an sein Geflunkere glaubt. Das dichte Gestrüpp aus Halb-, Viertel- und Unwahrheiten, das in der politischen Landschaft wuchert, findet häufig hier seinen Nährboden. Es ist keineswegs immer der Aufwuchs beabsichtigter Desinformation.

Die Ablösung von der Wirklichkeit, die mit der Alleskönnerschaft einhergeht, wird beschleunigt vom Cliquenzwang zur Parteilichkeit. Nur durch Parteilichkeit glaubt die Clique, sich wirkungsvoll von konkurrierenden Cliquen absetzen zu können. Doch zugleich verarmt sie wegen dieser Parteilichkeit. Sie hindert sie daran, die Wirklichkeit in ihren feinen Grauschattierungen, in ihren vielen Sowohl-als-Auchs, Teils-Teils, Einerseits und Andererseits wahrzunehmen. An deren Stelle setzt sie ein hartes Schwarz-Weiß, ein übergangsloses Entweder-Oder. Auf diese Weise wird die Wirklichkeit zum Kunstprodukt – eine Verwandlung, die Außenstehende immer wieder in Erstaunen versetzt.

Weiter beschleunigt wird dieser Prozess durch die mit der Amtsdauer zunehmende Neigung von Politikern, alles zu verdrängen, was sich nicht im Einklang mit der von ihnen künstlich geschaffenen Wirklichkeit befindet. Alle Menschen nehmen die sie umgebende Wirklichkeit selektiv wahr. Politiker haben es hierin jedoch besonders weit gebracht. Begierig saugen sie auf, was ihren eigenen Standpunkt festigt, und stoßen ab, was ihn in Frage stellen könnte. Nur wenige genügen dem weisen mittelalterlichen Rechtssatz »audiatur et altera pars!« – »Höre auch die andere Seite!« Dadurch gerät die Cliquenwirklichkeit immer weiter aus dem Lot, bis sie eines Tages umkippt. Gewöhnlich ist das der Grund für das Ende einer politischen Ära: Wirklichkeitsverlust.

Zu diesem Verlust trägt ferner bei, dass Politiker häufig meinen, Lernen und Nachdenken könne durch Handeln ersetzt werden. Gewiss müssen Politiker handeln. Aber ihr Handeln ist riskant, wenn es dem Erkennen und Verstehen vorauseilt. Ein solches vorauseilendes Handeln gibt es überall, aber in der Politik wiederum häufiger als anderswo. Ein hoher Mitarbeiter von Margaret Thatcher brachte dies noch während ihrer Amtszeit als Premierministerin auf den Punkt, als er in kleinem Kreis erklärte: Im Grunde hat ein Politiker nach drei Regierungsjahren sein Pulver verschossen. Die Konzepte, die er bei Amtsantritt gehabt hat, sind entweder umgesetzt oder haben sich als unbrauchbar erwiesen. Da ihn das Amt jedoch auffrisst, ist er unfähig, Neues zu entwickeln. Wer jetzt nicht Ideen anderer aufnehmen kann, dessen Politik erstarrt in Routine: more of the same – immer das Gleiche. Doch kaum ein Politiker hat das Format, vor sich und anderen zu bekennen: Ich brauche eure Ideen. Mein Beitrag wird darin bestehen, sie umzusetzen!

Bei Politikern kommt erschwerend hinzu, dass sie – ähnlich wie Top-Manager – ihre beruflichen Ziele zumeist nur über lange Karriereleitern erreichen, das Durchklettern dieser Leitern aber Fähigkeiten erfordert, die nach Erreichen des Ziels wenig hilfreich, vielleicht sogar hinderlich sind. Über Top-Manager sagte einst ein ehemaliger Vorstandsvorsitzender eines großen deutschen Konzerns: Die Fähigkeiten, die sie brauchen, um nach oben zu kommen, unterscheiden sich grundlegend von denen, die sie brauchen, wenn sie oben sind. Deshalb, so seine Schlussfolgerung, sei es weitgehend Glückssache, ob die Leute an der Spitze können, was von ihnen erwartet wird.

Auf die Politik übertragen heißt das, dass Männer und Frauen, denen es gelingt, Macht zu erlangen und zu erhalten, damit noch längst nicht unter Beweis gestellt haben, dass sie mit ihr auch umzugehen wissen. Um an die Macht zu kommen, müssen sie untereinander rangeln, Gegner identifizieren, diese bekämpfen und mitunter auch vernichten; müssen sie Seilschaften nutzen, Bevölkerungsgruppen mobilisieren und Mehrheiten bilden. Das alles bringt sie nach oben. Doch sobald sie dort angekommen sind, ist plötzlich Sachverstand gefragt, die Fähigkeit zum Ausgleich, die Bereitschaft, Brücken zu bauen, und vor allem der Verzicht auf alles Parteiische, alles Cliquenhafte. Die meisten sind darauf nicht vorbereitet. Sie machen weiter wie bisher und verfehlen damit ihre Aufgabe, dem Wohle aller zu dienen.

Dieser Dienst am Gemeinwohl fällt Politikern häufig schwer. Dazu sind sie zu sehr ihrer Clique verhaftet. Das zeigen nicht zuletzt die parlamentarischen Schlachtordnungen. Sie verlaufen entlang der Linie des Parteien-, nicht der des Gemeinnutzes. Zwar sollte es in Demokratien in aller Regel Regierende und Opponierende geben. Nur so werden der Bevölkerung Optionen politischen Handelns vor Augen geführt. Dass sich jedoch Regierende auf der einen und Opponierende auf der anderen Seite fast hermetisch in Parteibunkern verschanzen, ist ein gänzlich anormaler Zustand, der auch durch lange Übung nicht normaler wird.

Nach den Verfassungen der westlichen Demokratien sind Abgeordnete nur ihrem Gewissen und nicht Parteien verpflichtet. Mit Fraktionszwängen ist diese Gewissensbindung schwerlich zu vereinbaren. Der Hinweis, schließlich sei ein Abgeordneter ja nur deshalb Abgeordneter, weil eine Partei ihm das ermöglicht habe, ist zwar zutreffend, aber irrelevant.

Denn der Einfluss der Partei endet an den Pforten des Parlaments, oder richtiger: Er muss dort enden, wenn die Parlamente wieder funktionsfähig werden sollen. In ihrem gegenwärtigen Zustand sind sie das nur höchst beschränkt. Künftig müssen Regierende und Opponierende wieder über Fraktionsgrenzen hinweg um Mehrheiten ringen, muss die Stärke eines Arguments und nicht die Stärke einer Fraktion für politische Entscheidungen maßgeblich sein. Noch mag man das als Träumereien abtun. Doch wenn diese Träumereien nicht bald Wirklichkeit werden, werden sich die Parlamente ins politische Aus manövrieren. An dem derzeit dort ausgetragenen Parteiengezänk findet niemand mehr Geschmack – auch ein Großteil der Abgeordneten selbst nicht.

Die bisherigen starren Schlachtordnungen in den Parlamenten sind ein wesentlicher Grund für viele der heutigen Probleme des Westens. Denn diese Schlachtordnungen töten Ideen, die gerade in der Politik ein kostbares Gut sind. Anstatt sorgsam mit ihnen umzugehen, macht jede Partei die Ideen der anderen nieder. Mutwillig und gedankenlos wird auf den wenigen Ideenfunken herumgetrampelt – und dann wundern sich alle, wenn die Politik nicht zündet.

Nicht wenige Politiker verhalten sich, als sprühten sie nur so vor klugen Einfällen. In Wirklichkeit hängen sie am Tropf ihrer Apparate. Werden sie von diesen abgeschnitten, verstummen sie oder verfallen in den berüchtigten Politikerlall – reden, ohne etwas zu sagen. Manchmal mag dieser Lall raffinierte Verstellung sein. Öfter dürfte mit seiner Hilfe jedoch Unkenntnis überspielt werden. Nur wenige Politiker haben das Wissen und Können, um auch ohne Hilfe ihrer Apparate substantielle Aussagen machen und diese Apparate befruchten und inhaltlich führen zu können. Wie selten solche Politiker sind, zeigt die kleine Schar derjenigen, die sich auch nach ihrem Ausscheiden aus politischen Ämtern weiterhin mit einigem Gewicht zu Wort melden. Die Mehrheit versinkt meist über Nacht in weitgehender Sprachlosigkeit.

Macht und Medien

Die Regierten sind sich der Schwächen der Regierenden durchaus bewusst. Dennoch verhalten sie sich, als ginge sie das alles nichts an. Weithin verharren sie in einem Zustand der Apathie. Mit einem erstaunlichen Langmut lassen sie die Politiker gewähren und trösten sich mit der Gewissheit, diese jederzeit gegen andere austauschen zu können. Dass dies gewaltfrei möglich ist, ist zweifellos einer der größten Vorzüge der Demokratie, der, wie die Geschichte zeigt, nicht hoch genug eingeschätzt werden kann. Nur haben die Regierten keinerlei Gewähr, dass die politische Macht durch den Austausch von Cliquen an Kompetentere gelangt. Das ist Glückssache.

Erfolgversprechender wäre es, wenn die Regierten versuchten, schon im Vorfeld den Auswahlprozess zu steuern. Das aber geschieht selten und zumeist recht unzulänglich. Männer und Frauen, die an sich qualifiziert wären, politische Verantwortung zu übernehmen, halten sich oft bewusst abseits. Dafür gibt es vor allem zwei Gründe. Geprägt durch die Erfahrungen, die sie in ihren bürgerlichen Existenzen gesammelt haben, gehen sie davon aus, nur mit profundem Können antreten zu dürfen. Dass Cliquenloyalität ein Ersatz für Können sein soll, erscheint ihnen befremdlich. Zugleich scheuen sie das Ausgeliefertsein, das mit dieser Loyalität einhergeht. Sie fürchten, zu einem Geschöpf der Clique zu werden, die über ihren Aufstieg, aber auch Niedergang befindet. Im Schoß der Clique verblassen eigene Tüchtigkeit und Verdienste. Der Einzelne steigt und sinkt mit ihrem Stern. Dem möchten sich viele nicht aussetzen, vor allem nicht diejenigen, die ihre eigene Spur zu ziehen vermögen.

Ein weiterer häufiger Hinderungsgrund für das politische Engagement Qualifizierter ist der Verlust von Privatheit, der mit der Übernahme politischer Macht einhergeht. Wer in der Politik über die ersten Karrieresprossen hinauskommt, verlässt – ähnlich wie ein Showstar – einen Schutz- und Würderaum, der allen anderen Bürgern ganz selbstverständlich zugestanden wird. Auch wenn dies immer wieder ein Thema ist: Politiker haben keine Privatsphäre. Manchen mag das Befriedigung verschaffen oder sogar Vergnügen bereiten. Es gibt Politiker und Politikerinnen, die in Depressionen verfallen, wenn sie nicht ständig im hellen Licht der Öffentlichkeit stehen.[1] Vielen aber ist der Verlust von Privatheit ein Gräuel, insbesondere weil – abgesehen von Kriegen – nirgendwo in der menschlichen Gesellschaft die Tiernatur des Homo sapiens sapiens dichter unter der Haut liegt als in der Politik. Die Gnadenlosigkeit, mit der mediale Öffentlichkeit und Cliquen, die Cliquen untereinander und die Seilschaften innerhalb von Cliquen sich wechselseitig an die Gurgel gehen, ist mitunter schockierend. Freiwillig machen das nicht viele mit.

Die Folge ist, dass sich Politiker weder aus der ganzen Breite der Bevölkerung noch aus deren qualifiziertesten Schichten rekrutieren. Vielmehr stellen sie eine Auswahl dar, die sich von der übrigen Bevölkerung in einer schwer definierbaren Weise absondert. Elitär ist diese Absonderung nicht. Eher bizarr. Und entsprechend ungestalt ist das Verhältnis von Bevölkerung und Politik. Dieselbe Bevölkerung, die in einer beinahe kindlichen Gläubigkeit von der Politik die größten Wunder erwartet, zögert nicht, sie gleichzeitig mit Hohn und Spott zu überziehen und der Lächerlichkeit preiszugeben.

Wozu Politiker in einer sensationsgierigen Mediengesellschaft herhalten müssen, ist mit der wiederum allen zustehenden menschlichen Würde mitunter unvereinbar. Da sitzen sie dann mit gequälten Gesichtern und lassen Jauchekübel über sich auskippen. Aber sie machen mit. Viele sind bereit, das Unterhaltungsbedürfnis des Publikums – gleichgültig wie degoutant – zu befriedigen. Vor laufenden Fernsehkameras schleppen veritable Minister huckepack fette Weibsbilder durch die Gegend oder schwatzen Abgeordnete von Privatangelegenheiten, die die Öffentlichkeit nichts angehen.

Nach dem Selbstverständnis der westlichen Demokratien soll Politik nicht zuletzt unterhalten. Und sie will es auch.

Unterhält sie nicht, verliert die Bevölkerung schnell das Interesse an ihr. Der Unterhaltungswert entscheidet maßgeblich über Erfolg oder Misserfolg. Was aber eignet sich besser zur Unterhaltung der Massen als Schlüssellochdarstellungen politischer Repräsentanten? Diese halten still. Andernfalls könnten sie als abgehoben angesehen werden, was sie in der Gunst des Publikums tief sinken lassen würde. Dadurch paart sich das ohnehin Locker-Dilettantische der Politik mit Tragisch-Komödiantischem.

Viele Medien fördern das nach Kräften. Unfähig, politische Aufgabenstellungen in der gebotenen Breite und Tiefe zu vermitteln, haben sie sich auf »Ereignisse« verlegt, die durch Personalia kräftig gewürzt werden. Lungerjournalismus. Täglich weiß er von Konflikten, Affären und Skandalen zu berichten, die sich bei genauerem Hinsehen als bloße Meinungsverschiedenheiten oder Nachlässigkeiten entpuppen. Macht nichts. Hauptsache, das politische Klima bleibt aufgeheizt. Wie das geschieht, ist nebensächlich. Und wieder spielen nicht wenige Politiker mit. Um Aufmerksamkeit zu erregen, machen sie sich zum Popanz, und viele von denen, die ihre Tätigkeit kritisch-konstruktiv begleiten und kontrollieren sollen, gebärden sich als johlende und buhende Menge. Gute oder vielleicht sogar anspruchsvolle Politik gedeiht so nicht. Im besten Fall nistet sie sich bei Kleinstgruppen ein.

Ämter und Mandate

Zugleich mit dem Ausloten ihrer politischen Ordnung müssen die Völker des Westens ihr Verhältnis zur Politik ändern. Bislang wird es bestimmt von Gleichgültigkeit und Leichtfertigkeit. Wen kümmert es schon, wer im Land die Strippen zieht und wie sie gezogen werden, solange die Kasse stimmt und alle ihre Ruhe und ein bisschen Spaß haben? Selbst diejenigen, die sich in Parteien engagieren, sind politisch genügsam. Glitzerveranstaltungen mit Showeinlagen und tausend bunten Luftballons betrachten sie als Parteitage,[2] plumpes

Anbiedern als Volksnähe. Nur keine bierernste Politik. Das Leben ist schwer genug.

In der Politik verhalten sich die Völker des Westens wie Reisegesellschaften, die bei Antritt einer Ozeanüberquerung durch Zuruf bestimmen, wer aus ihrer Mitte den Kapitän, wer den Steuermann machen soll und wer die übrigen Mitglieder der Besatzung stellt. Im Glauben, damit alles Erforderliche getan zu haben, begeben sie sich in die Speise- und Ballsäle und lassen es sich wohl sein. Dass oben auf der Brücke niemand ist, der das Schiff sicher zu führen vermag, wird verdrängt. Unter extrem günstigen Bedingungen mag das gut gehen. Verschlechtert sich jedoch das Wetter und ziehen Nebel auf, wird die Fahrt gefährlich.

Das ist die derzeitige Lage des Westens. Verwöhnt durch eine lange Phase hellen Sonnenscheins, hat er sich daran gewöhnt, bei seinem politischen Personal va banque zu spielen. Was machte es schon, wenn der Steuermann nicht steuern oder der Navigator nicht navigieren konnte? Die Ziele waren doch für jedermann deutlich erkennbar, und das Schiff fuhr fast von alleine. Aber dieses schöne Wetter ist vorüber. Will der Westen die Zukunft gewinnen, kann er sich nicht länger auf Zurufe verlassen. Vielmehr muss er die qualifiziertesten Kräfte dafür gewinnen, politische Verantwortung zu übernehmen. Andernfalls erleidet er Schiffbruch.

Sollen politische Ämter und Mandate qualifiziert besetzt werden, muss ihre Bezahlung angemessen sein. Noch wichtiger ist jedoch die Wertschätzung, die die Gesellschaft den von ihr erwählten und gewählten Männern und Frauen entgegenbringt. Gegenwärtig befindet sich diese in den meisten frühindustrialisierten Ländern auf einem Tiefpunkt. Die Politiker sind daran nicht unschuldig. Doch werden sie auch gerne als Sündenböcke missbraucht – die Menschen beladen sie mit ihren eigenen Frustrationen und Unzulänglichkeiten, um sie dann in die Wüste zu schicken.

Im Übrigen muss die Bevölkerung einsehen, dass Politiker, die sich auf Dorffesten und Feuerwehrbällen verschleißen lassen, nur selten für die Lösung schwieriger Sachfragen taugen. Auf jeder Hochzeit mitzutanzen ist kein Ausweis für politische Qualität. Anspruchsvolle Politik erfordert Zeit – und Muße. Die Gesellschaft muss sich entscheiden: Will sie von politisierenden Grüß-Gott-Onkeln und -Tanten geführt werden oder von ernsthaft arbeitenden Männern und Frauen, die bei ihren Wählern gelegentlich auf ein »Grüß Gott« vorbeischauen? Die Ersteren kann sie sich sparen.

Gute Politik setzt ferner voraus, dass Ämter und Mandate nicht zur wirtschaftlich unverzichtbaren Existenzgrundlage derer werden, die sie bekleiden. Denn wenn sie diese Grundlage sind, werden die meisten Politiker denen nach dem Munde reden, die über diese Ämter und Mandate befinden: Parteifunktionäre und Wähler. Politiker verhalten sich hier wie andere Menschen: Welcher Arzt verliert schon gerne seine Approbation, welcher Anwalt seine Zulassung? Darum sollte auch von Politikern nicht erwartet werden, dass sie, die Fahne der Selbstlosigkeit umklammernd, ihre wirtschaftliche Existenz gefährden. »Was sollte ich denn tun? Sie wissen doch, meine Fraktion, mein Wahlkreis …«, heißt es dann oft. Ist das Charakterschwäche? Nur wenige würden anders handeln!

Viele Länder haben versucht, dieses Dilemma durch finanziell großzügige Übergangsregelungen und frühzeitige Versorgungsbezüge zu lösen. Befriedigend ist das nicht. Zum einen hat diese Großzügigkeit den Unmut vieler Wähler geweckt und zu deren Politikerverdrossenheit beigetragen. Zum anderen entstehen auf diese Weise neue Abhängigkeiten. Da soll noch dieser Posten ergattert oder jener Stichtag erreicht werden. Wirksamer ist es, Amt und Mandat von vornherein zu befristen. Politische Ämter sollten in der Regel nicht länger als zwei, Mandate höchstens drei Wahlperioden lang ausgeübt werden. Insbesondere in den USA ist dies gängige Praxis, in anderen Ländern wird darüber diskutiert.[3] Der US-Präsident kann nur einmal wiedergewählt werden. Dann ist Schluss. Wenn überhaupt, sollten die Ausgeschiedenen erst zu einem späteren Zeitpunkt wieder kandidieren dürfen.

Eine solche Regelung stärkt die Unabhängigkeit von Politikern. Acht bis zwölf Jahre sind in der Politik eine lange Zeit, zumal hier mehr Fallstricke ausliegen als anderswo. Auf Lebenszeit angelegte politische Karrieren sind gefährlich. Je länger sie dauern, desto angreifbarer werden viele Politiker. Darüber hinaus eröffnet die Befristung von Ämtern und Mandaten jüngeren Politikern die Möglichkeit, ohne allzu große Schwierigkeiten und um viele Einsichten reicher in ihre früheren Tätigkeitsbereiche zurückzukehren oder Neues zu beginnen. Ältere Politiker hingegen können mit einem großen beruflichen und politischen Erfahrungsschatz beispielsweise für Belange des Gemeinwohls ehrenamtlich zur Verfügung stehen.

Durch eine zeitliche Begrenzung von Amt und Mandat wäre die Politik auch enger mit der Bevölkerung verbunden. Die meisten Politiker würden über umfassende vorpolitische Berufserfahrungen verfügen, und umgekehrt gäbe es in der Bevölkerung zahlreiche Männer und Frauen, die aufgrund eigener Anschauung wüssten, wovon die Rede ist, wenn die Sprache auf Politik kommt. Eine solche wechselseitige Durchdringung von Politik und Gesellschaft ist dringend geboten, wenn die bestehende Entfremdung zwischen beiden überwunden werden soll.

Freilich gebietet eine solche Regelung, dass vom Handwerksbetrieb bis zum Großunternehmen, von der Anwaltskanzlei bis zum Geldinstitut alle Verantwortung für diejenigen übernehmen, die nach Beendigung ihrer politischen Mission in den beruflichen Alltag zurückkehren. Da sich diese Menschen – anders als bisher – zumeist nicht in die Politik drängten, sondern von der Gesellschaft gedrängt würden, müsste diese dafür sorgen, dass den Rückkehrern die beruflichen Türen offen stehen.

Politiker müssen jederzeit die Gewissheit haben, ihr Amt oder Mandat niederlegen zu können, ohne in wirtschaftliche Bedrängnis zu geraten. Sie müssen von der Politik sowohl wirtschaftlich als auch gesellschaftlich unabhängig sein. Eine Gesellschaft, die das nicht zu gewährleisten vermag, wird allenfalls zufällig einmal gut regiert werden. Oft werden ihre Politiker nur Mietlinge sein, die nicht wagen, Unangenehmes auszusprechen und Unliebsames zu tun. Mit solchen Politikern kann der Westen die Zukunft nicht gewinnen.

Bürger

Selbst hochqualifizierte, integre und unabhängige Politiker werden jedoch nur dann erfolgreich sein, wenn ihre Arbeit von einer breiten Schicht mitdenkender, politisch kundiger und engagierter Bürger konstruktiv begleitet wird. An solchen Bürgern herrscht in den westlichen Demokratien empfindlicher Mangel. Im Grunde haben die Völker der frühindustrialisierten Länder die absolutistischen Herrschaftsformen des Feudalstaates noch immer nicht ganz überwunden. Viele sehnen sich unverändert nach gesalbten und gekrönten Häuptern, und manche haben sie ja auch. Demokratisch legitimierte Politiker pflegen nicht selten royalistisches Gepränge. Vor allem aber besteht in der Bevölkerung eine ausgeprägte Neigung, in Kategorien von »die da oben« und »wir hier unten« zu fühlen, zu denken und zu handeln. Die da oben machen ja doch, was sie wollen. Was können wir hier unten schon dagegen tun? Der Untertan neigt sein Haupt, wie er es seit Jahrhunderten gewohnt ist. Die Bevölkerung hat nicht begriffen, dass sie der Souverän ist und deshalb auch die Letztverantwortung für ihr Schicksal trägt.

Der aufgeklärte, mündige Demokrat ist trotz aller politischer Bildungs- und Informationsbemühungen ein Ideal, das hoch über der Wirklichkeit schwebt. In den Niederungen der Realität geht es politisch meist dumpf zu. Markige Sprüche und knatternde Fahnen können diese Dumpfheit kaum kaschieren. Wenn es hoch kommt, rufen wohlmeinende Spender in Großanzeigen die Regierenden auf, dies zu tun und jenes zu unterlassen. Derartige Aktivitäten haben ihren Wert und sind durchaus förderungswürdig. Aber sie sind wohlfeil im Vergleich zu den Anstrengungen, die erforderlich sind, um politische Sachverhalte zu erschließen und zu durchdringen. Über Politik zu schwadronieren ist einfach; über sie sachgerecht zu urteilen schwierig.

Und noch schwieriger ist es, sich für Maßnahmen einzusetzen, die nicht nur abstrakt, sondern konkret vom Einzelnen Opfer fordern. Solche Maßnahmen sind im Westen unumgänglich. Wer aber wirbt für sie, macht sie mehrheitsfähig? Hierzu sind nicht nur viele Politiker zu feige. Auch Bürger, die weder Amt noch Mandat riskieren, entziehen sich dem. Denn sie wissen oder ahnen zumindest: Durch nichts verliert man leichter Freunde und schafft man sich schneller Feinde als durch das Aufzeigen von Unvermeidlichem. So reden alle von der Notwendigkeit ausgeglichener öffentlicher Haushalte und vom Zwang zu sparen. Aber wo sind die Massen, die diese Ziele aktiv fördern? Während es leicht ist, Hunderttausende gegen die Kürzung irgendwelcher Sozialtransfers zu mobilisieren, ist es beinahe unmöglich, auch nur ein paar Dutzend zu bewegen, sich für eine sparsamere Verwendung öffentlicher Mittel einzusetzen. Wie stöhnte unlängst ein deutscher Landesfinanzminister? »Kommen Sie mit 30 000 Demonstranten vor mein Ministerium und fordern Sie größere Sparsamkeit! Nichts täte ich lieber, als dieser Forderung zu entsprechen.«[4] Aber es kommen weder 30 000 noch 3000 noch 300. Die kommen nur, um noch höhere Ausgaben zu verlangen. Deshalb geht alles weiter seinen gewohnten Gang.

Bürgerschaftliches Engagement ist groß, wenn dabei der Bierkrug oder das Cocktailglas nicht abgesetzt werden muss. Fließt bei diesem Engagement gar Geld, finden sich auch immer flinke Fingerchen, die es einklauben. Aber sonst? Würde sich nur ein Prozent der Verbalpolitik zu konstruktiv politischem Handeln verfestigen, lebten die Völker des Westens wahrscheinlich in weitaus besser funktionierenden Gemeinwesen. Nur hat jeder gerade etwas anderes vor. Der eine ist beruflich zu sehr eingespannt, ein Zweiter streicht seine Küchenwände, ein Dritter macht Urlaub, ein Vierter ist dabei, sein Golfhandicap zu verbessern. Für zeitraubende politische Arbeit bleibt da kein Raum. Die sollen andere machen. Wozu zahlen wir schließlich Steuern?

Hinzu kommen »die grässlichen Mitbürger«, die die Arbeit am gemeinen Wohl erschweren. Jeder, so klagt jeder über jeden, zieht in eine andere Richtung. Keine klare Linie. Ja, schlägt denn da keiner mal mit der Faust auf den Tisch? Starke Männer und Frauen oder besser noch *ein* starker Mann oder *eine* starke Frau müssten her und gründlich ausmisten. Hinter deren breiten Rücken ließe sich gut abtauchen. Wer will schon Demokratie – wirkliche, gelebte Demokratie? Wirkliche, gelebte Demokratie ist nämlich mühsam und mitunter schweißtreibend. Sie kostet die Bürger Zeit, Kraft und Geld. Zu diesen Opfern sind viele nicht bereit.

Leichter ist es, auf einen irdischen Erlöser zu hoffen. Diese Hoffnung ist auch in den angeblich so rationalen Demokratien des Westens weit verbreitet. Aber sie ist unbegründet und gefährlich. Sie ist unbegründet, weil es in der Menschheitsgeschichte einen solchen irdischen Erlöser noch niemals gegeben hat. Sie ist gefährlich, weil sie Scharlatanen, Schwätzern und sogar Verbrechern immer wieder den Weg an die Spitze von Gemeinwesen gebahnt hat. Nicht ohne Grund haben die westlichen Demokratien Vorsorge getroffen, dass vermeintlichen Lichtgestalten der Aufstieg in der Politik möglichst erschwert wird. Umso widersinniger ist das Hoffen vieler auf ebensolche Lichtgestalten. Was diese bewirken sollten, bleibt im Verborgenen. Vermutlich ist ihr einziger Daseinszweck, den Hoffenden einen Vorwand zu liefern, eigene Anstrengungen hintanstellen zu können.

Die gigantischen Tragödien Europas im 20. Jahrhundert, seine Diktaturen vom Westen – in Portugal und Spanien – über die Mitte – in Deutschland und Italien – bis hin zum Osten – in der Sowjetunion – waren nur möglich, weil diejenigen, die dies vermocht hätten, sich nicht ernsthaft um die Belange des Gemeinwesens gekümmert haben. Viele waren nur allzu bereit, den haltlosesten Parolen aufzusitzen. Zweifler wurden mit dem Hinweis beruhigt, dass schließlich nichts so heiß gegessen werde, wie es gekocht wird. Fabian von Schlabrendorff, einer der Männer des 20. Juli 1944, berichtete in späteren Jahren, wie er kurz vor der Machtergreifung Hitlers durch Berlin rannte, um Mitstreiter gegen die heraufziehende Katastrophe zu finden. Vergeblich. Alle waren mit anderem beschäftigt.

Der Westen befindet sich heute in einer gänzlich anderen Lage. Nur in einem bestehen unübersehbare Parallelen: Wie damals müssen seine Völker auf der Hut sein! Ihre Lebensbedingungen verändern sich so rasch und dramatisch, dass sie handeln müssen, wenn sie nicht schon bald kieloben treiben wollen. Von Handlungsbereitschaft ist bislang jedoch wenig zu spüren. Nicht auszuschließen ist, dass diejenigen, die weiter sehen und tiefer schürfen und deshalb Verantwortung für das Ganze übernehmen müssten, abermals versagen, weil sie sich der naiven Vorstellung hingeben, irgendwer werde schon das Notwendige veranlassen. Ohne ihr Zutun wird das nicht geschehen!

Die Welt ist in eine Epoche eingetreten, in der die Uhren anders ticken als bisher und viele der überkommenen Spielregeln nicht länger gelten. Die Herausforderung ist immens. Aber sie lässt sich meistern, wenn Bürger nicht nur herumquengeln und nach der schützenden Hand des Staates begehren, sondern selbst aktiv werden. Wenn es jemals Zeiten gibt, in denen Bürger durch ihr politisches Engagement Weichen für die Zukunft stellen können, dann ist die Gegenwart eine solche Zeit.

Ende der Differenzierungen

Nicht nur Europa, nicht nur der Westen, die ganze Menschheit steht an einem Wendepunkt, oder genauer: In der Menschheitsgeschichte beginnt sich ein Kreis zu schließen, der vor 50 000 Jahren seinen Anfang nahm. So gesehen kann durchaus vom Ende der bisherigen Geschichte gesprochen werden. Und zugleich hebt eine neue Geschichte an, von deren Wirkweisen und Verläufen wir nicht die geringste Vorstellung haben, nicht haben können. Von nun an sind wir alle Pfadfinder in unbekanntem Gelände.

Die bisherige Menschheitsgeschichte war eine Geschichte fortschreitender Differenzierung. Mit dem Aufbruch unserer Vorfahren aus ihren ostafrikanischen Ursprungsgebieten und der allmählichen Besiedlung der Erde bildeten sich im Verlauf von einigen Jahrzehntausenden unterschiedliche Rassen, Sprachen, Kulturen, Religionen, politische und wirtschaftliche Ordnungen und anderes mehr. Die Menschen blieben Menschen, aber sie wurden immer verschiedener – Schwarze, Weiße, Gelbe, Rote, Stumpfnasen und Langnasen, Sonnenanbeter und Mondverehrer, Buddhisten und Christen. Die einen sprachen Mandarin, die anderen Latein und wieder andere Olmekisch. Die Menschheit wurde immer farbiger, kulturell vielfältiger. Mitunter erschrak sie darüber. Die Überlieferung des Alten Testaments vom Turmbau zu Babel berichtet von einem solchen Erschrecken. Die Menschen stellten fest, dass sie sprachlich nicht mehr miteinander kommunizieren konnten, an verschiedene Götter glaubten, unterschiedliche Wertsysteme hatten. Trotzdem ging die Differenzierung weiter, ja beschleunigte sich sogar.

Nachdem diese menschheitsgeschichtliche Epoche nunmehr zu Ende gegangen ist, lässt sich mit einiger Sicherheit sagen, dass die Europäer die größten Vorteile aus ihr gezogen haben. Jedenfalls gilt das für die Schlussphase. In dieser Phase genoss die weiße Rasse eine Art Vorrangstellung. Sie verfügte über die fortgeschrittenste Technik und eine hochentwickelte Kultur; sie lebte in funktionsfähigen Gemeinwesen und hatte Zugang zu fast allen Ressourcen dieser Welt. Kurz: Alles war bereitet für die große europäische Expansion der zurückliegenden fünfhundert Jahre.

Allerdings leitete diese Expansion auch das Ende dieser die Europäer so begünstigenden Differenzierungsperiode ein. Wieder einmal bestätigte sich, dass jede Entwicklung die Ursachen ihres Niedergangs von Beginn an in sich trägt und die Frage daher nur lauten kann: Geht sie an ihren Erfolgen oder an ihren Misserfolgen zugrunde? Das europäische Zeitalter, das ist mittlerweile offensichtlich, erschöpfte sich an seinen Erfolgen. Indem sich die Europäer über den ganzen Globus ausbreiteten, beendeten sie den Differenzierungsprozess, der ihren Aufstieg ermöglicht hatte.

Als Erstes rissen sie die Paarungsbarrieren nieder, ohne die die heutige Rassenvielfalt wahrscheinlich nie hätte entstehen können.[5] So sind gegenwärtig bis zu 75 Prozent der Südamerikaner Mischlinge, die aus Verbindungen zwischen Weißen und Indianern sowie Weißen und Schwarzen hervorgegangen sind – Mestizen und Mulatten.[6] Und zusammen mit ihren Genen verbreiteten die Europäer ihre Sprachen, ihre Religion, ihre Kultur, ihre Produktionsweisen. Nicht sie lernten Aztekisch, die Azteken lernten – sofern sie dazu noch Gelegenheit hatten – Spanisch; nicht die Europäer ließen sich in den Künsten afrikanischer Medizinmänner unterweisen, sie unterwiesen diese.

Doch das war nur das Vorspiel. Der Schlussakt der menschheitsgeschichtlichen Differenzierungsphase findet jetzt statt. Die babylonische Sprachverwirrung weicht einem Verschnitt aus einem halben Dutzend europäischer Sprachen, genannt Englisch. Die traditionellen Weltreligionen werden verdrängt von Synkretismen, das heißt von Mixturen aus verschiedenen Religionen, Weltanschauungen und Philosophien. Kein Mensch vermag mehr an der Architektur zu erkennen, ob er sich in Asien, Afrika oder Amerika befindet. In den großen Konzertsälen und Opernhäusern der Welt wird weitgehend die gleiche Musik gespielt, werden die gleichen Opern aufgeführt. Die industrielle Fertigung folgt überall den gleichen Vorgaben und Normen, und auch die Erbringung von Diensten ist weitgehend standardisiert. Dass zugleich die Bemühungen zunehmen, Ursprüngliches, Bodenständiges, also Unterschiede zu erhalten, zeigt nur, dass diese keineswegs mehr gesichert sind.

Denn in der Tat: Der Mensch vermindert nicht nur in rasender Geschwindigkeit die Vielfalt von Flora und Fauna, er vermindert auch seine eigene einst entstandene Vielfalt. In jedem Jahr stirbt nicht nur eine große Zahl von Tieren und Pflanzen für immer aus. Es gehen auch zahlreiche Sprachen, Kulturen, Wertsysteme sowie Wissens- und Könnensschätze unwiederbringlich verloren. Jeder kann das in seinem unmittelbaren Erfahrungsbereich beobachten. Mit dem Tod des letzten maltesischen Instrumentenbauers drohte auch die maltesische Musik unterzugehen. Sie kann auf Keyboards und Elektrogitarren nicht gespielt werden. Einige Privatleute haben diesen Untergang vorerst verhindert. Aber für wie lange? Bei Tieren und Pflanzen, bei Sprachen und Kulturen stellt sich die bange Frage: Was gewährleistet die Stabilität des Naturhaushalts, was die des Kulturhaushalts, was befruchtet diese Haushalte und sichert so ihre Fortentwicklung, wenn der Mensch in allen seinen natürlichen und kulturellen Bezügen einer Monokultur entgegenstrebt?

Solche Ängste mögen verfrüht oder übertrieben sein. Grundlos sind sie nicht. Gerade die Angehörigen der sogenannten gebildeten Schichten bedienen sich mittlerweile einer Sprachpampe, die eine differenzierte Kommunikation und Gedankenführung außerordentlich erschwert, wenn nicht sogar unmöglich macht. Weithin drohen sprachliche Fähigkeiten, um nur einen Lebensbereich zu benennen, auf SMS-Niveau abzusinken. Wie alles hat auch das Ende der immer subtileren und mitunter vielleicht auch künstlichen Differenzierung zwei Seiten. Eine Welt, die zunehmend nur noch über einen Leisten geschlagen wird, ist transparenter und einfacher zu verstehen als eine Welt vielfältiger Abstufungen und Unterschiede. Jeder ist überall zu Hause und nirgendwo richtig. Wen interessiert da noch, was »danke« auf Japanisch oder »bitte« auf Russisch heißt? Mit einem munteren »hi« auf den Lippen, gesprochen »hei«, kommt man durch die ganze Welt. Aber diese Welt ist karger und ärmer, als sie einst war. Stellenweise ist sie sogar bereits steril, zu Deutsch: unfruchtbar, ertraglos, keimfrei.

Schulterschluss der Europäer

Ob die sich ausbreitende Monokultur den Europäern und darüber hinaus dem Westen insgesamt ebenso zuträglich sein wird wie die bisherige Differenziertheit und Vielfalt, wird sich zeigen. Sehr wahrscheinlich ist dies jedoch nicht. Unterschiedlichkeit war in der Vergangenheit die Trumpfkarte der Europäer. In einer immer unterschiedsloseren Welt hingegen werden schiere Quantitäten an Bedeutung gewinnen. Mit ihnen können die Europäer nur noch mäßig punkten.

Zwar werden sie auch in Zukunft weit überproportional zur globalen Wertschöpfung beitragen. Im internationalen Vergleich wirtschaften sie weiter auf einer Turmspitze. Doch neben der Wirtschaftskraft spielen bei der Gewichtung von Völkern und Regionen eben auch so archaische Faktoren wie die Bevölkerungszahl und die Altersstruktur eine Rolle. Die Luxemburger beispielsweise können noch so tüchtig sein. Ihre Stimme klingt im europäischen Chor dünner als die der Deutschen, Briten oder Franzosen. Oder die Russen mögen wirtschaftlich noch so ineffizient sein. Weil sie so viele sind, wird ihre Stimme immer gehört. Das mag man als ungerecht empfinden. Aber so ist die Lebenswirklichkeit. Gehen fünfhundert Betriebe mit jeweils zwanzig Arbeitnehmern den Bach hinunter, kräht kein Hahn danach. Trifft es ein Unternehmen mit 10 000 Beschäftigten, steht das Land Kopf. Die Magie der großen Zahl.

Wenn um das Jahr 2050 der Anteil der Europäer an der Weltbevölkerung auf voraussichtlich sieben Prozent geschrumpft sein wird, werden sie in einer Welt zunehmend Gleicher wohl weiterhin deutlich vernehmbar, aber nicht mehr tonangebend sein. Ihre Stimme wird wesentlich verhaltener sein, als sie es in der Vergangenheit war und auch heute noch ist. Bevölkerungsmäßig werden sie auf der Welt ein ähnliches Gewicht haben wie heute die Ukrainer in Europa – nicht unbedeutend, aber auch nicht entscheidend.

Hinzu kommt, dass mindestens ein Siebtel, möglicherweise aber auch ein Sechstel der Bevölkerung Europas um 2050 keine europäischen Wurzeln mehr haben wird. Das gilt nicht nur für Randgebiete, namentlich im Süden und Osten, sondern für den gesamten Kontinent. Europa wird in den kommenden Jahrzehnten – gesteuert oder ungesteuert – erheblich asiatischer und afrikanischer werden. Die einstige Europäisierung der Welt war keine Einbahnstraße! Der Gegenverkehr strömt und hinterlässt tiefe Spuren. Die Europäer werden nicht nur ihre Mentalitäten, sie werden auch ihr Aussehen ändern.

Auch werden sie sich mehr und mehr auf ihren angestammten Kontinent zurückziehen. Die einst ausgeschwärmte Verwandtschaft kann schwerlich noch den Europäern zugerechnet werden. Sie geht längst ihre eigenen Wege und durchläuft ihre eigenen, tiefgreifenden Metamorphosen. Australien und mittelfristig vermutlich auch Neuseeland werden wieder asiatisch werden. In weiten Teilen Südamerikas ist mit einer Marginalisierung der europäischen Auswanderer und ihrer Nachkommen zu rechnen. Und auch in Nordamerika wird sich die Bevölkerung ethnisch und kulturell deutlich wandeln. Es sind nicht mehr nur Kinder und Enkel indischer Einwanderer, die an US-amerikanischen Spitzenuniversitäten lehren. Es sind Inder, geboren, aufgewachsen und geprägt in Indien, die ihre Sicht- und Verhaltensweisen an die Studenten weitergeben.

Ob und inwieweit der Vorstoß der Europäer über den Ural hinaus von Dauer sein wird, ist ebenfalls zweifelhaft. Gegenwärtig leben auf den rund zehn Millionen Quadratkilometern sibirischen Bodens, das entspricht der Fläche ganz Europas, etwa 25 Millionen Europäer – die Mehrzahl von ihnen auf einem schmalen Landstrich entlang der Transsibirischen Eisenbahn. Dieser Verkehrsweg, den das zaristische Russland wie eine Lanze 7500 Kilometer tief durch Asien rammte, wird kaum ausreichen, um eine größere Zahl von Europäern dort zu halten. Entweder diese ziehen sich wieder zurück, oder sie werden selbst zu Asiaten werden. Reiche Bodenschätze werden daran wenig ändern.

Eine solche Entwicklung ist umso wahrscheinlicher, als die Russen von allen Großvölkern Europas am schnellsten dahinschmelzen. Ihr heute gelegentlich noch zur Schau gestelltes Großmachtsgehabe ist kaum mehr als ein Nachhall, der bis auf weiteres von ihrem Atomwaffenarsenal verstärkt wird. Das allerdings verrottet. Spätestens in der Mitte dieses Jahrhunderts, wahrscheinlich aber früher, dürfte Russland mit seiner stark ausgedünnten und sehr alt gewordenen Bevölkerung zu solchem Gehabe keine Kraft mehr haben. Stattdessen wird es den engen Schulterschluss mit den übrigen Europäern suchen. Und diese sollten sich dem nicht entziehen. Denn bei einem allzu geschwächten Russland könnte sogar der Ostrand Europas enteuropäisiert werden.

Westeuropa trägt für diesen Raum Mitverantwortung. Denn im Westen liegt auch künftig das Kraftfeld dieses Kontinents. Zwar ist zu erwarten, dass Mittel- und wohl auch Osteuropa an die westeuropäischen Länder heranwachsen. Dass sie diese jedoch – wie manche Auguren meinen – in absehbarer Zukunft ein- oder gar überholen werden, ist eine substanzlose Spekulation. Noch ehe ihre Volkswirtschaften richtig in Schwung kommen, werden nämlich ihre Bevölkerungen welken – und dies stärker als im Westen.

Europa muss sich also beeilen, wenn es sein ökonomisches Gefälle verringern will. Voraussetzung hierfür ist, dass der Osten über Jahre weitaus dynamischer wächst als der Westen Europas. Dieser sollte das nicht als Bedrohung und noch nicht einmal als Herausforderung ansehen, sondern alles unternehmen, um die unterschiedliche Schrittgeschwindigkeit für eine Weile aufrechtzuerhalten. Kleinliche Eifersüchteleien sind fehl am Platze.

Je gleicher die Wirtschaftskraft der Europäer ist, desto größer werden ihre sonstigen Gemeinsamkeiten, ihre Bedürfnisse und Interessen sein. Deshalb ist es falsch, in diesem zusammenwachsenden Europa zum Beispiel den freien Fluss von Arbeit durch Entsenderichtlinien und ähnliche Instrumente hemmen zu wollen. Die Arbeitskräfte müssen so ungehemmt wie möglich zirkulieren können, damit Mittel-

und Osteuropa in absehbarer Zeit ihre historischen und strukturellen Rückstände aufholen können. Und das müssen sie, auch wenn es Westeuropa auf eine harte Probe stellt. Denn Europa wird den globalen Umbruch nur gemeinsam bestehen. Oder gar nicht.

Friedfertiger Westen

Der Westen hält sich viel auf seine Friedfertigkeit zugute. Von ihm, so heißt es, wird nie wieder Krieg ausgehen. Vielleicht ist dabei das Wort »nie« ein wenig kühn. Wer weiß schon, was in einigen Generationen sein wird. Doch im Übrigen ist diese Versicherung durchaus glaubwürdig. Die Gefahr von Kriegen, wie sie seit Menschengedenken getobt haben, ist in der westlichen Welt und darüber hinaus jetzt und in absehbarer Zukunft tatsächlich gering.

Allerdings ist diese Friedfertigkeit nicht die Frucht höherer Einsicht, größerer Weisheit oder gar tieferer Menschlichkeit. Sie ist auch nicht, jedenfalls nicht vorrangig, das Ergebnis einer klugen Sicherheitspolitik. Vielmehr ist sie Folge teils brutaler, teils banaler, aber wahrscheinlich gerade deshalb umso wirksamerer Entwicklungen und Geschehnisse, die der Westen in den zurückliegenden Jahrhunderten durchlebt und durchlitten hat.

Namentlich Europa wurde vor allem durch die beiden Weltkriege des 20. Jahrhunderts bis in sein Innerstes ausgeglüht. Was in diesen beiden Kriegen geschah, das Ausmaß an Vernichtung und Zerstörung, Elend und Tod, überbot alles, was sich die Menschheit bis dahin an Unsäglichem angetan hatte. Von sämtlichen Kriegstoten der Geschichte entfallen auf diese zwei Konflikte schätzungsweise mehr als sechzig Prozent.[7] Alle übrigen Schrecken des Krieges kommen hinzu.

Im Ersten Weltkrieg fielen 8,5 Millionen Soldaten, 21 Millionen wurden verwundet, knapp 8 Millionen gerieten in Kriegsgefangenschaft oder blieben vermisst. Viele Völker quälten sich durch lange Jahre des Hungerns und der Entbehrungen, die ungezählten weiteren Menschen den Tod brachten. Noch viel grausamer war die Bilanz des Zweiten Weltkrieges. Er forderte unter der Zivilbevölkerung und den Soldaten mindestens 62 Millionen Tote: etwa 27 Millionen in der Sowjetunion, jeweils reichlich 5 Millionen in Deutschland und Polen sowie jeweils knapp 2 Millionen in Japan und Jugoslawien, um nur die am härtesten betroffenen Opferländer zu nennen. Weitere rund 20 Millionen Menschen mussten flüchten, wurden vertrieben oder verschleppt.[8] Und vom Rhein bis an die Wolga glich Europa einem Trümmerfeld. Etwas auch nur annähernd Ähnliches hatte es zuvor nie gegeben. Zurück blieben nicht nur kriegstraumatisierte Individuen, sondern auch kriegstraumatisierte Völker.

Seitdem ist der Krieg für viele Europäer und wohl auch Japaner nicht mehr Teil des menschlichen Handlungsspektrums. Sie können und wollen nicht mehr zwischen guten und schlechten, gerechten und ungerechten Kriegen unterscheiden. Für sie ist jeder Krieg gleich mörderisch. Politiker, die diese Sichtweise teilen, können gewiss sein, große Bevölkerungsteile, nicht selten sogar die Mehrheit, hinter sich zu scharen.

Das ist ein wesentlicher Unterschied zwischen Europäern und US-Amerikanern. Letztere haben sich seit ihrem Bürgerkrieg in der ersten Hälfte der 1860er Jahre immer nur mit Expeditionskorps an den Kriegen dieser Welt beteiligt, und keiner von ihnen hat jemals ihr Land erreicht.[9] Auch blieb die Zahl ihrer Kriegstoten überschaubar: wenige im Ersten Weltkrieg, 318 000 im Zweiten Weltkrieg, 54 000 im Koreakrieg, etwa 50 000 im Vietnamkrieg. Wenn Europäer und US-Amerikaner über Krieg reden, beziehen sie sich mithin auf zwei grundlegend unterschiedliche Erfahrungen – die einen reden von einem existentiellen Trauma, die anderen von einem militärischen Engagement.

Aber selbst wenn das Trauma der Europäer im Laufe der Zeit abklingen sollte, wird das ihrer Friedfertigkeit keinen Abbruch tun. Denn die westlichen Länder, ganz sicher aber

Europa und Japan, sind für Kriege und selbst für begrenzte militärische Konflikte mittlerweile zu alt und insgesamt auch zu wohlhabend geworden. Sie können gar keine Kriege mehr führen – physisch nicht und erst recht nicht psychisch. Bevölkerungen, in denen schon bald fast jeder zweite Erwachsene das sechzigste Lebensjahr erreicht haben und sich etwa jeder fünfte im Greisenalter befinden wird, sind immer weniger gewaltbereit und -fähig.

Möglicherweise ist dies der größte Vorzug alternder Gesellschaften. Sie mögen verdrießlich und zänkisch sein. Gewalt als Mittel zur Durchsetzung, aber auch zur Verteidigung eigener Interessen scheidet für sie weitgehend aus. Die Statistik belegt das. Mit steigendem Durchschnittsalter einer Bevölkerung und wachsendem Altenanteil sinkt die Wahrscheinlichkeit gewaltsamer Auseinandersetzungen – im Inneren[10] wie nach außen.[11] Deshalb kann die Welt im Blick auf die Europäer und können die Europäer untereinander sicher sein: Dieser Kontinent ist ein dauerhafter Hort des Friedens.

Europa ist aber auch deshalb ein Hort des Friedens, weil viele viel zu verlieren haben. Um Kriege führen zu können, muss ein Volk nicht nur jung, viele müssen auch hungrig sein. Noch in der ersten Hälfte des 20. Jahrhunderts war dies im Westen der Fall. Heute gilt es nicht mehr. Jetzt sperrt sich die Mehrheit, ihren Wohlstand der Gefahr des Verlustes durch militärische Konflikte auszusetzen. Sie will das Erworbene schützen und bewahren, nicht zuletzt, weil sie alt geworden ist.

Kriegstraumata, Alter, Wohlstand: Sie reichen aus, um Völker friedfertig sein zu lassen. Hinzu kommt die Ideologie des Westens, der Individualismus. Je tiefer Gesellschaften diese Ideologie verinnerlicht haben, desto schwerer fällt es ihnen, Ziele aufzuzeigen, die die kollektive Anstrengung eines Krieges plausibel erscheinen lassen. Das umso mehr, als diese Ziele einen höheren Rang einnehmen müssen als der Erhalt des individuellen Lebens. Solche Ziele sind in individualistischen Gesellschaften kaum auszumachen. Freiheit?

Menschenwürde? Demokratie? Vaterland? Für welchen dieser Werte ist ein Individualist bereit, gegebenenfalls sein Leben zu opfern? Sein höchstes Gut ist das eigene Leben. Ohne dieses Leben zählt nichts.

Die westlichen Demokratien sind von diesem Geist durchdrungen. Sie haben nichts mehr, für das es sich zu sterben lohnt, auch wenn sie das weder vor sich noch vor der Weltöffentlichkeit zugeben können und wollen. Zumindest der Anschein von Wehrfähigkeit und -bereitschaft muss gewahrt bleiben. Kommt es dennoch zu gewaltsamen Konflikten, greifen Regierungen und Militärs gerne auf Freiwillige und mitunter auch ausländische Söldner zurück. Den regulären Streitmächten wollen sie das Streiten nicht mehr zumuten. Aber auch die Freiwilligen ziehen nur los, wenn sie nach menschlichem Ermessen heil wieder zurückkehren werden. Das macht bewaffnete Konflikte für den Westen so teuer. Militärexperten haben errechnet, dass sich die Kosten von Kriegen fast exponentiell erhöhen, wenn die Zahl eigener Opfer auch nur geringfügig vermindert werden soll. Aber so ist das in individualistischen Gesellschaften. Anders als früher will niemand mehr auf dem »Feld der Ehre« sein Leben lassen. Mit solchen »Ehrenfeldern« haben individualistische Gesellschaften nichts im Sinn.

Verstärkt wird diese Haltung durch die große Transparenz moderner Kriege. Für Heldentum und Großtaten haben kalte Kameras kein Auge. Der Schrecken, der durch sie in jedem Wohnzimmer verbreitet wird, ist nur erträglich, wenn die Wahrscheinlichkeit, dass es einen selbst oder einen Angehörigen trifft, deutlich geringer ist als die Wahrscheinlichkeit eines Verkehrsunfalls. Sedan oder Verdun, Stalingrad oder Hiroshima wären so nicht möglich gewesen, wenn über sie in gleicher Weise berichtet worden wäre wie über den Irak – und zwar auf beiden Seiten. Die Völker hätten sich entsetzt abgewandt, Sieger wie Besiegte.

Und friedfertig sind die Völker des Westens schließlich auch deshalb, weil sie keine Kriegsziele mehr haben. Das gilt uneingeschränkt für Angriffskriege. Während des längsten

Teils der Menschheitsgeschichte suchten expandierende Völker Raum für sich und ihre Nachkommen: fruchtbare Böden, satte Weidegründe, später auch Bodenschätze. Aber heute? Viele Völker Europas und die Japaner sind dabei, an Zahl abzunehmen. Schon bald werden bei ihnen Landstriche veröden. Und Bodenschätze? Die mit Abstand wichtigste Ressource moderner Volkswirtschaften besteht aus Wissen und Können. Sollen in künftigen Kriegen Patentämter gestürmt werden? An deren Schätze kann man einfacher gelangen.

Wozu also Krieg führen? Für die Verteidigung des eigenen Landes! Aber gegen welchen Angreifer? Innerhalb Europas ist weit und breit keiner zu sehen. Auch die USA und Japan sind nicht gefährdet. China und Indien scheiden als Aggressoren bis auf weiteres aus. Ebenso der Nahe und Mittlere Osten. Zu Recht bezeichnet daher der Westen seine gelegentlichen Militäraktionen als »Peace-Keeping«, »Friedenserhaltung«. Dieser Begriff ist nicht nur Euphemismus. Vielmehr trägt er einer veränderten Wirklichkeit Rechnung: Friedenserhaltung statt Kriegführung. Dazwischen können Welten liegen.

Potentiale

Die Völker des Westens leben zumeist in Regionen, die zu den schönsten und fruchtbarsten der Erde gehören. Gutes Wasser gibt es reichlich, und keiner braucht zu hungern. Das Klima ist im Allgemeinen gesund, angenehm und anregend.

Sie achten die Würde des Menschen und dessen Freiheitsrechte. Sie verfügen über gut funktionierende Staats-, Rechts- und Sozialwesen. Der Schutz der Umwelt hat einen hohen Rang. Wissenschaft und Kunst blühen.

Sie sind überaus produktiv. Sie erwirtschaften weit mehr als andere Völker und genießen einen historisch beispiellosen Massenwohlstand. Ihr Erwerbstätigenanteil ist im internationalen Vergleich hoch. Ihre Länder haben zuverlässige und leistungsfähige Infrastrukturen. Niemand leidet existentielle Not.

Sie sind arbeitsam, ideen- und erfindungsreich. Ihre Erwerbsbevölkerungen sind mehrheitlich gut qualifiziert. Viele ihrer Schulen und Universitäten haben ein hohes Niveau. Manche sind Weltspitze.

Alles in allem sind die Völker des Westens mit ihrem Leben zufrieden.

Doch zugleich stellen die Völker des Westens einen zügig abnehmenden Anteil an der Weltbevölkerung. In zahlreichen Ländern stagniert ihre Bevölkerungszahl, in manchen schrumpft sie bereits. Sie sind durchsetzt von starken Gruppen nicht integrierter Zuwanderer.

Sie altern rapide. Ihr Jugendanteil schwindet, ihr Altenanteil wächst.

Sie sind wohlstandsverwöhnt und anspruchsvoll, materialistisch und egoistisch, verspielt und gelangweilt, wehleidig und ängstlich.

Sie sind staatsgläubig und überreglementiert, oft hoch verschuldet und mit Soziallasten überfrachtet.

Sie leiden unter einem Mangel an ertragreicher Arbeit und der sich weitenden Kluft zwischen Arm und Reich.

Sie sind politisch apathisch und nicht selten schlecht regiert.

Alles in allem sind die Völker des Westens vergangenheitsverhaftet.

Das alles sind Elemente der facettenreichen und schillernden Wirklichkeit des Westens, die in den einzelnen Ländern unterschiedliche Verbindungen eingehen. Dabei werden in dem einen Land stärker diese und in dem anderen Land stärker jene Elemente wirksam. Aber fast überall finden sich alle. Die Verbindungen, die sie eingehen, sind allerdings nicht sehr beständig. Länder, die eben noch erfolgreich waren, können sich schon kurze Zeit später in erheblichen Turbulenzen befinden. Japan ist hierfür ein Beispiel. Die Bücher, die den unaufhaltsamen Siegeszug dieses Landes verkündeten, waren noch druckfrisch, als dessen Niedergang einsetzte.

Großbritannien ist ein Gegenbeispiel. Vom kranken Mann Europas stieg es innerhalb einer historisch kurzen Zeitspanne zu den wirtschaftlich erfolgreichsten Ländern auf.

Das aber sind Momentaufnahmen. Auf künftige Entwicklungen lassen sie nur bedingt schließen. Hier gilt Ähnliches wie bei Anlagefonds, bei denen zu Recht davor gewarnt wird, aus bisherigen Ergebnissen Erwartungen für die Zukunft abzuleiten. Die Zukunft erwächst nicht aus Momentaufnahmen, sondern aus den grundlegenden Potentialen einer Gesellschaft sowie Ereignissen, die schlechterdings nicht vorhersehbar sind. Vernünftigerweise können nur die Potentiale aufgespürt werden. Was darüber hinausgeht, ist Lesen im Kaffeesatz. Was also sind die Potentiale des Westens? Welche werden Bestand haben, sich entfalten, verkümmern? Einiges liegt hier offen zutage. Über anderes befinden Wahrscheinlichkeiten.

Privilegiert durch Natur und Kultur

Ganz offen zutage liegt die außerordentliche Begünstigung der Völker des Westens durch die sie umgebende Natur, durch ihre Geographie, Geomorphologie und Topographie sowie ihr Klima. Vieles von dem, was sie sich als Verdienst zurechnen, ist in Wahrheit eine Gunst ihres Siedlungsraums. Durch ihn sind sie gegenüber einem großen Teil der Menschheit hochprivilegiert. Diese Privilegierung verdanken sie schicksalhaften Wanderungsbewegungen, die teils vor mehreren tausend, teils vor wenigen hundert Jahren stattfanden. Sie sind deren Nutznießer. Mehr nicht.

Die Völker des Westens neigen dazu, diese Privilegierung entweder überhaupt nicht mehr als solche wahrzunehmen oder ihre Bedeutung gering zu achten. Ihnen ist nicht bewusst, dass sie nie geworden wären, was sie heute sind, wenn ihre Vorfahren nicht nach Europa und in die besten Teile Nordamerikas oder Australiens, sondern nach Kurdistan oder in die Mongolei gewandert wären. Doch dank der von den Vorfahren eingeschlagenen Richtung besiedeln heute die Völker des Westens vor allem die Filetstücke dieser Erde, während die entferntere Verwandtschaft oft mit Knochen und Sehnen vorlieb nehmen muss. Darüber ist nicht zu räsonieren. Die Würfel sind gefallen. Nur sollte die Einsicht in ihre Privilegierung die Völker des Westens veranlassen, der übrigen Menschheit mit etwas mehr Verständnis für deren Nöte zu begegnen.

Durch günstige Fügungen bekommt der Westen vieles geschenkt, worum andere hart ringen müssen. Wasser zum Beispiel, massenhaft Wasser. Schon wieder Regen, klagen die meisten Europäer und Nordamerikaner. Die alte Kuwaiterin, die ihren Sohn in Hamburg besucht, sieht das anders. Kein Guss, bei dem sie nicht auf den Balkon tritt und jauchzt: Schon wieder Regen, was für ein gesegnetes Land! Oder Zugänge zum offenen Ozean. Vielen Menschen sind sie verschlossen. Nicht so den Europäern und zahlreichen anderen Menschen des Westens. Die meisten leben allenfalls wenige Autostunden vom Meer entfernt, und nur eine Hand voll zumeist kleinerer europäischer Staaten hat keine eigenen Seehäfen. Wohl spielen diese heute nicht mehr die gleiche Rolle wie vor Beginn des Luftverkehrs. Dass sie jedoch keineswegs bedeutungslos geworden sind, zeigt sich heute in China und Indien, wo wirtschaftliche Impulse erneut von den Küstenregionen ausgehen.

Oder die Geomorphologie. Ein Blick auf den Globus genügt. Dieses einzigartige Sammelsurium von Inseln und Halbinseln an der Nordwestkante Eurasiens ist Europa. Menschengemäßer kann ein Erdteil nicht gemacht sein. Während sich andere Völker in weiten, wenig strukturierten Räumen verlieren, sind vor allem den Westeuropäern von der Natur feste Rahmen vorgegeben, innerhalb derer sie ihre kulturellen und wirtschaftlichen Eigenheiten und Stärken entwickeln konnten und können – Voraussetzung für einen fruchtbaren Wettbewerb.

Anstatt sich ständig über seine Rohstoffarmut auszulassen – ein Befund, der übrigens recht neuen Datums ist –, sollte sich der Westen wenigstens gelegentlich seiner Begünstigung durch die Natur erinnern. Denn was immer die globalen Veränderungen sind und sein werden, was immer die Zukunft bringen mag – an diesen Vorteilen vermag nichts zu rütteln. Sie sind den Völkern des Westens sicher.

Und ein Weiteres ist ihnen, vor allem den Europäern, sicher: ein unbeschreiblich reiches kulturelles Erbe. Zwar bedarf dieses Erbe der ständigen Neuerschließung und Pflege. Aber mit mäßigem Aufwand können die Europäer tagtäglich Schätze heben, deren Wert denjenigen von Kohle, Eisenerz oder Öl vermutlich übersteigt. Doch auch diese Schätze sind den meisten, ähnlich wie ihre Begünstigung durch die Natur, kaum gegenwärtig.

Dazu tragen die Indikatoren bei, mit denen im Westen Wohlstand gemessen wird. Sie erfassen fast ausschließlich die momentane materielle Wertschöpfung und allenfalls noch den derzeitigen Bildungs- und Gesundheitszustand sowie die Säuglingssterblichkeit. Hierüber eine Vorstellung zu haben und solcherlei Daten international vergleichen zu können ist interessant und nützlich. Nur wird der wirkliche Wohlstand eines Volkes oder einer Region mit diesen Indikatoren nur zu Bruchteilen erfasst.

Zu diesem Wohlstand gehören nämlich auch der jahrhundertealte, sorgfältig mit Steinplatten ausgelegte Saumpfad hoch oben im Apennin, das dichte Netz von Orchestern und Theatern, das Deutschland noch immer überzieht, die vielen antiken Tempelanlagen innerhalb und außerhalb Griechenlands und Italiens, die Werke der flämischen Malerschule, die bulgarischen Klosteranlagen oder die Künste der traditionsreichen französischen Küche. Eine Wohlstandsrechnung, in der für diese Art Wohlstand kein Raum ist, die die Kathedralen von York, Amiens oder Wien nicht zu erfassen vermag, nicht die festgefügten mittelalterlichen Berner Bürgerhäuser, die Loireschlösser oder die maurische Pracht Sevillas, ist in der Tat ein lückenhaftes Rechenwerk.

Die Europäer brauchen sich deshalb auch nicht zu grämen, wenn ihre ausgewanderten Cousins und Cousinen immer wieder einmal höhere wirtschaftliche Wachstumsraten haben als sie selbst. Die brauchen die Verwandten, wenn sie das kulturelle Erbe, das die Geschichte dem heutigen Europa in den Schoß geworfen hat, auch nur ein wenig ausgleichen wollen. Wie lang ihr Weg ist, zeigt ein Besuch ihrer Länder. Man muss weit reisen, ehe sich die Sinne an einem Kulturgut festmachen können. Freilich kann man von einem solchen Gut nichts abbeißen. Aber es ist umgekehrt auch nicht durch Berge von Fleischklopsen und Seen von Softdrinks zu ersetzen. Der Mensch als Natur- und Kulturwesen braucht beides. Sonst wird er zu einem Kümmerwesen.

Das sind die beiden stabilen Säulen, auf denen der Wohlstand der frühindustrialisierten Länder ruht: ihre von der Natur überaus begünstigten Siedlungsräume und ihre in langen Zeiten gewachsene Kultur. Alle weiteren Säulen sind im Vergleich zu diesen beiden labil. Ihre Standfestigkeit hängt ab von kaum steuerbaren überregionalen bis globalen Entwicklungen, Stimmungen, Meinungen, Personen und nicht zuletzt oder sogar ganz entscheidend von Zufällen: die Standfestigkeit von technischem Fortschritt, Wirtschaftswachstum, sozialer Sicherheit, aber auch von politischen, wirtschaftlichen und sozialen Ordnungen und selbst dem Bevölkerungsaufbau. Was wirkt hier auf den Westen ein?

Entgrenzt

Das Dilemma des Westens lässt sich in einem knappen Satz zusammenfassen: Während er im Inneren weithin vermorscht, wächst der Druck von außen. Dieser wachsende Außendruck, der den Westen presst, dehnt und knetet, ist eine Folge der globalen Grenzenlosigkeit. Mit ihr ergeht es den Völkern der frühindustrialisierten Länder ähnlich wie mit dem Menschheitstraum langer individueller Leben. Jetzt, da dieses Ziel immer näher rückt, stöhnen sie: Wohin mit den vielen Alten? Ebenso ist Grenzenlosigkeit ein Menschheitstraum. Ewig. Allgegenwärtig. Allmächtig. Weg mit allen Einengungen, Beschränkungen, Handelsbarrieren. Jetzt, da dieser Traum beginnt, Wirklichkeit zu werden, heben viele erschrocken die Hände. Das haben sie nun auch wieder nicht gewollt. Gedankenlos hatten sie und ihre politischen Führungen jahrzehntelang etwas dahergeplappert, dessen Bedeutung sie nicht verstanden. Grenzenlosigkeit.

Zwar hätten sich auch ohne dieses Geplappere viele Grenzen aufgelöst. Die Zeit war reif dafür. Aber die Völker des Westens wurden darauf nicht gezielt und von langer Hand vorbereitet. Vielmehr war meistens nur von den Segnungen dieses Wandels die Rede, nicht von seinen Lasten. Verantwortungsvoll wäre gewesen, wenn Politik, Wirtschaft und Wissenschaft unmissverständlich klar gemacht hätten, dass die Beseitigung von Grenzen, insbesondere wenn dies global geschieht, wie vieles andere janusköpfig ist. Vielen Menschen bringt sie Gewinn. Manchen aber auch Verlust. Das gilt vor allem für die Völker der frühindustrialisierten Länder. Sie werden von dem hohen Ross, auf dem sie generationenlang gesessen haben, unsanft heruntergeholt. Von nun an müssen sie wie die anderen zu Fuß gehen. Viele kommt das hart an. Sie sind an anstrengende Fußmärsche nicht mehr gewöhnt.

Generationenlang waren die frühindustrialisierten Länder umgeben von einem unsichtbaren und dennoch höchst wirksamen Wall. Alles, was ihnen gut tat, konnte von außen nach innen dringen; was ihnen abträglich war, wurde ausgefiltert. Das Material, aus dem dieser Wall bestand, waren die Wissens- und Könnensvorsprünge, die die Völker des Westens so lange hatten. Mit deren Schwinden schwindet auch er. Immer mehr flutet über die frühindustrialisierten Länder hinweg – Brauchbares und Unbrauchbares, Willkommenes und Unwillkommenes. Den Völkern des Westens geht es zunehmend so, wie es den anderen Völkern schon immer gegangen ist. Diese sehen das mit einer gewissen Genugtuung: die Wirksamkeit des den Westen umgebenden Walls lässt nach.

Praktisch gewendet bedeutet das, dass die riesigen Unterschiede in den weltweiten Wohlstandspegeln eher früher als später zum Ausgleich gebracht werden. Dabei versteht sich von selbst, dass der Ausgleich nicht auf dem höchsten Niveau, also dem des Westens, sondern auf einem mittleren erfolgen wird. Deutsche, französische oder italienische Arbeitnehmer können sich beruhigen. Sie werden nicht auf das derzeitige Niveau indischer Arbeitnehmer absteigen müssen. Diese werden ein gutes Stück zu ihnen aufsteigen. Zugleich aber müssen sie sich beunruhigen. Sie werden nämlich so weit zu ihren indischen Kollegen absteigen, bis sie sie irgendwo treffen. Das muss nicht zwangsläufig auf halbem Wege sein. Vermutlich liegt der Punkt der Begegnung um einiges höher. Aber solange deutsche und indische Arbeitnehmer bei gleicher Produktivität nicht das Gleiche verdienen oder bei unterschiedlicher Produktivität nicht Einkommen erzielen, die recht genau diese Unterschiede widerspiegeln, werden Erstere ab- und Letztere aufsteigen.

Das bedeutet ferner: Bis zum Gleichstand werden aus dem Westen Arbeitsplätze und ganze Produktionsstätten verlagert sowie Wissen und Kapital exportiert. Die Erwartung, der globale Ausgleichsprozess werde weitgehend reibungslos verlaufen und von Anfang an nur Gewinner hervorbringen, war und ist blauäugig. Vielmehr bedeutet er für alle Beteiligten eine zwar nicht endlose, aber möglicherweise doch Jahrzehnte dauernde Holperfahrt.

Dass die Völker des Westens dagegen aufbegehren und Demagogen versuchen, sich den Volkszorn zunutze zu machen, liegt in der Natur des Menschen. Wer steigt schon gerne ab? Nur: Wasser fließt nun einmal nicht bergauf, und ebenso wenig strömen Arbeitsplätze an Orte, wo die Löhne vergleichsweise hoch sind, oder strömt Kapital an Orte, wo es vergleichsweise schlecht verzinst wird. Das liegt ebenfalls in der menschlichen Natur und hat mit »Raubtierkapitalismus« oder Ähnlichem nichts zu tun. Wohl gibt es immer und überall, wo Menschen am Werke sind, Auswüchse, Entgleisungen und Verfehlungen. Gegen sie kann und muss eine Gesellschaft, die ihren inneren Zusammenhalt bewahren will, vorgehen. Doch es sind nicht so sehr solche Auswüchse und Entgleisungen, die dem Westen und darüber hinaus der ganzen

Welt zu schaffen machen. Es ist der ganz normale und lange herbeigesehnte freie Fluss von Gütern, Diensten, Wissen, Kapital und vor allem Arbeit. Ihn einzudämmen geht nicht. Oder genauer: Würde er eingedämmt, würde dies den Abstieg des Westens nur noch beschleunigen.

Auch hier schließt sich ein menschheitsgeschichtlich weitgeschlagener Kreis. Die über den Globus verstreuten Menschen kommen wieder zusammen. Längst nicht alle, aber mehr als jemals zuvor. Der Begriff der Solidarität bekommt eine neue Bedeutung. Er wird weltumspannend. Die Zeiten von gut gemeinten Entwicklungshilfeprojekten oder großzügigen Spenden für Hochwasser- und Erdbebenopfer gehen zu Ende. Von nun an bedeutet Solidarität richtiges Teilen. Diejenigen, die viel haben, müssen denjenigen, die wenig haben, geben! Das ist nicht etwa bloß ein sittliches Postulat, sondern Teil der Überlebensstrategie des Westens. Der innerhalb der frühindustrialisierten Länder seit Jahrhunderten schwelende Verteilungskampf hat sich globalisiert. Die Ironie: Die bislang Armen in den frühindustrialisierten Ländern gehören nunmehr zu den Reichen und mithin zu denen, die geben müssen. An diese Rolle müssen sie sich erst noch gewöhnen.

Das ist kein Schreckensszenario, sondern hautnahe Wirklichkeit. Der Westen hat ein strahlendes, goldenes Zeitalter durchlebt. Es hat ihn auf ein hohes wirtschaftliches und kulturelles Niveau gehoben. Doch solche Perioden sind nicht von Dauer – nur Phantasten glauben das. Im wirklichen Leben enden sie alle: Assyrien und Ägypten, Griechenland und Rom, Spanien und die Niederlande, Britannien und Japan oder jetzt der Westen insgesamt. Sie enden allerdings nicht ganz. Stellen sich die Völker des Westens geschickt an, können sie viel von jenem goldenen Zeitalter in die Zukunft hinüberretten – viel, wenn auch nicht alles.

Man muss schon blind sein, um nicht zu erkennen: Nur global wächst die Wirtschaft weiter. In großen Teilen der westlichen Welt flachen die Wachstumsraten hingegen ab, in einigen Regionen stagniert die Wirtschaft, und in anderen schrumpft sie. Entsprechend stagnieren oder schrumpfen Arbeits- und Transfereinkommen – Renten, Pensionen, Pflegeleistungen. Und Zinserträge werden vor allem außerhalb des Westens erwirtschaftet. Noch halten sich westliche Politiker für mutig, wenn sie ihren Wählern schonend beizubringen versuchen, dass diese künftig wohl mehr für das gleiche Geld werden arbeiten müssen. Die Wahrheit ist: Für mehr Arbeit wird es künftig weniger Geld geben – es sei denn, der Westen erlangt gegenüber der übrigen Welt wieder jene Vorsprünge, die die Generationen der Groß- und Urgroßeltern hatten.

Steiniger Königsweg

Wieder Vorsprünge wie in der Vergangenheit erlangen! Daran klammert sich der Westen. Vor allem seine politischen Führungen stellen dies als den Königsweg aus aller Bedrängnis dar. Und in der Tat: Dies ist der Königsweg, jedenfalls für den Westen. Aber sind dessen Völker in der Lage, ihn zu gehen?

Zweifel sind angebracht. Zwar vermögen Völker, die sich etwas fest vorgenommen haben, viel. Wo ein Wille ist, findet sich wirklich oft ein Weg. Auch hierfür gibt es in der Geschichte zahlreiche Belege. Motivierte Völker erbringen mitunter schier Übermenschliches – im Guten wie im Schlechten. Sie stapeln riesige Pyramiden auf oder verbluten in endlosen Kriegen. Doch haben die heutigen Völker des Westens den Willen, auch nur annähernd ähnliche Anstrengungen auf sich zu nehmen?

Kommen Fragen wie diese auf, fangen viele an, von mitunter weit zurückliegenden und nicht selten legendenhaften Großtaten zu schwärmen. Aber selbst wenn diese der kritischen Prüfung durch den Chronisten standhalten, wie der spektakuläre Wiederaufbau Europas nach dem Zweiten Weltkrieg, das westeuropäische Wirtschaftswunder oder die Leistung der deutschen Trümmerfrauen: Schlussfolgerungen für die Gegenwart oder gar die Zukunft erlauben sie nicht.

Denn begangen wurden diese Taten nicht von denen, die über sie reden, sondern von anderen, letztlich unbekannten Menschen. Von ihnen vermögen die Heutigen etwa zu sagen, wie viele Tonnen Schutt sie in den 1940er Jahren weggeräumt haben. Was aber dabei in ihren Köpfen vorging, bleibt weitgehend im Dunkeln. Sogar Zeitzeugen fällt es oft schwer, sich hieran zu erinnern.

Dabei ist gerade die Kopfwelt für Erfolge und Misserfolge entscheidend. Diese Erfahrung machte auch ein Napoleon, der gegen Ende seiner Herrschaft resignierend feststellte, dass die von ihm befehligten Armeen nicht mehr diejenigen waren, mit denen er einst Europa erobert hatte. Körperlich waren die Soldaten oft noch dieselben. Aber ihr revolutionärer Elan war verglüht. Der lange Krieg hatte sie zu gewöhnlichen Söldnern gemacht, die den um ihre Freiheit kämpfenden Russen, Polen, Deutschen und Österreichern nicht mehr gewachsen waren. Sie wurden von ihrer Sache nicht mehr bewegt.

Und was bewegt die Menschen heute? Werden sie von ihren Kopfwelten, ihren Gedanken, Vorstellungen und Ängsten eher gelähmt oder beflügelt? Diese Fragen sind nicht leicht zu beantworten, und namentlich Politiker sollten nicht glauben, sie könnten die Köpfe der Menschen nach Belieben füllen und leeren. Denn weil das, was in den Köpfen von Menschen vorgeht, weitgehend ihre Identität bestimmt, lassen sie nur dann davon ab, wenn es gar nicht anders geht. Der Druck muss überwältigend sein. Deshalb die Frage: Wie groß ist der Druck im Westen, den Indern, den Chinesen und anderen wieder turmhoch überlegen zu sein, um auf diese Weise die tradierten Lebensformen aufrechterhalten zu können?

Einige sind gewiss begierig, sich dem Wettbewerb nicht nur zu stellen, sondern ihn auch für sich zu entscheiden. Sie sind hochqualifiziert und -motiviert und scheuen vor keiner Anstrengung zurück. Allerdings dürften sie isolierter sein, als ihnen bewusst und vermutlich auch lieb ist. Wettbewerb mögen letztlich nämlich nur die Starken. Nur ihnen bereitet es Lust, ihre Kräfte mit anderen zu messen. Gelegentliche Niederlagen nehmen sie in der begründeten Erwartung hin, das nächste Mal zu siegen. Wer jedoch immer unterliegt, der stellt sich nur ungern dem Kampf. Und das sind viele. Eine Gesellschaft frei von Wettbewerb in der Schule, am Arbeitsplatz, in der Freizeit ist für sie ein erstrebenswertes Ziel, ein Ideal. Wenigem trauern viele Menschen in den ostdeutschen Bundesländern und in den Ländern Mittel- und Osteuropas so sehr nach wie der verloren gegangenen Freiheit von Wettbewerb. Sie hatten es genossen, mit niemandem konkurrieren zu müssen – vom Kombinatsleiter bis zur Putzfrau.[12]

In den Marktwirtschaften des Westens ist es im Grunde nicht anders. Auch hier müssen viele zum Wettbewerb getragen, ja geradezu in ihn hineingepresst werden. Und bei der ersten sich bietenden Gelegenheit entziehen sie sich ihm wieder. Warum schwillt trotz aller Verbote und Strafen der Strom von Preisabsprachen ständig an?[13] Warum konkurrieren Arbeitnehmer nicht engagierter um ihre Arbeitsplätze? Warum sind von Gruppen verfasste Diplom- und Doktorarbeiten so beliebt? Warum blühen in der Politik die Kungelrunden? Weil viele den Wettbewerb als zu mühsam und kräftezehrend empfinden.

Mit dieser Grundhaltung, die tief in der Natur des Menschen wurzelt, treten die Völker des Westens an: rasch alternd und seit Jahrzehnten über die Maßen wohlstandsverwöhnt. Werden sie sich der globalen Herausforderung stellen? Anders gefragt: Werden sich die vielen Menschen, die weder Enkel noch Kinder haben und deren eigene Lebenszeit kurz geworden ist, leidenschaftlich und aufopferungsvoll Zukunftsprojekten widmen? Wahrscheinlicher ist, dass sie sich sagen: Mögen doch andere Völker das Heft in die Hand nehmen, für uns wird es wohl noch reichen, und was danach kommt, ist uns gleichgültig! Das dürfte die Lebensphilosophie vieler Millionen sein. Sie denken nicht daran, irgendwelchen Lebensgenüssen zu entsagen, um ihr Land wieder in Frontstellung zu bringen. Für wen denn?

Hinzu kommt ein materieller Wohlstand, der der Mehrheit zur zweiten Natur geworden ist. Seine Besonderheit: Er wurde nicht von seinen heutigen Nutznießern erarbeitet – sie wurden in ihn hineingeboren. Sie haben nie Not gelitten, nie bei null angefangen, sich nie von unten nach oben gekämpft, nie mit dem Rücken an der Wand gestanden. Stets konnten sie sich darauf verlassen, dass sich ihnen schon beim kleinsten Ausrutscher eine hilfreiche Hand entgegenstrecken würde – von Eltern, Großeltern, Freunden, dem Staat.

Sie haben nicht zu kämpfen gelernt, aber sie haben gelernt, Ansprüche zu stellen, hohe Ansprüche. Sie leben in der festen Überzeugung, dass ihnen vieles zustehe, was sie in Wahrheit dem Umstand verdanken, dass sie höchst zufällig in dieser Zeit und in diesem Land leben. Dass dieser ganze materielle Wohlstand wie eine Seifenblase platzen kann, erscheint ihnen so unmöglich, dass sie keinen Gedanken daran verschwenden. Zweifel, die an dieser Gewissheit nagen könnten, werden unterdrückt. Noch ist materieller Wohlstand für die Mehrheit im Westen so selbstverständlich wie die Luft zum Atmen. Wenn sie überhaupt auf etwas verzichtet, dann allenfalls auf Überflüssiges. Schon beim Angenehmen endet ihre Verzichtsbereitschaft. Angenehmes muss sein.

Dabei zeigen nicht nur ungezählte Familiensagas,[14] sondern auch die Schicksale ganzer Nationen: Materieller Wohlstand, der zur Selbstverständlichkeit wird, ist akut gefährdet. Oft ist dies seine Endphase. Die erste Generation hat ihn aufgebaut, die zweite hat ihn bewahrt und gemehrt, die dritte verzehrt ihn. Diese Wellenbewegung, mit der kein Werturteil einhergeht, ist immer wieder zu beobachten. Offenbar folgt sie menschlichen Verhaltensmustern.

Dafür spricht, dass alles, was selbstverständlich erscheint, kaum noch Wertschätzung genießt. Wasser wird erst zum Thema, wenn es knapp zu werden droht, Luft erst dann, wenn sie schlecht wird. Warum sollte es beim materiellen Wohlstand anders sein? Die dritte Generation weiß nicht mehr aus eigenem Erleben, wie er entsteht und woher er kommt. Was also sollte sie veranlassen, ihn zu bewahren und zu mehren? Vielleicht darf sie das noch nicht einmal. Denn sollten Wohlstand und Wachstum menschheitsgeschichtlich als Achterbahn angelegt sein, sollten auf goldene regelmäßig eiserne Zeitalter folgen – und das entspricht aller bisherigen Erfahrung –, dann muss es periodisch immer wieder abwärts gehen.

Und wie auf einer Achterbahn folgt dieses Abwärts einem langen, langsamen Aufstieg. Am Anfang geht es karg zu. Die Menschen arbeiten hart, gönnen sich wenig und sparen viel. Sie konsumieren nur das Notwendigste und investieren stattdessen - am meisten in ihre Kinder. Diese sollen lernen, aufsteigen und es besser haben als die Eltern. Oft haben sie es dann auch besser. Die Fahrt beschleunigt sich auf hohem Niveau. Doch nach einiger Zeit geht es sausend nach unten. Dort angekommen, kann der nächste Zyklus beginnen und möglicherweise noch höhere Höhen erklimmen als der vorangegangene. Aber immer nur aufwärts – das gibt es nicht, oder zumindest wäre es menschheitsgeschichtlich etwas völlig Neues.

Auch wenn dies von vielen heftig in Abrede gestellt wird: Nüchtern betrachtet, hat der Westen mit lautem Gejuchze und Gekreische erneut ein Abwärts eingeleitet. Nicht alle, vielleicht noch nicht einmal die meisten, aber doch bemerkenswert viele Menschen möchten in erster Linie genießen, spielen, tändeln und es so richtig krachen lassen. Malochen wie die Großeltern, Kinder umsorgen, Verzicht üben? Viele der Enkel denken nicht daran. Sie wollen reisen, nette Leute kennen lernen und Spaß haben, viel Spaß.[15] Wer will, wer kann ihnen das verdenken? Sie leben doch nur die ihnen gegebenen Möglichkeiten aus. Dass sie diese damit zugleich erschöpfen, liegt nicht in ihrem Blickfeld.

Was aber ist mit denen, die alles tun, um das Errungene zu bewahren und zu mehren? Ohne sie wäre das Schiff vermutlich schon vom Kurs abgekommen. Nur: Zum Blauen Band dürfte es nicht mehr reichen.[16] Dazu hat die lange Wohlstandsperiode die Menschen zu satt, zu träge und zu schläfrig gemacht. Sie hocken nicht gespannt in den Startlöchern und fiebern darauf, dass der Startschuss fällt. Was sie wollen, ist Sicherheit, Behaglichkeit, Vergnügen. Kämpfe und Wettbewerb, das sehen sie sich lieber von der Zuschauertribüne aus an. Von den Völkern des Westens zu erwarten, dass sie binnen einer Generation wieder große Vorsprünge herauslaufen werden, ist wenig realistisch. Vernünftigerweise sollten sie sich darauf einstellen, dass sie den Königsweg nicht werden gehen können. Denn dieser ist steil und steinig. Zu vielen würden die Beine versagen – nicht nur unter den Alten, auch unter den Jungen.

Verstiegen

Gesellschaften, die vor diesem Hintergrund ihr Wohl und Wehe vom Wirtschaftswachstum abhängig machen, sind schon gescheitert, ehe der globale Wettstreit richtig begonnen hat. Noch einmal: Diese Feststellung bedeutet keine Absage an das Wachstum der Wirtschaft. Sie enthält auch keine Wachstumskritik. Die Wirtschaft soll wachsen, blühen und gedeihen, wann und wo immer das geht. Jeder Einzelne, jedes Unternehmen soll mit ganzer Kraft nach oben streben. Nach oben strebt auch jeder Baum. Von diesem Streben der vielen Einzelnen darf jedoch nicht erwartet werden, dass ganze Volkswirtschaften ständig expandieren oder Wälder endlos in die Höhe schießen. Nur junge Wälder wachsen eine Zeit lang als Ganzes. Hochwälder stocken. Ebenso expandieren Volkswirtschaften nur unter bestimmten Voraussetzungen. Expansive Volkswirtschaften sind das Spiegelbild expansiver Gesellschaften. Oder umgekehrt: Mit dem Ende der Expansion einer Gesellschaft tendiert auch deren Volkswirtschaft zu einem stabilen Gleichgewicht von Entstehen und Vergehen.

Breiten Bevölkerungsschichten in den frühindustrialisierten Ländern ist diese Entwicklung keineswegs unangenehm. Wachstum im Sinne fortwährender Gütermehrung ist für sie kein lohnendes Ziel mehr. Wenn nur die Arbeitslosigkeit nicht wäre! Brauchen wir nicht Wachstum, immer weiteres Wachstum, so fragen auch sie, um bei anhaltenden Produktivitätssteigerungen genügend Arbeitsplätze zu haben? Und brauchen wir nicht Wachstum, um Bestand und Funktionsfähigkeit der sozialen Sicherungssysteme für Alter, Krankheit, Pflegebedürftigkeit und Arbeitslosigkeit zu gewährleisten? Gleichgültig, wie sie zu Wachstum an sich stehen – Wachstum, Arbeit und soziale Sicherheit bilden für viele eine unauflösliche Einheit, die auch von der Politik in diesem Dreierpack angeboten wird. Was dem Westen einst »Freiheit, Gleichheit, Brüderlichkeit« war, das ist ihm heute »Wachstum, Arbeit, Sicherheit«. Von himmelstürmenden Idealen zu irdischsten Bedürfnissen – trefflicher lässt sich das Auf und Ab einer Gesellschaft nicht in Worte fassen.

Allerdings gelingt es zahlreichen frühindustrialisierten Ländern schon seit geraumer Zeit nicht mehr, diese Bedürfnisse zu befriedigen. Deutsche, Franzosen, Italiener und viele andere mühen sich schon jahrzehntelang um mehr Wachstum, Arbeit und soziale Sicherheit. Vergebens. Sie haben es mit Linken und Rechten, mit Sozialisten, Liberalen und Konservativen, mit Planwirtschaftlern und Marktwirtschaftlern versucht – Wachstumsschwäche, Arbeitslosigkeit und soziale Unsicherheit blieben. Kluge Volkswirte glauben auch zu wissen, woran das liegt. Für die einen sind die Löhne zu hoch, für die anderen zu niedrig; für die einen gibt der Staat zu viel Geld aus, für die anderen zu wenig; für die einen sind die gesetzlichen Regelungswerke zu dicht, für die anderen noch nicht dicht genug. Die Bürger haben die freie Auswahl. Nur nach dem nächstliegenden Grund fahnden sie in dem reichhaltigen Erklärungsangebot vergeblich. Zahlreiche Vertreter von Politik und Wissenschaft wollen nicht wahrhaben, dass sich die westlichen Gesellschaften verausgabt und darüber hinaus beim Gipfelsturm verstiegen haben. So etwas einzuräumen fällt jedem Bergführer schwer. Um wie viel schwerer muss es Politikern und ihren Beratern fallen.

Dabei lässt der Sachverhalt kaum Deutungen zu. Der Westen weiß nicht mehr, welche Richtung er einschlagen soll. Ziellos jagt er Phantomen von Freiheit und Glück hinterher, ohne dadurch freier und glücklicher zu werden. Wofür soll er sich entscheiden? Was soll er wollen? Wachstum oder Wohlstand? Dass beide nicht unbedingt miteinander harmonieren, insbesondere dann nicht, wenn unter Wohlstand Umfassenderes verstanden wird als die Aufhäufung materieller Güter, dass Wachstum Wohlstand mehren, ihn aber auch hemmen und zerstören kann, haben breite Bevölkerungsschichten mittlerweile erkannt. Was also soll Vorrang haben? Die Menschen sind bislang unentschieden. Die Regierenden setzen mehrheitlich auf Wachstum, und auch das praktische Handeln der Regierten deutet darauf hin. Um höherer Wachstumsraten willen verzichten sie täglich auf Wohlstand, leben sie in Lärmschneisen, verzehren sie minderwertige Nahrungsmittel und konsumieren sie, auch wenn ihnen das keineswegs gut tut. Aber wird das so bleiben?

Ähnlich ungeklärt ist ihr Verhältnis zur Arbeit. Meinten sie wirklich Arbeit, wenn sie von Arbeit reden, müssten sie anerkennen, dass diese in vielerlei Gestalt anzutreffen ist und sich nur unscharf von gesellschaftlicher Einbindung, menschlichem Miteinander, Spiel, Muße wie überhaupt der Fülle menschlicher Existenz trennen lässt. Erst in dieser Vielfalt und Unschärfe trägt Arbeit zum Lebensunterhalt bei. Wird sie auf einen Aspekt reduziert, sinkt dieser Beitrag. Genau das aber hat der Westen getan. Er hat Arbeit zu Erwerbsarbeit eingestampft und ihr dadurch ihre ursprüngliche Vielgestaltigkeit, ihre Breite und Tiefe genommen.

Ihre Erwerbsfixierung hat die westlichen Gesellschaften dazu verleitet, unzählige wertschöpfende und sowohl für den Einzelnen als auch für das Gemeinwesen unverzichtbare Tätigkeiten aus der Rubrik »Arbeit« auszumustern. Denn was kein oder allenfalls ein bescheidenes Einkommen erbringt, gehört aus ihrer Sicht da nicht hinein. Die vielen einkommenslosen Arbeitsformen wurden in ein Schattendasein gedrängt. Da sitzen sie, die Hausfrauen und -männer, Mütter und Väter, hilfsbereiten Nachbarn und ehrenamtlichen Helfer und fragen sich, was sie falsch gemacht haben. Aus gesellschaftlicher Sicht ist das, was sie tun, gut und recht. Aber Arbeit? Arbeit ist das nicht! Dabei würde ohne ihr Wirken das Gemeinwesen innerhalb kürzester Zeit zusammenbrechen.

Arbeit, die nicht mit Erwerb, oder prosaischer: mit Geldverdienen verbunden ist, wurde vom Markt verbannt und, schlimmer noch, gesellschaftlich geächtet und geschmäht. Dass heute eine Verkäuferin höheres gesellschaftliches Ansehen genießt als eine Frau, die drei Kinder großzieht, oder ein professioneller Fußballtrainer weit größere Wertschätzung erfährt als ein Mann, der sich ehrenamtlich um verwahrloste Jugendliche kümmert, ist die Folge eines pervertierten Arbeitsbegriffs und einer besorgniserregenden gesellschaftlichen Verirrung und Verarmung.

Und ein Weiteres ist dem Westen im Eifer des Ausmusterns wenig ertragreicher Arbeit entgangen: Bislang hat noch keine Volkswirtschaft der Welt vermocht, die Nachfrage nach »ertragreicher« Arbeit dauerhaft zu befriedigen. Zwar gibt es in den frühindustrialisierten Ländern gegenwärtig weit mehr von dieser Art Arbeit als jemals zuvor oder sonst wo auf der Welt. Aber es gab und gibt nie genug. Hier hat die Gesellschaft Erwartungen geweckt, die sie bis zur Stunde nirgendwo einlösen konnte.

Das Angebot an lukrativen Tätigkeiten ist in allen ähnlich entwickelten Regionen ziemlich gleich. Recht ungleich ist hingegen sowohl das Angebot als auch die Nachfrage nach monetär wenig lukrativen Tätigkeiten. Wo auf dem regulären Arbeitsmarkt eine geringe Zahl wenig lukrativer Tätigkeiten angeboten und nachgefragt wird, ist in der Regel die Arbeitslosigkeit hoch. Umgekehrt gilt Entsprechendes. Und ein Schelm, nein, ein Lügner, wer vorgibt, es sei möglich, in absehbarer Zeit alle Interessenten mit lukrativen Tätigkeiten versorgen zu können. Richtig ist nur, dass jeder, der will, arbeiten und auch ein Einkommen erzielen kann. Dem Westen geht die Arbeit einschließlich der Erwerbsarbeit noch lange nicht aus. Aber nicht jeder, der eine Arbeit ausübt, kann erwarten, durch sie auch ein Einkommen zu erzielen, das den individuellen und kollektiven Erwartungen entspricht. Diese Erwartungen sind weithin zu hoch geschraubt.

Welche schwindelerregenden Höhen sie vereinzelt erreicht haben, zeigt die Entwicklung, die die Einkommen mancher Spitzenmanager, Showstars oder Fußballspieler in neuerer Zeit genommen haben. Ernstlich wird niemand behaupten, dass Jahreseinkommen von mehreren Millionen US-Dollar, Euro oder britischen Pfund den Arbeitsleistungen einzelner Menschen entsprechen. Die Maßstäbe von Leistung und Gegenleistung versagen bei ihnen. Die einzige Erklärung, die es für sie gibt, ist: Sie sind gar nicht mehr als Entgelt für individuell zurechenbare Leistungen gedacht. Ihre Funktion ist eine andere. Sie ist in erster Linie gesellschaftlich, nicht ökonomisch definiert.

Eine solche Entwicklung war in den auf Erwerbsarbeit fixierten westlichen Gesellschaften vorgezeichnet. Da für sie Arbeit vor allem Erwerb ist, war es nur eine Frage der Zeit, bis sich der Erwerb verselbständigt haben würde. Jetzt ist es so weit. Die gesellschaftliche Wertschätzung, die zunächst der Arbeit und später der Erwerbsarbeit zuteil wurde, gilt heute nur noch dem Erwerb. Die Einkommensmillionäre räumen dies unumwunden ein. Nicht selten ist ihnen das Geld gar nicht so wichtig. So viel zu konsumieren oder zu investieren macht schon wieder Mühe. Worum es ihnen vor allem geht, ist die mit dem Entgelt einhergehende gesellschaftliche Wertschätzung. Unter ihresgleichen das höchste Einkommen zu erzielen – das ist für viele der begehrte Ritterschlag. Für sich die höchste Summe reklamieren zu können bedeutet in einer Erwerbsarbeitsgesellschaft, der oder die Tüchtigste zu sein. Nach der tatsächlich erbrachten Leistung fragt dann keiner mehr. Sie mag groß oder klein, überragend oder alltäglich sein.

In was für einem traurigen Zustand muss sich jedoch eine Gesellschaft befinden, die fast nur noch durch Geld ihre Wertschätzung von Arbeits- oder sonstigen Leistungen zum Ausdruck bringen kann? Und wie steht es um den Einzelnen, dessen Leistung nur noch auf diese Weise honoriert wird? Auch daran zeigt sich der Abstieg einer Gesellschaft. Zufriedene Kunden, engagierte Mitarbeiter, fair behandelte Zulieferer, begeisterte Fans – das alles zählt wenig im Vergleich zur Höhe des Einkommens. »How much do you make?« – »Wie hoch ist Ihr Einkommen?«, fragen in den USA wildfremde Menschen einander. Und die Antwort entscheidet über die gesellschaftliche Einordnung. Wer viel verdient, steht oben, und wer viel verdient, ohne viel dafür zu arbeiten, steht ganz oben. Sich die Taschen zu füllen, ohne dafür eine entsprechende Gegenleistung zu erbringen – das ist nicht nur ein Teenagertraum. Diesen Traum träumen auch die Millionen, die jede Woche ihren Einsatz bei Spiel und Wette wagen. Einkommen ohne Arbeit – das ist es, für viele.

Überholte Verhaltensweisen

Die Beschäftigungsprobleme des Westens sind lösbar! Allerdings nur, wenn die betroffenen Völker ihre Haltung zur Arbeit, insbesondere zur Erwerbsarbeit, grundlegend ändern. Zu lange haben sie Erwerbsarbeit nicht als ihre, sondern als eine Angelegenheit der Wirtschaft angesehen. Zu lange haben sie darauf gebaut, dass das Wachstum der Wirtschaft alles regeln werde. Zu lange haben sie es Ökonomen überlassen, über die Erhöhung der Erwerbstätigen- und die Absenkung der Arbeitslosenquote nachzudenken. Nach Jahrzehnten fruchtloser Bemühungen steht fest: So sind die Probleme nicht zu lösen. Die von Arbeitslosigkeit geplagten Völker befinden sich auf einem Irrweg. Sie haben verkannt, dass Arbeit eine gesellschaftliche und keine wirtschaftliche Veranstaltung ist und deshalb der Schlüssel zur Lösung von Beschäftigungsproblemen vorrangig in der Gesellschaft und nicht in der Wirtschaft liegt. Die Wirtschaft ist lediglich Erfüllungsgehilfe.

Ein in den 1960er Jahren in Deutschland einsetzender Wandel gesellschaftlicher Sicht- und Verhaltensweisen illustriert das Gesagte. Damals wurden Millionen wertschöpfender Tätigkeiten mit der Begründung vom Arbeitsmarkt verbannt, sie seien nicht gut genug bezahlt, zu gering angesehen, zu anstrengend oder aus sonstigen Gründen einem Erwerbstätigen nicht zuzumuten. Nur vordergründig war dies eine ökonomische Entscheidung. Der eigentliche Schub ging von der Gesellschaft aus. Sie wollte es so. Die vielen Warnlampen, die von nun an auf dem langen Weg in die Massenarbeitslosigkeit aufleuchteten, wurden geflissentlich ignoriert oder mit staatlichen Konjunktur- und Beschäftigungsprogrammen ausgelöscht. Die Deutschen meinten, bei ihrer Erwerbsarbeit wählerisch sein und bleiben zu können. Das schwingt bis heute nach. Noch immer rümpfen sie bei zahlreichen Tätigkeiten, die in anderen Ländern, etwa den USA, gang und gäbe sind, verächtlich die Nase. Das sollen andere tun, nicht ich, lautet die Devise.

Kurzfristig – und gelegentlich auch einmal mittelfristig – kann hohe Arbeitslosigkeit wirtschaftliche Gründe haben. Weicht sie jedoch – wie in Deutschland und einigen anderen europäischen Ländern – auch in Jahren und Jahrzehnten nicht, ist sie auf Kopfprobleme zurückzuführen: Ein Teil der Erwerbsbevölkerung findet vorübergehend oder auch dauerhaft keine Beschäftigung, nicht unbedingt, weil diese Menschen selbst bestimmte Sicht- und Verhaltensweisen haben, sondern weil breite Bevölkerungsschichten so und nicht anders denken, fühlen und handeln. Auch dazu ein Beispiel aus dem Alltag: Da sieht sich eine hochverschuldete Gemeinde nach Ausschöpfung aller ihrer Optionen gezwungen, ihren Personaletat um zehn Prozent zu kürzen. Die Alternative ist: Alle verzichten auf ein Zehntel ihres Einkommens, oder jeder Zehnte verliert seinen Arbeitsplatz. Wie entscheiden sich die Bediensteten? Unterschiedlich. In der Schweiz ist die Wahrscheinlichkeit groß, dass sie sich den veränderten Bedingungen anpassen und auf bessere Zeiten hoffen. Die Löhne sind bemerkenswert flexibel – wenn es sein muss, auch nach unten. In Deutschland hingegen ist ein solches Verhalten selten. Da muss schon viel geschehen, ehe eine Belegschaft solidarischen Einkommensverzicht übt. Im Zweifelsfall versucht jeder, seine eigene Haut zu retten. Soll doch der Staat für das unglückliche Zehntel sorgen, das seine Arbeitsplätze verliert. Wer weiß, wann es mich trifft.

Solche Verhaltensweisen wurzeln oft tief in Individualbiographien oder sogar der Geschichte eines Volkes. Deutschland und Japan bilden hier bemerkenswerte Gegensätze. Trotz anhaltend schwachen Wirtschaftswachstums ist die japanische Beschäftigungslage ähnlich günstig wie in der Schweiz. Der Grund: Die gemeinsame Verantwortung, das Gemeinschaftsgefühl ist größer als in Deutschland. Durch eigenes Verhalten den Arbeitsplatz eines anderen zu gefährden – das gehört sich nicht. Die Deutschen sind da weniger skrupulös.

Schwer vorstellbar ist in Deutschland auch das freiwillig gezahlte Entgelt. In zahlreichen Volkswirtschaften gibt es viele Arbeitsplätze, die nach deutschen oder auch kontinentaleuropäischen Maßstäben gar keine Arbeitsplätze, sondern lediglich Erwerbsgelegenheiten sind. Dies betrifft Kellner, Parkplatzwächter, Einkaufshelfer und viele andere. Diejenigen, die sie eingestellt haben, geben ihnen oft keinen einzigen Cent. Ihre Einkommen beziehen sie von denen, die ihre Dienste in Anspruch nehmen. Für diese wiederum ist es selbstverständlich, sich nicht nur mit ein paar Münzen erkenntlich zu zeigen. Denn alle wissen: Der Mann, die Frau muss von dem Obolus leben. Und viele leben offenbar nicht schlecht. Versuche, ihnen ein festes Entgelt zu zahlen, sind wiederholt gescheitert. Die freiwilligen Arrangements erscheinen ihnen lohnender.

Keiner hat je gezählt, wie viele Arbeits- und Erwerbsgelegenheiten durch derartige gesellschaftliche Anstellungen ermöglicht, gehemmt oder zunichte gemacht werden. Die Zahl dürfte jedoch in jeder dieser Kategorien beträchtlich sein. Deutschland, so heißt es, sei wenig kinderfreundlich. Darüber lässt sich streiten. Unbestreitbar ist jedoch, dass dieses Land wenig beschäftigungsfreundlich ist. In Deutschland Dienste anzubieten und auf neugierig-aufgeschlossene Mitmenschen zu setzen, die wenigstens an ihnen nippen, ist oft vergebliche Liebesmüh. Erwerbsarbeit ja. Aber wohlgeordnet und in engem Korsett.

Noch dominieren die Sicht- und Verhaltensweisen einer kolonnenhaft organisierten Industriegesellschaft. Sie lasten bleischwer auf dem Arbeitsmarkt. Solange diese Lasten nicht abgeworfen worden sind – und schon erheben die Gralshüter der alten Arbeitswelt lautes Protestgeschrei –, wird sich die Beschäftigungslage in Deutschland und einigen anderen Ländern kaum bessern. Weit wichtiger als Wirtschaftswachstum ist hier eine offenere, lockerere, dynamischere Arbeitskultur, eine Arbeitskultur, die den Bedingungen und Bedürfnissen des 21. Jahrhunderts entspricht. Der Jungakademiker, dessen zweite Frage beim Vorstellungsgespräch dem Ersatz der Fahrtkosten gilt, hat da noch einiges zu lernen.

Im Sog

Ein Mensch, der seit Jahrzehnten erfolglos ein Leiden bekämpft, hat drei Möglichkeiten: Er kämpft weiter wie bisher, wobei sein Kampf von Tag zu Tag sinnloser wird; er nimmt sein Leiden als unheilbar hin und fügt sich seinem Schicksal; oder er wählt eine andere Heilmethode. Zahlreiche frühindustrialisierte Länder, unter ihnen Deutschland, haben genau diese Optionen. Seit den 1970er Jahren kämpfen sie erfolglos gegen die Arbeitslosigkeit. Die meisten sagen: Weiterkämpfen wie bisher! Einige sagen: Der Kampf ist aussichtslos, lasst ihn uns beenden! Der Produktivitätsfortschritt und die Globalisierung – so ihre Einlassung – zehren die Arbeit auf, und am Ende steht die große Arbeitslosigkeit. Nur wenige meinen, es könnten und müssten ganz neue Wege gegangen werden. Sie schöpfen Hoffnung nicht zuletzt aus den Erfahrungen von Ländern, die sich seit Jahren – mit oder ohne Wachstum – guter Beschäftigungsbedingungen erfreuen.[17] Was ist ihr Geheimnis, sollte es denn ein solches geben?

An der langen US-amerikanischen Atlantikküste gibt es hin und wieder Schilder, auf denen Badende darauf hingewiesen werden, dass starke Strömungen sie ins Meer hinausziehen könnten. Derartige Warnungen sind nichts Besonderes. Sie finden sich überall. Das Besondere ist der dringende Rat, der nachfolgend auf diesen Schildern gegeben wird: Kämpfe keinesfalls gegen die Strömung an! Du könntest ertrinken. Lass dich vielmehr von ihr ins Meer hinaustragen! Denn wo es eine Strömung gibt, gibt es auch eine Gegenströmung, die es dir leicht macht, zum Strand zurückzukehren. Und über allem steht: »Keep calm!« – »Bewahre Ruhe!«

Vermutlich wären auch die seit Jahren erfolglos gegen die Arbeitslosigkeit ankämpfenden frühindustrialisierten Länder ein gutes Stück weiter, wenn sie Ruhe bewahrt und nicht unausgesetzt versucht hätten, gegen den Strom wirtschaftlicher, sozialer und nicht zuletzt demographischer Veränderungen anzurudern. Das hat sie erschöpft und dennoch keinen Meter näher zum rettenden Ufer gebracht. Zwar ist ihr Verhalten verständlich. Der im Meer Badende, den plötzlich eine Strömung erfasst, wird ebenfalls reflexartig gegen sie anzuschwimmen versuchen. Das aber kann ihn das Leben kosten. Das Nächstliegende muss nicht immer das Richtige sein. Mitunter kann es besser sein, sich der Strömung hinzugeben.

Übertragen auf die Beschäftigungsprobleme zahlreicher frühindustrialisierter Länder bedeutet das, dass sie aufhören sollten, mit vermeintlich beschäftigungsfördernden Maßnahmen wie Konjunkturprogrammen oder angeblich arbeitsplatzschaffenden und -erhaltenden Subventionen wild im Strudel um sich zu schlagen. Das alles hat bereits viel Zeit, Kraft und Geld gekostet und nichts gebracht. Erfolgversprechender ist es, sich den veränderten Bedingungen flexibel anzupassen und aus ihnen das Beste zu machen, selbst auf die Gefahr hin, dadurch ein Stück weit von den vertrauten Gestaden fortgetragen zu werden. Das jedenfalls ist die Erfahrung, die die beschäftigungspolitisch erfolgreichen Länder gemacht haben.

Die Erwerbsbevölkerungen der frühindustrialisierten Länder können sich dem Abwärtssog, den der Weltarbeitsmarkt auf ihre Löhne und Gehälter ausübt, bis zur Erschöpfung entgegenstemmen, soll heißen, sie können sich gegenüber dem Rest der Welt abschotten und auf die Vorteile der globalen Arbeitsteilung verzichten. Völker haben sich im Laufe der Geschichte durchaus so verhalten. Wohin das führt, lässt sich am Beispiel Chinas bis in die zweite Hälfte des 20. Jahrhunderts studieren: Die dort verfolgte Politik brachte Isolation und ständigen Niedergang bis hin zur völligen Verarmung. Will der Westen diesem Pfad nicht folgen, muss er sich bewusst dem Sog aussetzen und versuchen, von ihm so wenig wie möglich beeinträchtigt zu werden. Zugleich muss er versuchen, Strategien zu entwickeln, durch die er Nutzen aus ihm ziehen kann. Um hierbei erfolgreich zu sein, müssen allerdings einige grundlegende Entscheidungen herbeigeführt werden.

Die erste Entscheidung gilt der Verteilung der zu erwartenden Einkommenseinbußen. Sie können die große Mehrheit der Erwerbsbevölkerung in geringem oder eine kleine Minderheit in hohem Maße treffen. Länder wie Deutschland, Frankreich oder Italien befrachten in der Regel kleine Minderheiten mit den Folgen von Einkommenseinbußen – die Arbeitslosen. Ihre Arbeitslosenquoten sind ein Gradmesser für diese Vorgehensweise. Die übrige Erwerbsbevölkerung spürt hingegen den Niedergang nur wenig oder allenfalls mittelbar. Demgegenüber sind die Einkommenseinbußen in angelsächsischen Ländern breiter gestreut. Ein recht hoher Anteil der Erwerbsbevölkerung verdient wenig, aber nur wenige haben überhaupt kein Arbeitseinkommen. Entsprechend niedrig ist hier die Arbeitslosenquote.

Kleine Minderheiten mit den Folgen von Einkommenseinbußen zu befrachten ist offenkundig unsolidarisch. So verhalten sich vorzugsweise verknöcherte Gesellschaften, die Mühe haben, sich an ihre im Wandel befindliche Umwelt anzupassen. Ihre unzulängliche Anpassungsfähigkeit sollen Tiraden gegen Lohndrücker, Billiglohnländer und die Globalisierung insgesamt bemänteln. Zwar gibt es ohne Zweifel Fälle skandalöser Ausbeutung und Habgier. Aber ebenso wenig wie der gelegentliche Missbrauch des freien Flusses von Gütern, Diensten, Wissen, Kapital und Arbeit diesen selbst in Frage stellen darf, dürfen auch die skandalösesten Fälle von Ausbeutung und Habgier nicht vom eigentlichen Geschehen ablenken: der allmählichen Herausbildung eines globalen Preises für Arbeit. Wenn auf dem Wege dorthin in frühindustrialisierten Ländern hohe Arbeitslosigkeit entsteht, ist dies Ausdruck ihrer Erstarrung. Diese müssen die Völker des Westens aufbrechen. Dazu gehört, Einkommenseinbußen solidarisch breit zu streuen.

Die zweite Entscheidung betrifft die vielen Millionen Tätigkeiten, die die frühindustrialisierten Länder – manche mehr und manche weniger – zu Zeiten des Überflusses in maßloser Überschätzung ihrer Fähigkeiten achtlos aus dem Arbeitsmarkt gekegelt haben. Damals meinten sie, auf derartige Arbeitsplätze nicht länger angewiesen zu sein. Sie hielten sich für das Hirn der Welt und die Heimstatt der Blaupausen. Da sollte es doch gelacht sein, nicht nach Belieben lukrative Arbeitsplätze schaffen zu können. Die wenig dankbare, harte, schmutzige Arbeit sollte die übrige Welt verrichten. Indien für Jutesäcke, China für Bastmatten und der Westen für Satelliten, Computer und Automobile!

Dass das ein Irrglaube war, ist dem Westen mittlerweile schmerzhaft bewusst geworden, und notgedrungen bequemt er sich, neben Kuchen und Broten auch wieder kleine Brötchen zu backen. Aber noch tut er das weithin mürrisch und lustlos. Doch er muss sich zu den vielen bescheidenen und oft schlecht bezahlten Tätigkeiten nicht nur bekennen. Er muss ihnen auch ihre Würde wiedergeben, die er ihnen genommen hat. Die bewusste Rückführung dieser lange geschmähten Tätigkeiten in den Kanon wichtiger Aktivitäten ist ein notwendiger Schritt bei der Überwindung von Arbeitslosigkeit. Besonders die Westeuropäer haben hier Nachholbedarf. Die US-Amerikaner sind in diesem Punkt weiter. Man muss ihn erlebt haben, den Schwarzen in Manhattan mit seinem alten Klappstuhl und seinem verblichenen Sonnenschirm, wie er seinen Blick über einen winzigen Parkplatz schweifen lässt und voller Ruhe erklärt: »Ich bin hier der Parkplatzwächter, und ich bin stolz darauf.« Der Mann lebt vermutlich nicht gut von seiner Arbeit. Aber er lebt in Würde.

Die dritte fällige Entscheidung ist eng mit der zweiten verbunden: Welche Einkommensunterschiede will der Westen hinnehmen? Will er hinnehmen, dass künftig ein wachsender Anteil der Erwerbsbevölkerung von sehr bescheidenen Arbeitseinkommen lebt, oder will er diese Einkommen durch regelmäßige Transfers aufstocken? In den angelsächsischen Ländern, namentlich in den USA, werden Einkommen, die ein knapp bemessenes Existenzminimum gewährleisten, als ausreichend angesehen: Das sind die »working poor«, »arbeitende Arme«, wobei Arme in den USA deutlich ärmer sind als in fast allen Ländern Westeuropas. Die Westeuropäer, mit an der Spitze die Deutschen, tun sich mit Minilöhnen schwer. Sie fragen nicht nur: »Was ist der Wert dieser oder jener Arbeit?«, sondern auch: »Was braucht ein Mensch, um nach Meinung der Mehrheit ein auskömmliches, würdevolles Leben führen zu können?«

Diese Frage ist berechtigt. Weil jedoch der Anteil sehr gering entlohnter Tätigkeiten künftig deutlich ansteigen wird, darf ihre Beantwortung nicht im Halbdunkeln bleiben und von Zufallskonstellationen abhängen. Bisher haben Deutsche und andere Europäer eine klare Haltung zu dieser Frage vermieden. Sie haben eine im internationalen Vergleich recht großzügige Versorgung von Nicht-Erwerbstätigen organisiert. Mit Transfers für regulär Beschäftigte haben sie ihre Schwierigkeiten. Bei ihnen haben sie sich mit Prothesen beholfen. Das aber wird schon bald nicht mehr genügen. Vielmehr müssen klare Entscheidungen getroffen werden, welcher Anteil am Erwirtschafteten für lohnergänzende Transfers aufgewendet werden soll. Das kann viel oder wenig sein. Seine Höhe hängt nicht zuletzt vom Selbstverständnis der Gesellschaft ab und ihrer Fähigkeit, soziale Spannungen zu ertragen. Doch wie immer das Ergebnis sein wird: Mit großer Wahrscheinlichkeit werden die Völker des Westens diese Aufgabe recht unterschiedlich angehen.

Idolisierung der Arbeit

Arbeit und Arbeitslosigkeit beginnen und enden in den Köpfen der Menschen, in ihren Gedanken- und Gefühlswelten. Wirtschafts-, sozial- und steuerpolitische Maßnahmen können diese Welten beeinflussen. Ersetzen können sie sie nicht. Das zeigt abermals der internationale und gelegentlich sogar schon der interregionale Vergleich. In Deutschland beispielsweise haben Bayern oder Baden-Württemberg deutlich geringere Beschäftigungsprobleme als Niedersachsen und Schleswig-Holstein, obwohl alle diese Bundesländer seit Generationen derselben Rechts- und Steuerordnung unterworfen sind und in der Wirtschaftspolitik nur bescheidene länderspezifische Gestaltungsmöglichkeiten haben. Ein messbarer Unterschied besteht hingegen in ihren Sicht- und Verhaltensweisen. Auf Dauer spiegeln Wirtschaft und Beschäftigung derartige Mentalitätsunterschiede wider.[18]

Eine mentale Besonderheit des Westens, durch die er sich lange Zeit von anderen Wirtschafts- und Arbeitskulturen markant abgehoben hat, ist seine Idolisierung der Arbeit, namentlich der Erwerbsarbeit. Diese Idolisierung hat maßgeblich dazu beigetragen, dass die frühindustrialisierten Länder jene schwindelerregenden wirtschaftlichen Höhen erklommen haben. Sie hat alle Ressourcen, insbesondere jedoch die Arbeitskräfteressourcen, mobilisiert. Doch wie das Idolisierungen eigen ist, hat auch die der Arbeit ihre Schattenseiten. Wenn heute in ausnahmslos allen westlichen Ländern geklagt wird, dass ihr innerer Zusammenhalt verloren gehe, Zeit für Kinder, Jugendliche, Alte und Hilfsbedürftige fehle, Sinnentleerung um sich greife und kreative Muße rar geworden sei, dann hat das viel mit der Idolisierung der Erwerbsarbeit zu tun. Clevere Geschäftemacher haben auch hier inzwischen einen Markt entdeckt. »So wird das nichts«, annoncieren sie breit. »Schufterei und Anstrengung sind Gift für Ihr privates Glück und Ihren beruflichen Erfolg!« Und sie machen sich anheischig, den bequemen Weg zum Erfolg zu weisen.[19]

251

Vollends absurd wird die Idolisierung von Erwerbsarbeit, wenn an ihr Partnerschaften, Familien, menschliches Miteinander und der gesellschaftliche Zusammenhalt insgesamt zerschellen und Menschen daraufhin – in einem paradoxen Reflex – Halt an ebendieser Erwerbsarbeit suchen. Alles, was ihnen sonst noch Halt geben könnte, haben sie verloren. Sie sind fast buchstäblich an der Erwerbsarbeit gestrandet. Die Zahl derjenigen, die ohne wirtschaftliche Notwendigkeit einem Erwerb nachgehen und auf diese Weise ihrem unerfüllten Leben einen Sinn zu geben versuchen, dürfte beträchtlich sein. Nicht selten hasten diese Menschen fahl und unfroh durch Flughäfen, Bahnhöfe und Werksanlagen, immer auf der Suche nach dem nächsten Arbeitskick. Ihre oft öffentlich geführten Telefonate legen davon Zeugnis ab. Betriebsamkeit um jeden Preis. Bloß keine Pause eintreten, keine Leere aufkommen lassen! Die westliche Arbeitsgesellschaft hat teilweise tragische Züge angenommen. Sie ist weder stabil noch ruht sie in sich.

Der Westen täte gut daran, einen Schritt zurückzutreten, um sich sein Arbeitstreiben aus einiger Entfernung anzuschauen. Für den eigenen Lebensunterhalt und den Lebensunterhalt derjenigen zu sorgen, die dies selbst nicht vermögen, trägt wesentlich zum Gelingen des menschlichen Daseins bei. Die gar nicht so wenigen Schnorrer und Trittbrettfahrer, die von ihren Mitbürgern gelegentlich auch noch Dank erwarten, weil sie ihnen keine Arbeitsplätze wegnehmen, müssen als das gebrandmarkt werden, was sie sind: asozial und unsolidarisch. Umgekehrt ist Arbeit, namentlich Erwerbsarbeit, aber auch nicht die Krönung und Erfüllung des Menschseins. Die Ansicht, dass erst durch Arbeit der Mensch zum Menschen werde,[20] beruht auf einer groben Verkennung der menschlichen Natur. Auch der kontemplative, spielende, müßige Mensch ist Mensch, und zwar ohne jede Einschränkung.

Arbeit ist ihrem Wortsinn nach Mühe und Plage,[21] und daran hat sich für viele bis heute nichts geändert. Sie empfinden sie trotz aller Idolisierung nach wie vor als Fron. Nur reichlich ein Zehntel der Arbeitnehmer in Deutschland hat eine emotionale Bindung zu seiner beruflichen Tätigkeit. Fast jeder Fünfte hingegen verspürt nichts dergleichen. Die übrigen siebzig Prozent machen Dienst nach Vorschrift.[22] Sie erscheinen pünktlich an ihrem Arbeitsplatz, verlassen ihn aber auch genauso pünktlich. In anderen Ländern sieht die Bilanz kaum besser aus. Teilweise ist sie sogar noch schlechter. Diejenigen, die in der Erwerbsarbeit Lebenssinn nicht nur suchen, sondern auch finden, bilden überall eine kleine privilegierte Minderheit.

Jeder Einzelne sollte schon um seiner selbst willen bestrebt sein, dieser Minderheit anzugehören, und die Gesellschaft sollte sich bemühen, sie zur Mehrheit werden zu lassen. Dabei sollte sie jedoch nie vergessen, dass das heutige Arbeitsverständnis des Westens ein Kunstprodukt ist, das von historisch determinierten und definierten Bedingungen abhängt. Sollten diese Bedingungen eines Tages nicht mehr gegeben sein, verfällt auch das derzeitige Arbeitsverständnis. Denn in der Natur des Menschen wurzelt es nicht.[23] Vielleicht hilft diese Einsicht dem Westen, sein Verhältnis zu Arbeit und Erwerb zu entkrampfen. Denn das sollte er.

Zu dieser Entkrampfung gehört, dass er menschliche Arbeit nicht länger als große Kostbarkeit und Rarität behandelt. Der erschreckende Ressourcenverbrauch, die weiträumige Zerstörung der Umwelt und nicht zuletzt die Arbeitslosigkeit selbst haben ihre tieferen Wurzeln in dieser wirklichkeitsfernen Verhaltensweise. Menschliche Arbeit ist nämlich keine Kostbarkeit und Rarität. Sie ist das nie gewesen und wird es künftig weniger denn je sein. Vielmehr steht sie weltweit auf allen Qualifikationsstufen reichlich und regional sogar im Überfluss zur Verfügung. Das aber hat den Westen jahrzehntelang nicht davon abgehalten, die Arbeitskraft seiner Bürger über alles andere zu stellen. Gewiss fand in diesem Verhalten auch das spezifische Menschenbild des Westens seinen Niederschlag. Niemand sollte mehr Fahrkarten entwerten oder Zugauskünfte erteilen, das Laub zusammenrechen oder die Straße kehren, das Auto waschen oder den Koffer tragen müssen. Für all das und viel, viel mehr erschien menschliche Arbeitskraft zu kostbar – so kostbar, dass sie im Ergebnis ungenutzt blieb.

Auch in diesem Punkt ist der Westen einer verhängnisvollen Fehleinschätzung erlegen. Lange Zeit glaubte er, die gesamte Erwerbsbevölkerung könne durch ihre Arbeitseinkommen an der explosionsartigen Wohlstandsmehrung der Nachkriegszeit beteiligt werden. Dabei verkannte er, dass aufgrund der sprunghaften Produktivitätssteigerungen die Wertschöpfung von Einzelnen und Gruppen immer ungleicher wurde. Viele waren und blieben ihr Geld wert. Bei einer wachsenden Zahl von Erwerbstätigen entfernte sich jedoch ihr am allgemeinen Wohlstand orientiertes Einkommen immer weiter von ihrer individuellen Wertschöpfung. Gemessen an dieser wurde ihre Arbeit teuer wie Kaviar, so dass immer weniger Nachfrager sich mit großen Löffeln daran bedienten. Die meisten beließen es bei Pröbchen und setzten damit eine stetige Abwärtsspirale in Gang.

Damit gerieten einfache Tätigkeiten von zwei Seiten unter Druck. Sie wurden gesellschaftlich geächtet und zugleich wirtschaftlich zu teuer. Das musste sie vom Markt werfen. Allein in Deutschland geht heute annähernd jeder zweite Arbeitslose auf dieses Konto.[24] Auch wenn das in den Ohren mancher noch ungewohnt und schrill klingen mag: Einfache Arbeit muss ganz buchstäblich preis-wert werden. Sonst wird sich bei einem großen Teil der Arbeitslosen nichts bewegen. Vom einzelnen Nachfrager nach solchen Tätigkeiten zu erwarten, er werde den gesellschaftlich möglicherweise gebotenen Solidarausgleich individuell erbringen, ist unrealistisch. Das ist Aufgabe aller.

Zur Entkrampfung gehört schließlich, dass der Westen die überaus künstliche Scheidung von Erwerbsarbeit und sonstiger Arbeit beendet und alle Arbeitsformen als gleichwertig anerkennt. Es ist falsch, bezahlter Arbeit einen gesellschaftlich höheren Rang einzuräumen als nicht bezahlter. Umgekehrtes Vorgehen ist sachgerechter. Denn die Erwerbsarbeit wird ja bereits entlohnt. Sie muss darüber hinaus nicht noch gesellschaftlich geadelt werden. Wenn Arbeit zu adeln ist, dann die unentgeltliche oder schlecht bezahlte. Eine Gesellschaft ist in die Irre gegangen, wenn Menschen in den Erwerb drängen, nur um von ihren Mitmenschen anerkannt zu werden. Eine solche Gesellschaft muss über kurz oder lang in Schieflage geraten. In dieser Schieflage befindet sich der Westen heute.

Ungeschönte Bilanzen

Für den Westen ist die Zeit gekommen, Bilanz zu ziehen. Diese wird nicht in allen Ländern gleich ausfallen, aber das Gemeinsame dürfte weit größer sein, als es die Unterschiede sind. Bei dieser Bilanz sollte sich der Westen einer möglichst nüchternen Sprache befleißigen. Denn das ist eine seiner empfindlichsten Schwächen: Er hat verlernt, die Dinge beim Namen zu nennen und sich unmissverständlich auszudrücken. Vielleicht wird deshalb die gegenwärtige Epoche als Kommunikationszeitalter bezeichnet. Diese Zeit bedarf in der Tat sinnvoller, verständlicher Kommunikation.

Das zeigt bereits der Alltag. Auf einer eher bescheidenen deutschen Bahnstation wird der Reisende in Bruchteilen von Sekunden bombardiert mit der Aufforderung, eine »BahnCard« zu erwerben, die ihm den Weg zum »City-Ticket« und unter Umständen auch zum »Car-Sharing« ebnet, auf dass er schneller zu seinem »Event« gelange, nachdem er sich zuvor noch an »Slush« und »Stroopwafels« gütlich getan hat. Und bei alldem nicht zu vergessen: »think pink!« und »look for nice price!« Man muss kein Sprachpurist sein, um zu erkennen: Hier wird nicht mehr kommuniziert. Hier wird Sprache persifliert. »Have fun!«

Das Englische scheint sich dafür besonders gut zu eignen. Nicht zufällig ist es die Sprache der Werbung. Die Werbetexter haben Recht: Würden sie das, was sie der Welt auf Englisch verkünden, auf Deutsch, Französisch oder Italienisch mitteilen, platzte ihre Botschaft wie ein angestochener Luftballon. Oder richtiger: Es würde offenbar werden, dass da überhaupt keine Botschaft ist, sondern nur aufdringliches Wortgeklingele. Aber viele haben sich an dieses Geklingele gewöhnt, und manche sind regelrecht süchtig danach.

Verbal hat sich der Westen auf einer rosaroten Wolke eingerichtet und vielfältige Techniken entwickelt, Unangenehmes oder gar Belastendes auszublenden. Die US-Amerikaner sind auch auf diesem Gebiet unangefochtene Meister. Über Sachverhalte ungeschminkt zu sprechen gilt als unschicklich, tölpelhaft und in gewissen Lebenslagen selbstmörderisch. Alles ist super, bestens, toll, genial. Nicht nur unter Teenagern ist der Superlativ die Norm. Nüchterne Lagebeurteilungen wirken vor dieser Kulisse düsterer, als sie sind. Vor ihr erscheint alles, was nicht rosarot getönt ist, als Schwarzmalerei.

Die Sprache des Westens ist eine Abfolge von Beschönigungen, Verschleierungen, Irreführungen. Die Politik trägt daran ein gerüttelt Maß an Mitverantwortung. Unter Verletzung ihrer Aufklärungspflichten hat sie es sich zur Aufgabe gemacht, der Bevölkerung eine hübsch aufbereitete und sorgfältig gefilterte Wirklichkeit zu servieren. Zwar sind Demokratien ein wenig transparenter als andere Herrschaftsformen, und mitunter sind Medien ernsthaft bemüht, auf Sachverhalte einzugehen. Aber klar sieht der Bürger deshalb noch lange nicht.

Die larmoyante Schwüle, die heute viele in den frühindustrialisierten Ländern lustlos und abgeschlagen sein lässt, wäre vermutlich wie fortgeblasen, wenn sich die Politiker aufraffen könnten zu bekennen: Ja, die Wiegen der Deutschen und Italiener, der Spanier und Ungarn werden sich so bald nicht wieder füllen. Ja, unsere Völker werden alt und älter, und bald werden wir die ältesten in der Welt sein. Ja, es wird weder jetzt noch in absehbarer Zeit für jeden Arbeitswilligen einen interessanten und ertragreichen Arbeitsplatz geben. Ja, andere Volkswirtschaften haben aufgeholt, und die eine oder andere könnte uns demnächst überholen. Ja, der Staat kann seine im Rahmen der sozialen Sicherungssysteme gegebenen Zusagen auf Dauer nicht einhalten. Ja, die Verschuldung der öffentlichen Haushalte ist uns über den Kopf gewachsen und erfordert drastische Sparmaßnahmen. Ja, sowohl das deutsche als auch das europäische Einigungswerk ist weit schwieriger als gedacht und viel teurer als geplant. Ja, wir müssen nicht nur die Ärmel hochkrempeln, sondern auch noch den Gürtel enger schnallen.

Die Wirkung eines solchen Bekenntnisses dürfte sein, dass die Bürger einander verdutzt anschauen und sagen: Ist das alles? Das haben wir, wenn schon nicht gewusst, so doch vermutet. Warum haben die Politiker uns das nicht längst gesagt? Endlich ist es raus, und wir wissen, woran wir sind. Wie weit müssen wir denn die Ärmel hochkrempeln und um wie viel den Gürtel enger schnallen? Und die Politiker könnten guten Gewissens antworten: Ein Ärmelaufschlag und ein Gürtelloch dürften reichen. Vielleicht werden es auch zwei. Aber das sollte dann wirklich genügen.

Stattdessen verbringen viele den Tag mit Schönredner- und -rechnereien. Das ist keine leichtfertige Unterstellung. Regierungsamtliche Annahmen sind – statistisch verifizierbar – häufig zu optimistisch. Stets lugt der nächste Aufschwung um die Ecke, und täglich strahlt das Licht am Ende des Tunnels heller. Mit dieser Methode untergräbt eine Regierung zuverlässig das Vertrauen der Bevölkerung und lässt sie depressiv werden. Dabei ist es doch so einfach. Jede qualifizierte Führungskraft kennt das Rezept: Ziele so stecken, dass sie zwar eine gewisse Herausforderung darstellen, aber mit hoher Wahrscheinlichkeit erreicht werden können. Sind sie dann erreicht, sind alle zufrieden. Erweisen sie sich als zu ehrgeizig, müssen sie zurückgenommen werden – zügig und ohne Tränen. Werden sie jedoch übererfüllt, löst das einen gewaltigen Motivationsschub aus. Eine Politik, die diese einfachen Maßregeln beherzigt, wird weitaus erfolgreicher sein als eine, bei der es ständig heißt: Klassenziel wieder nicht erreicht!

Die fortwährende Verfolgung wirklichkeitsferner Ziele hat den Westen weithin krank gemacht. Ein Symptom dieser Krankheit sind die gigantischen Schulden, die heute viele frühindustrialisierte Länder haben. Sie wurden gemacht, um einen aberwitzigen Kampf gegen die Gespenster Wachstumsschwäche und Sozialabbau zu finanzieren. Die Ironie auch hier: Die Gespenster, die vertrieben werden sollten, wurden durch diesen Kampf erst zum Leben erweckt. Denn so viel ist sicher: Diese Schulden beeinträchtigen nunmehr Wirtschaftswachstum und Sozialstandards und werden sie künftig noch empfindlicher beeinträchtigen.

Dabei hat es den Schuldenmachern nicht an Einnahmen gefehlt. Diese waren im internationalen und historischen Vergleich sogar sehr hoch. In Deutschland beispielsweise nahmen Bund, Länder und Gemeinden im Jahre 2004 pro Kopf der Bevölkerung 11 600 Euro ein. Das waren – im gleichen Geldwert – 700 Euro mehr als zehn Jahre zuvor. Ein unbefangener Betrachter könnte meinen, dass damit gute Arbeit zu leisten sei, das heißt Renten gezahlt, Straßen gebaut oder Lehrer beschäftigt werden könnten. Doch weit gefehlt. Im selben Jahr gab der Staat pro Kopf der Bevölkerung 12 600 Euro aus, also tausend Euro mehr, als er eingenommen hatte. Im Vergleich zu 1994 waren die Ausgaben – abermals im gleichen Geldwert – sogar um 1100 Euro höher.[25] Gewiss hat zu diesem Anstieg auch die Zunahme des alten und deshalb kränkeren und pflegebedürftigeren Bevölkerungsteils beigetragen. Aber wäre es nicht gerade die Aufgabe der Politik gewesen, diesen absehbaren Veränderungen vorausschauend zu begegnen?

Mit solchen Argumenten lässt sich das Schuldenmachen nicht überzeugend begründen! Vielmehr ist dessen eigentliche Ursache erneut ein Kopfproblem. Bei einer anderen Sicht- und Verhaltensweise wäre es dem Westen unschwer möglich, die Ausgaben der öffentlichen Hand mit deren ordentlichen Einnahmen zur Deckung zu bringen. Aber dazu ist er zu haltlos, ausschweifend und undiszipliniert. Ständig lebt er auf zu großem Fuß und verpfändet dafür seine Zukunft. So gesehen sind öffentliche Haushalte nicht nur Schicksalsbücher von Nationen, sie sind auch getreue Spiegelbilder von Gesellschaften.

Soll das Spiegelbild des Westens wieder anziehender werden, muss viel geschehen. Mit Schminken ist es nicht getan. Um die Zukunft zu gewinnen, müssen Länder, die ähnlich wie Deutschland verschuldet sind, die jährliche Neuverschuldung innerhalb von drei Jahren auf null zurückführen und in den Folgejahren den Altschuldenberg jährlich um zwei Prozentpunkte abtragen. Hierfür müssten in Deutschland neben den Zinsen für die Altschulden, die gegenwärtig knapp 70 Milliarden Euro betragen, weitere 30 Milliarden Euro aufgebracht werden. Unmöglich zu schaffen? Wird es nicht geschafft, haben die künftig Aktiven keine Chance, aufrecht gehen zu können. Im Übrigen kann ein Westen, der nicht die Disziplin aufbringt, seine öffentlichen Haushalte nach Jahrzehnten verbreiteter Misswirtschaft wieder in Ordnung zu bringen, alle anderen Ziele fahren lassen. Denn damit hätte er sich und anderen gezeigt, dass er für eine zukunftsfähige Politik nicht mehr taugt.

Noch versuchen Demagogen der Bevölkerung weiszumachen, dass es auch ohne derartige Anstrengungen gehe. Man brauche nur den Geldhahn tüchtig aufzudrehen und die wohlhabenderen Bevölkerungsschichten noch stärker zur Kasse zu bitten, und schon könne alles weiter seinen gewohnten Gang gehen. Dass diese Demagogen Zulauf haben, braucht nicht zu verwundern, und voraussichtlich wird dieser Zulauf sogar weiter steigen, wenn die mittlerweile chronisch gewordenen Leiden des Westens anfangen, Schmerzen zu bereiten.[26] Wer unterzieht sich schon bereitwillig einer langwierigen Therapie, wenn gleichzeitig scheinbar angenehmere Wege zur Heilung aufgezeigt werden?

An dieser Weggabelung trennen sich die Realisten von den Phantasten. Während Letztere bis zu ihrem offenkundigen Scheitern den Demagogen hinterherlaufen, haben die Realisten erkannt: Um wieder zu gesunden, braucht der Westen einige heilsame Schocks. Für ein einfühlsameres Vorgehen ist keine Zeit mehr. Sie wurde in vielen frühindustrialisierten Ländern in den zurückliegenden 25 Jahren verplempert. Deshalb muss den Bevölkerungen des Westens nunmehr schlagartig bewusst gemacht werden, dass für eine Fortsetzung jener »Allen-Wohl-und-keinem-Weh«-Politik nicht nur die wirtschaftlichen, sondern auch die gesellschaftlichen Voraussetzungen entfallen sind.

Wie dringend ein solcher Bewusstseinswandel ist, zeigt die große Zahl von Griechen, die sich unlängst zu einem 24-stündigen Streik hinreißen ließen – aus Protest gegen die Weigerung ihrer Regierung, den Erste-Mai-Feiertag am 11. Mai nachzuholen, weil der traditionelle Tag der Arbeit 2005 auf einen kirchlichen Feiertag gefallen war. Nahezu der gesamte Verkehr kam zum Erliegen. Touristen saßen auf den Inseln fest. Arbeitswillige mussten zu Hause bleiben. Schulen blieben geschlossen. Kliniken behandelten nur Notfälle.[27] Und das alles wegen einer zufälligen Kalenderkonstellation, mit der sich breite Bevölkerungsschichten nicht abfinden wollten. Was für eine ganz und gar unwirkliche Welt – und das nicht nur im sonnigen Griechenland!

Heilsame Schocks

Heilsame Schocks, wie sie der Westen jetzt braucht, werden von der Sanierung der öffentlichen Haushalte ausgehen. Heilsame Schocks sind aber auch von der Sanierung der sozialen Sicherungssysteme zu erwarten. Diese weisen in allen frühindustrialisierten Ländern mehr oder minder schwerwiegende Mängel auf, in einigen, unter ihnen Deutschland, müssen sie von Grund auf erneuert werden. Dabei ist folgenden Erfordernissen Rechnung zu tragen: In Zukunft müssen die sozialen Sicherungssysteme dramatischen Verschiebungen im Bevölkerungsaufbau gewachsen sein. Ihre Funktionstüchtigkeit muss auch bei schwachem Wirtschaftswachstum und selbst bei einem Rückgang der wirtschaftlichen Leistungsfähigkeit erhalten bleiben. Ihre Finanzierung darf nicht vorrangig von Erwerbsarbeit abhängen. Sie müssen einen fairen Solidarausgleich gewährleisten. Sie müssen in ihrem jeweiligen Wirkungsbereich eine effiziente Mittelverwendung fördern. Und sie müssen gesellschaftlich akzeptabel sein.

Eine besondere Herausforderung ist die voraussichtliche Verbindung von steigendem Altenanteil mit sinkender Wirtschaftskraft. Bisher ist nur ein Teil dieser Herausforderung ins öffentliche Bewusstsein gedrungen. In allen frühindustrialisierten Ländern wird zutreffend davon ausgegangen, dass in den kommenden Jahren und Jahrzehnten die Zahl Transferberechtigter und -bedürftiger in der Alters-, Kranken- und Pflegeversicherung steil ansteigen wird. Allerdings wird in Verkennung der wahrscheinlichen Entwicklung die Lösung der hieraus erwachsenden Probleme noch immer in anhaltendem, dynamischem Wirtschaftswachstum gesehen. Diese Lösung wäre zweifellos bequem. Bei entsprechendem Wachstum müssten auch bei einem Anstieg der Zahl Transferberechtigter die individuellen Transferleistungen nicht gesenkt werden. Doch darauf darf sich eine verantwortungsvolle Politik nicht verlassen. Sie muss den Bürgern vielmehr deutlich sagen, dass bei einer stark steigenden Zahl Transferberechtigter das künftige Wirtschaftswachstum kaum ausreichen dürfte, um die individuellen Transferleistungen im gewohnten Umfang dauerhaft aufrechterhalten zu können.

Zu einem solchen Bekenntnis hat sich die Politik bislang nicht durchringen können. Stattdessen spricht sie – für den Durchschnittsbürger unverständlich – von langfristigen Niveauabsenkungen, die jedoch auf die absoluten Zahlbeträge angeblich keine Auswirkungen haben sollen. Diese sollen, so heißt es, nicht nur nominal, sondern auch real erhalten bleiben. Sehr glaubwürdig ist das in Anbetracht der sich abzeichnenden wirtschaftlichen Entwicklung nicht. Wahrscheinlicher ist, dass die staatlich organisierten Leistungen im Alter sowie Krankheits- und Pflegefall auf breiter Front sinken werden, wenn schon nicht nominal, so doch real, das heißt gemessen an ihrer Kaufkraft. In einigen Ländern, unter anderem in Deutschland, ist diese Entwicklung bereits in vollem Gange.[28]

Zwei Bevölkerungsgruppen sind von ihr allerdings weit weniger betroffen als andere: die wirtschaftlich Starken – kaum überraschend –, aber auch die wirtschaftlich Schwachen. Die wirtschaftlich Starken sind aufgrund der immensen Wohlstandsmehrung in den frühindustrialisierten Ländern zu einer beachtlichen gesellschaftlichen Schicht herangewachsen, die, objektiv betrachtet, auf die sozialen Sicherungssysteme nicht oder nicht länger angewiesen ist. Mitunter sind sie sich dessen noch gar nicht bewusst. Aber mit jeder weiteren Erschütterung dieser Systeme wird den wirtschaftlich Starken, zu denen im Durchschnitt der frühindustrialisierten Länder schätzungsweise ein Zehntel der Bevölkerung zu zählen ist,[29] bewusster werden, dass sie das alles nur am Rande berührt.

Dabei ist absehbar, dass die Wohlhabenheit der Wohlhabenden künftig noch zunehmen wird. Vor allem diejenigen, die über substantielles Geldvermögen verfügen, haben Möglichkeiten zu seiner Vermehrung, die früheren Generationen verschlossen waren. Kapital ist weltweit begehrt, und entsprechend herzlich werden seine Eigner überall willkommen geheißen. Für die sozialen Sicherungssysteme bedeutet dies, dass sich eine immer größer werdende gesellschaftliche Schicht, der zunehmend auch abhängig Beschäftigte angehören, zumindest mental von ihnen löst. Die sozialen Sicherungssysteme als schützendes Dach für (fast) alle – das ist nicht mehr die Lebenswirklichkeit zu Beginn des 21. Jahrhunderts.

Das gilt freilich nicht für die wirtschaftlich Schwachen. Sie brauchen dieses Dach auch künftig. Da sie aber ohnehin nicht viel zu verlieren haben, berührt auch sie der Umbau der sozialen Sicherungssysteme nur mäßig. Denn was immer aus diesen Systemen werden wird – das Existenzminimum werden sie nach menschlichem Ermessen auch in Zukunft zur Verfügung stellen. Das aber ist alles, was für die wirtschaftlich Schwachen zählt. Zwar ist nicht auszuschließen, dass dieses Minimum gegenüber heute noch ein wenig abgesenkt werden wird. Aber am Lebensstandard der wirtschaftlich Schwachen dürfte sich dadurch nur wenig ändern.

Ganz anders ist die Lage der etwa drei Viertel der Bevölkerung, die zwischen den Bedürftigen auf der einen und den Gutbetuchten auf der anderen Seite stehen. Sie müssen sich darauf einstellen, dass die sozialen Sicherungssysteme auch ihnen – ähnlich wie den wirtschaftlich Schwachen – künftig nur noch eine Grundversorgung im Alter sowie bei Krankheit, Pflegebedürftigkeit und Arbeitslosigkeit gewähren werden. Länder wie Deutschland, in denen die Bevölkerung daran gewöhnt ist, in allen Lebenslagen umfassend vom Staat versorgt zu werden, trifft das hart. Hier sind erst noch die Lektionen zu lernen, die beispielsweise Briten oder US-Amerikaner bereits vor Jahren gelernt haben.

Deutsche, Franzosen oder Italiener werden jedoch rasch aufholen und die Vorsorge für die Fährnisse des Lebens ebenfalls verstärkt in die eigenen Hände nehmen. Der Grund hierfür ist schlichte Notwendigkeit und nicht – wie manche meinen – das Wehen eines »neoliberalen« Zeitgeistes. Denn auch Deutsche, Franzosen oder Italiener werden in Zukunft nicht mehr bereit sein, individuell und kollektiv die Mittel aufzubringen, die erforderlich wären, um einen stark steigenden Anteil Transferberechtigter wie bisher zu versorgen. Um dies zu tun, müssten zum Beispiel die Deutschen um das Jahr 2035 weit mehr als die Hälfte ihrer Bruttoarbeitsentgelte an die sozialen Sicherungssysteme abführen.[30] Und das unter Bedingungen voraussichtlich stagnierender oder sogar sinkender Arbeitseinkommen! Die Politik sollte gar nicht erst den Versuch unternehmen, dies zu erzwingen. Das Leben eines Volkes umfasst mehr als die Sicherung tradierter Sozialsysteme.

Das aber heißt zugleich, dass die Anstrengungen verstärkt werden müssen, die Kapitalbildung breiter Bevölkerungsschichten zu beschleunigen, Erwerbsarbeit und soziale Sicherheit konsequent voneinander zu trennen, innerhalb der Systeme einen fairen Solidarausgleich zu bewirken und die Effizienz der Mittelverwendung zu steigern. Anfänge sind gemacht,[31] und Konzepte für die künftige Organisation sozialer Sicherheit gibt es zur Genüge.[32] Jetzt muss gehandelt werden. Die Zeit drängt.

Vom Menschen entwöhnt

Die Sanierung der öffentlichen Haushalte sowie der sozialen Sicherungssysteme ist ein Wert an sich. Sie zeigt der Bevölkerung die Grundlagen und Grenzen ihres Handelns auf und vermindert zugleich Zukunftslasten. Beides ist geeignet, Kräfte freizusetzen. Ebenso wichtig ist jedoch, dass mit dieser Sanierung ein Beitrag zur Wiederherstellung und Festigung des empfindlich gelockerten gesellschaftlichen Zusammenhalts geleistet wird.

Verblendet von dem historisch einzigartigen Wohlstandsniveau und im Vertrauen auf das alles durchdringende Geflecht von Zwangssolidaritäten, meinen viele in den frühindustrialisierten Ländern, auf die Gemeinschaft nicht mehr angewiesen zu sein und ihr Leben nach höchst individuellen Vorstellungen gestalten zu können. Ein Frank Sinatra hat es ihnen tausendmal vorgesungen: I did it my way.

Dabei sind nur Minderheiten aus eigener Kraft zumindest wirtschaftlich unabhängig. Die große Mehrheit der Menschen verlässt sich darauf, dass irgendwelche anderen, gegebenenfalls das Sozialamt, ihren Lebensunterhalt bestreiten. Darauf glauben sie einen Anspruch zu haben. Umgekehrt sind sie davon überzeugt, selbst niemandem etwas zu schulden, weder ihren Eltern noch ihren Lehrern noch ihren Freunden – so sie denn welche haben. Sie kennen kaum Pflichten. Ihre Welt besteht aus Rechten gegenüber anderen.

Dieser Typ Mensch, den der hochgradig individualistische Westen innerhalb weniger Generationen hervorgebracht hat, wirkt mittlerweile gesellschaftsprägend. Er ist so etwas wie ein Ideal, an dem sich die Öffentlichkeit bewusst oder unbewusst orientiert. Die Medien fördern das. Die von ihnen gezeichneten Menschen sind häufig nicht in beanspruchenden, beglückenden, belastenden, kurz in menschlichen Gemeinschaften verwoben. Die Helden und Heldinnen der Medien haben selten quengelnde Kinder, arbeitslose Schwiegersöhne oder pflegebedürftige Verwandte. Die Helden und Heldinnen ziehen einsam ihre Bahnen. Sie sind scheinbar auf nichts und niemanden angewiesen.

Wie sehr in den westlichen Gesellschaften der Mensch vom Menschen entwöhnt ist, zeigt sowohl die hohe Single- und Scheidungs-[33] als auch die niedrige Geburtenrate.[34] Unter den Gründen für diese Zahlen sticht nämlich einer hervor: Viele erwarten von anderen, was sie selbst nicht zu geben bereit oder überhaupt in der Lage sind. Oft sind menschliche Maßstäbe verloren gegangen. Vom Partner, von der Partnerin wird ein Maß an Anpassungsfähigkeit, Genügsamkeit und Einfühlungsvermögen, an Engagement, Fleiß und Dynamik, aber auch an Witz, Schönheit und Ausstrahlung erwartet, wie es Menschen vielleicht in 90-Minuten-Filmen vorgaukeln, nicht aber im wirklichen Leben erbringen können. Die Enttäuschung ist programmiert.

Nicht anders bei Kindern. Unter 30-Jährige fühlen sich zu jung, über 35-Jährige zu alt für sie. Wird dann doch eines geboren, verfliegt häufig der Wunsch nach einem zweiten.[35] So anstrengend und freiheitsberaubend hatten sich die Eltern das nicht vorgestellt. Und die Großeltern spielen oft auch nicht mehr mit. Sie wollen ihre Ruhe und Unabhängigkeit. Ist das Kind schließlich flügge, stellt es seinerseits die Eltern, oder was von ihnen geblieben ist, in einer Massivität in Frage, die ebenfalls gemeinschaftssprengend wirkt.

Eltern wissen nicht mehr, wie sie mit ihren Kindern, Kinder nicht, wie sie mit ihren Eltern umzugehen haben. Die westlichen Gesellschaften können immer weniger aus sich selbst heraus leisten. Früher Selbstverständliches müssen sie immer wieder neu erlernen: den Umgang mit Speisen und Getränken, Arbeit und Muße, Mann und Frau, Erwachsenen und Kindern. Sie wissen nicht mehr, mit Menschen menschengemäß umzugehen. Deshalb über- und unterfordern sie sie ständig.

Und die Menschen wissen nicht mehr, mit Gemeinschaft, mit Gesellschaft umzugehen. Viele meinen, sie mit Füßen treten und ausplündern zu können. Sie haben keine Vorstellung davon, wie belastbar, aber auch empfindlich und verletzlich sie ist. Gesellschaft? Die ist doch unverwüstlich. Das ist ein Irrtum. Gesellschaften sind Organismen, die wie alle Organismen entstehen und vergehen und Voraussetzungen ihrer Existenz haben. Aber im Unterschied zu vielen anderen Organismen bewahren sie oft ihr äußeres Erscheinungsbild, auch wenn sie bereits ihre Vitalität eingebüßt haben oder sogar abgestorben sind. Wie manche Bäume können Gesellschaften versteinern und versteinert weiterexistieren. Doch Steine leben nicht.

Wie lebendig sind die westlichen Gesellschaften? Die Frage lässt sich nicht mit einem Hinweis auf die Zahl von Sportvereinen oder freiwilligen Feuerwehren beantworten. Aufschlussreicher ist der Pilzbefall, wie er auch an kranken Bäumen zu beobachten ist. Die Pilze an kranken Gesellschaften sind diejenigen, die sie selbstisch missbrauchen. Einige solcher Pilze kann und muss jede Gesellschaft verkraften. Aber es ist Selbstbetrug anzunehmen, dass heute nur ein paar schwarze Schafe an den westlichen Gesellschaften und ihren Institutionen knabbern. Diese werden massenhaft missbraucht, weshalb der Missbrauch oft gar nicht mehr als solcher in Erscheinung tritt: der Missbrauch von Sozialleistungen, Subventionen, Steuervorteilen oder sonstigen öffentlichen Geldern. Hinzu kommen Verschwendung, Ineffizienz, Korruption, nachlässiges Personal. Das alles, so heißt es beschwichtigend, sei im Westen weniger gravierend als anderswo. Diese Aussage zu überprüfen fällt schwer. Aber selbst wenn der Missbrauch der Gesellschaft anderswo noch größer sein sollte als im Westen, ist das kein Grund, sich entspannt zurückzulehnen. Denn der Westen ist es, der um seine Zukunft zu kämpfen hat.

Solidarität nach Vorschrift

Erklären in Deutschland Arbeitnehmer im öffentlichen Bereich, sie wollten »Dienst nach Vorschrift« machen, das heißt, bei ihren Verrichtungen nicht nur Recht und Gesetz, sondern auch alle Verordnungen, Erlasse und sonstigen Regelungen buchstabengetreu beachten, dann ist das für Dienstherren und Öffentlichkeit eine ernste Drohung. Denn alle wissen: Wenn Dienst nach Vorschrift gemacht wird, wird die Wohltat des Gesetzes zur Plage, wird aus Ordnung Unordnung und aus Bewegung Stillstand.

Diese Erfahrung hat die frühindustrialisierten Länder jedoch nicht davon abgehalten, das Normenkorsett immer enger zu schnüren. Gewiss benötigen die hochkomplexen westlichen Gesellschaften heute ein sehr viel umfangreicheres Regelwerk als die Kinder Israels bei ihrem Zug durch die Wüste Sinai vor 3250 Jahren. Mit zehn Geboten ist es nicht mehr getan. Aber müssen es wirklich viele zehntausend – die genaue Zahl kennt keiner – sein?

Ein jüngstes Beispiel für das Übermaß an Regulierung ist die staatlich geförderte private Altersvorsorge in Deutschland. Inzwischen liegen die ersten Diplom- und Doktorarbeiten zu diesem Gegenstand vor, und ihre Lektüre erlaubt nur einen Schluss: Hier läuft ein System Amok, hier sind Sicherungen durchgebrannt. Hier wird das eigentlich recht einfache Konzept von Vorsorge zu einem rechtlichen Monstrum aufgeblasen. Und diejenigen, die professionellen Rat erteilen sollen, erklären entnervt: Wer hier beraten soll, muss eine Mischung aus Sozialrechtler, Steuerberater, Versicherungsmakler und Anlagespezialist sein.[36] Doch solche Leute gibt es nicht.

Alle sind überfordert: Gesetzgeber, Richter, Anwälte, Steuerberater, Finanzbeamte, Polizisten und selbstredend alle übrigen Bürger. Würde nicht immer öfter »unbürokratisch gehandelt«, »nach billigem Ermessen entschieden« oder ein undurchdringliches Normendickicht durch das Urteilsvermögen eines klar denkenden Menschen vorübergehend außer Kraft gesetzt, wäre der Westen an seiner Normierungsmanie vermutlich bereits erstickt. Allerdings ist diese Entwicklung nicht unproblematisch. Von hier bis zur Willkür ist es nämlich nicht weit. Die beiden Extreme Überregulierung und Regellosigkeit berühren einander.

Doch warum tut sich der Westen das an? Warum verpulvert er einen Gutteil seiner Kräfte mit der unaufhörlichen Produktion weiterer Vorschriften und mit dem zunehmend untauglichen Versuch, diese dann auch zu befolgen? Zwei Antworten drängen sich auf. Zum einen ist diese Manie Folge des alles durchdringenden Wachstumszwangs. Wenn alles ständig mehr werden soll, warum dann nicht auch die Zahl der Normen? Wer glaubt, eine Maxime wie die des Wachstums ließe sich auf einen gesellschaftlichen Teilbereich, nämlich die Wirtschaft, beschränken, irrt. Zum anderen ist diese Manie Ausdruck einer übersatten, gelangweilten Gesellschaft, die unter anderem durch Normsetzung ihren Spieltrieb zu befriedigen sucht. »Wollen wir doch mal sehen, was wir heute alles regeln können.«

Der tiefere Grund für die Normierungsmanie des Westens ist allerdings, dass er keinen verbindlichen Wertekanon mehr hat und ethisches Verhalten für viele nur noch eine Worthülse ist. Große Teile des westlichen Normengefüges erübrigten sich, wenn einfachste Verhaltensregeln wieder Allgemeingut würden: Verhalte ich mich so, dass mein Verhalten von allen geteilt werden kann?[37] Wie wäre es, wenn jeder täte, was ich tue? Die patzige Antwort auf diese Frage lautet oft: Ich bin aber nicht »Jeder«! Eben dies ist das Problem.

Weil der Wertekanon fehlt, sind auch Bemühungen, das Normendickicht ein wenig zurechtzustutzen, im Ergebnis fruchtlos. Keine Regierung, die nicht eine Vereinfachung des Steuerrechts, des Sozialrechts und mancher anderer Rechtsgebiete in Aussicht stellt. Dennoch wuchern die Normen ungehemmt weiter. Und sie werden weiterwuchern, bis die Ursache dieses Wucherns beseitigt ist: der Mangel an gesellschaftlich verinnerlichten Regeln ersprießlichen menschlichen Zusammenlebens – Werten eben.

»Die Würde des Menschen ist unantastbar.«[38] Sätze wie diesen liebt der Westen. Aber lebt er sie auch? Konfrontiert mit geschmacklosen Werbekampagnen, erklärt einer aus der Branche: »In Fernsehen oder Presse werden Reizschwellen nun einmal immer mehr aufgelöst ... Wenn solche Dinge den Massengeschmack treffen, muss auch die Werbung sich darauf einstellen ...«[39] Und eine TV-Produzentin sekundiert: »Was menschenverachtend ist und was nicht, ist genauso schwierig und subjektiv zu beurteilen wie der Unterschied zwischen guter und schlechter Unterhaltung.«[40] Was aber sagt dann die Strafkammer den drei Jugendlichen, die ungeplant und ungezielt und mit ziemlich viel Alkohol im Blut einen Behinderten zu Tode gequält haben? Nein, gedacht hätten sie sich nichts dabei – so deren Einlassung vor Gericht.

Die hochgepriesenen westlichen Werte sind fadenscheinig geworden. Gesetze und Vorschriften sollen die Blößen bedecken. Nirgendwo wird dies deutlicher als im Bereich des Mitmenschlich-Zwischenmenschlichen, dem Solidarbereich. Eine sich entsolidarisierende Gesellschaft versucht Solidarität zu dekretieren, und die Menschen haben reagiert. Dem Beispiel des öffentlichen Dienstes folgend, sind sie außerhalb des engsten Familien- und Freundeskreises dazu übergegangen, Solidarität nach Vorschrift zu üben, und wie dort, so sind auch hier die Folgen: Plage, Unordnung, Stillstand.

Die Solidarität nach Vorschrift hat alle Schichten der westlichen Gesellschaft erfasst. Nur wird dies bei manchen sichtbarer als bei anderen. Besonders sichtbar wird es bei den im weitesten Sinne »Vermögenden«, den »Reichen«, »Mächtigen«, »Klugen«, »Starken«, »Talentierten«. Minderheiten unter ihnen verhalten sich vorbildlich. Die Mehrheit jener »Vermögenden« betrachtet die Gesellschaft jedoch aus wachsender Entfernung und nicht selten leicht angewidert. Im Grunde will sie nichts mehr mit ihr zu tun haben. Zumindest versteht sie die Gesellschaft nicht mehr als ihr ureigenstes Anliegen. Mögen »die da« sehen, wo sie bleiben! Doch eine Gesellschaft, die von den »Vermögenden« aufgegeben, die von ihnen im Stich gelassen wird, kann nicht gedeihen.

Es war ein kardinaler Fehler der westlichen Völker, davon auszugehen, dass die Vermögenden eine gewissermaßen natürliche Verbundenheit mit der Gesellschaft haben, aus der sie hervorgegangen sind. Auf eine solche Verbundenheit war allenfalls Verlass, als die Zahl der Vermögenden gering war und sie sich schon mangels Masse nicht von der übrigen Bevölkerung absondern konnten. Aber auch das ist im Zuge der immensen materiellen Wohlstandsmehrung und des gestiegenen Bildungsniveaus anders geworden. Die Vermögenden bilden heute in den frühindustrialisierten Ländern eine Schicht, die das Potential hat, sich sowohl von der eigenen Gesellschaft abzulösen als sich auch mit ihresgleichen in anderen Ländern zusammenzuschließen. Diese Menschen könnten durchaus Verhaltensformen entwickeln, die denen des europäischen Hochadels früherer Epochen ähneln – der eigenen Schicht, nicht dem eigenen Volk verpflichtet.

Mit gesetzlichen Normen und gesellschaftlichen Zwängen ist dem nicht beizukommen. Versuche vieler Politiker, diese Schicht gegen deren Willen für das gemeine Wohl in die Pflicht zu nehmen, haben etwas Kindlich-Rührendes. Viele mögen vor Zorn die Fäuste ballen und jene Vermögenden verwünschen: Diese lassen sich zu solidarischem Verhalten nicht zwingen. Sie verhalten sich nur dann uneingeschränkt und umfassend solidarisch, wenn sie in einen bestimmten Wertekanon und eine hochentwickelte Ethik eingebunden sind oder – wenn es ihnen nutzt.

Wo Werte und Ethik fehlen, ist es schwer, wenn nicht sogar unmöglich, den gesellschaftlichen Zusammenhalt zwischen Vermögenden, weniger Vermögenden und Unvermögenden zu gewährleisten. Der im Westen weitverbreitete Glaube, Werte und Ethik durch gesetzliche Normen ersetzen zu können, hat sich ebenfalls als Irrglaube erwiesen. Die Verdrängung jenes ungeschriebenen »Das gehört sich, und das gehört sich nicht« durch zahllose »Du darfst«, »Du sollst«, »Du musst« war falsch. Denn weil Menschen Menschen sind, setzten sie von nun an ihre ganze Kraft dazu ein, die auferlegten Zwänge abzuschütteln.

Teilen

Es schreit geradezu nach Widerspruch, Jakobinermütze und Gleichheitsfanalen – dennoch muss es gesagt werden: Die Völker des Westen werden nicht umhinkönnen, die Vermögenden wieder für sich einzunehmen, sie zu umwerben, an sich zu binden. Das ist ungewohnt und wird vielen schwer fallen. Denn scheinbar widerspricht das Gleichheitstraditionen. Aber es hilft nichts. Der Riss zwischen den Vermögenden und den weniger Vermögenden ist bereits beängstigend breit geworden. Bauwerke, die solche Risse aufweisen, drohen zu bersten. Gesellschaften zerfallen. Diese Gefahr ist in einer grenzenlos gewordenen Welt größer denn je. Grenzen haben nämlich nicht nur getrennt. Sie haben auch zusammengehalten.

Die Vermögenden ihrerseits sollten sich nicht ungebührlich bitten lassen und daran denken, warum sie sind, was sie sind. Warum erhält in den USA ein Trabrennfahrer unter Umständen das 20fache eines Busfahrers, eine Schauspielerin das 125fache einer Kellnerin, eine TV-Richterin das 130fache einer Richterin am höchsten Gericht des Landes, ein Börsenmakler das 800fache eines Feuerwehrchefs, ein Basketballspieler das 1200fache eines Hotelportiers oder der Gastgeber einer Radioshow das 1500fache einer Bibliothekarin – jährlich 32 Millionen US-Dollar?[41] Warum bekommt eine Frau, die behauptet, mit einem bestimmten Fußballspieler eine Affäre gehabt zu haben, für ein Zwei-Stunden-Interview 750 000 Euro?[42] Und warum verfügt besagter Fußballer schon nach wenigen Jahren sportlicher Aktivitäten über hohe Millionenbeträge? Ist es »verdient«, wenn eine Schauspielerin für einen Film 14 Millionen US-Dollar und für Werbeauftritte weitere 12 Millionen im Jahr bekommt?[43] Oder wie steht es mit dem Manager, dessen Einkommen 250mal so hoch ist wie das eines Durchschnittsverdieners? Und was ist zu den Erben großer Vermögen zu sagen und denen, die in sie einheiraten? Leistung oder Glück?

Hier geht es nicht um irgendwelche Summen, die ab einer gewissen Höhe ohnehin nur noch virtuelle Bedeutung haben. Was macht der Mensch schon mit einem Jahreseinkommen von 32 Millionen US-Dollar? Hier geht es um das Selbstverständnis derjenigen, die sich in der Gesellschaft nach vorne und oben geschoben haben, der Reichen, Mächtigen, Klugen, Starken, Talentierten und gelegentlich vielleicht auch Skrupel- und Rücksichtslosen. Viele von ihnen mögen Überdurchschnittliches leisten, hart arbeiten, Entbehrungen auf sich nehmen und durchhalten, wenn andere das Handtuch werfen. Aber – um nur einen von mehreren Maßstäben zu wählen – wie wirken sich solche Leistungsunterschiede auf die Einkommenshöhe aus? Steigern sie diese auf das Drei-, Fünf- oder Zehnfache eines Durchschnittseinkommens? Wahrscheinlich. Doch Einkommenshöhen, die beträchtlich darüber hinausgehen, dürften zunehmend auf Glück zurückzuführen sein, banales, unverdientes Glück – Glück, wie es auch Lottospieler haben können.

Dieses Glück beginnt im Moment der Zeugung. Während die eine Enkelin die Kurzsichtigkeit und die Plattfüße ihrer Großmutter erbt, bekommt die andere deren wunderschöne Haut und Haare mit auf den Lebensweg. Das setzt sich fort. Mütter, Väter, Großeltern, Geschwister, Lehrer, Freunde – das alles können Glückstreffer oder Nieten sein. Und dann die vielen Weggabelungen. Wer steht wann an welcher Stelle? Die Vermögenden dieser Welt, die mit ein wenig Demut auf ihre Schicksale schauen, werden unschwer feststellen, dass sie so Außergewöhnliches nicht geleistet haben, sondern die Roulettekugel ganz einfach öfter bei ihrer Zahl liegen blieb als bei anderen Zahlen – Glück eben.

Dieses Glück entzieht sich ethischen Kategorien. Wenn brave Familienväter es für angemessen erachten, mit ihrem sauer verdienten Geld Fußballspieler zu Millionären aufzupäppeln, wenn Frauen bereit sind, für Blusen, wie sie auch von Filmschönheiten getragen werden, gewaltige Aufschläge zu bezahlen, oder Aufsichtsräte Vorständen astronomische Saläre zuerkennen, weil das gerade der Trend ist, dann mögen viele darüber die Köpfe schütteln oder auch das ganze System für verrückt erklären. Ethisch ist das nicht entscheidend. Entscheidend ist: Was machen die vom Glück Begünstigten mit dieser Gunst?

Vermutlich wäre der Zusammenhalt der westlichen Gesellschaften deutlich größer, wenn die Vermögenden selbstloser mit ihren Vermögen umgingen, wenn sie Menschen ein Einkommen ermöglichten, Kindergärten und Pflegeeinrichtungen finanziell unterstützten, Wissenschaft und Kunst förderten – also, um einen etwas aus dem Sprachgebrauch gekommenen Begriff zu verwenden, wohltätiger wären. Zwar gibt es solche Wohltäter in beachtlicher Zahl, und nicht selten wirken sie im Verborgenen. Trotzdem sind die westlichen Gesellschaften von einer zur Selbstverständlichkeit gewordenen Kultur freiwilligen Teilens weit entfernt. Wäre es anders, gäbe es bei dem menschheitsgeschichtlich einzigartigen Wohlstand des Westens kaum noch verfallende Denkmäler, darbende Künste, schlecht ausgestattete Schulen oder materiell Bedürftige.

Da es das alles jedoch gibt, und zwar in wachsender Zahl, wollen viele nicht länger auf diese Kultur freiwilligen Teilens warten. Sie verweisen sie in das Reich der Fabel und möchten, dass der Staat die Vermögenden zwingt, mehr als bisher von ihrem Wohlstand abzugeben. Entsprechende politische Forderungen finden vielerorts breiten Widerhall. Oft sind es Mehrheiten, die Sonderlasten für Wohlhabende ausdrücklich befürworten.

Dabei übersehen sie allerdings, dass durch derartige Sonderlasten der Wohlstand allenfalls kurzfristig gleichmäßiger und vielleicht auch gemeinwohlverträglicher verteilt wird. Schon auf mittlere Sicht nimmt er insgesamt ab. Reiche und Arme werden ärmer. Von Ausnahmen abgesehen reagieren nämlich Menschen, denen mehr genommen wird, als sie zu geben bereit sind, mit Verweigerung. Sie gehen ganz einfach nicht mehr den Hasen jagen – weder für sich noch für andere. Soll heißen: Sie erwirtschaften weniger, als sie sonst erwirtschaftet hätten. Diese Erfahrung haben nicht nur die Völker im real existierenden Sozialismus gemacht. Sie machen auch alle diejenigen, die nicht müde werden, immer neue Sonderlasten für Vermögende zu ersinnen. »Reichensteuern« sind in aller Regel schon nach kurzer Zeit erstaunlich unergiebig. Die Reichen, jedenfalls die wirklich Reichen, wissen sich einzurichten.

Das ändert nichts daran, dass Gesellschaften abstürzen können, wenn Wohlstandsgefälle zu steil sind – im Inneren oder im Verhältnis zu anderen Völkern. Die Vermögenden handeln daher nicht zuletzt im eigenen Interesse, wenn sie sich der Lektionen entsinnen, die Männer wie der Reformator Calvin zu Beginn der derzeitigen Periode materieller Wohlstandsmehrung erteilten: Jeder soll seine Talente entfalten, seine Möglichkeiten nutzen und seinen Wohlstand nach Kräften mehren. Ein solches Verhalten ist weder verwerflich noch unethisch. Vorwerfbar und unethisch ist es jedoch, wenn sich die Erfolgreichen, die Glücklichen von den weniger Erfolgreichen, weniger Glücklichen abwenden. Das Privileg der Glücklichen besteht nicht darin, rauschend konsumieren zu können. Ihr Privileg ist vielmehr, dass sie dank ihrer materiellen oder immateriellen Möglichkeiten ihre Lebenswelt wirksamer und intensiver gestalten können als weniger Vermögende.

Ist das zu idealistisch gesehen? Auch hier gilt das zuvor Gesagte. Wenn die Vermögenden in einer Gesellschaft – die Reichen, Mächtigen, Klugen, Starken, Talentierten und gelegentlich auch Skrupel- und Rücksichtslosen – sich nicht vorbehaltlos dieser Gesellschaft öffnen und sie als ihre ureigenste Aufgabe annehmen, dann helfen weder fromme Sprüche noch strenge Gesetze. Dann steigt diese Gesellschaft ab. Dieser Abstieg droht dem Westen. Denn seine Vermögenden sind dabei, sich gegenüber der übrigen Bevölkerung abzuschotten.

Anstatt gestaltend einzugreifen, stehen allzu viele mit verschränkten Armen da und plaudern über dies und das, vornehmlich aber über Eigennütziges oder Peinlich-Belangloses. Wie wäre es beispielsweise mit einer Bestattung im

Weltraum? Der Flug dorthin kostet 995 US-Dollar – pro Gramm Asche. Dem texanischen Bestattungsunternehmen, das diese Flüge organisiert, liegen angeblich Tausende von Anfragen vor, und die ersten konnten bereits abgearbeitet werden. Die Hinterbliebenen erhalten ein Video vom Raketenstart und ein Softwareprogramm, mit dem die Position der Urne, die die Asche des lieben Verstorbenen enthält, im Weltraum geortet werden kann.[44] Glaubt der Westen dort seine Zukunft zu finden?

Verzicht

Die Völker des Westens müssen wieder lernen, Verzicht zu üben – individuell, damit innergesellschaftliche Spannungen, kollektiv, damit Spannungen zwischen Völkern und Regionen keine zerstörerischen Ausmaße annehmen. Sehen sie noch eine Weile tatenlos zu, wie sie im Inneren fortschreitend morscher werden und zugleich der Außendruck wächst, wird ihnen dieser Verzicht in naher Zukunft aufgezwungen werden. Er wird ihnen diktiert werden von Ereignissen, die sie weder beherrschen noch lenken können. Die Völker des Westens können diesen Verzicht aber auch vorausschauend und geplant auf sich nehmen und ihn so zumindest begrenzt steuern. Sie würden dann nicht zum Spielball von Ereignissen, sondern blieben gestaltende Akteure. Um einen Vergleich zu wählen: Der Nikotinabhängige kann weiterrauchen, bis ihn eine Krankheit zwingt, damit aufzuhören, oder er kann aufhören zu rauchen, noch ehe er erkrankt.

Beim freiwilligen Verzicht dürfte dem Westen die Einsicht helfen, dass er sich ohnehin nicht sehr viel länger im bisherigen Umfang an den Schätzen dieser Welt bedienen kann. Denn andere Völker sind dabei, die gleichen Ansprüche wie er auf globale Ressourcen wie Kohle, Öl, Eisenerz oder Bauxit, aber auch auf Wolle, Baumwolle, Seide oder Leinen zu erheben und ihm Vorrechte bei der Nutzung ökologischer Kapazitäten streitig zu machen. Bisher hat er sich diese Privilegien einfach genommen. In Zukunft wird die Weltgemeinschaft jedoch unüberhörbar aufbegehren, wenn zum Beispiel US-Amerikaner pro Kopf der Bevölkerung von den globalen Ressourcen ein Vielfaches dessen verbrauchen, was der übrigen Menschheit zur Verfügung steht.

Freiwillig Verzicht zu üben ist deshalb nicht nur sittlich geboten. Es ist auch Ausdruck vernunftgeleiteten Handelns. Nachdem die Menschheit dichter zusammengerückt ist als jemals zuvor in ihrer vieltausendjährigen Geschichte, sehen nämlich alle, was sich jeder auf den Teller lädt. Unter dem wachsamen Blick von Milliarden Augenpaaren dürfte es zunehmend schwer fallen, kräftig zuzulangen und andere gleichzeitig leer ausgehen zu lassen.

So wird der Westen beispielsweise das Erdöl dieser Welt künftig nicht mehr weitgehend in seine eigenen Tanks pumpen können. Auch China, Indien und andere aufstrebende Länder werden an der Pipeline stehen und energisch ihren Anteil verlangen. Das, so wird gesagt, brauche niemanden zu beunruhigen. Öl sei genug vorhanden. Doch unstrittig sind die Zeiten billigen Öls unwiderruflich vorüber. Die weltweite Nachfrage steigt, und die Förderung wird von Tag zu Tag schwieriger. Die ertragreichen Ölquellen versiegen allmählich. Das treibt den Preis in die Höhe. Sechzig US-Dollar für ein Barrel Rohöl sind nicht das letzte Wort. Es können auch achtzig und hundert US-Dollar werden. Der Westen hat sich darauf einzustellen, einen ständig steigenden Anteil seiner Wertschöpfung für Güter aufbringen zu müssen, die bislang wohlfeil zu haben waren.

Bedeutet das – in Verbindung mit zahlreichen weiteren Veränderungen – den Abschied des Westens von seinem bisherigen Wohlstandsniveau? Die Antwort auf die Frage hängt davon ab, ob die Betonung auf »Wohlstandsniveau« oder auf »bisherigen« liegt. Ja, die Völker des Westens können auch künftig ein hohes Wohlstandsniveau halten. Aber es wird ein anderes als das bisherige sein. Das bisherige zeichnet sich aus durch eine Überbetonung des Materiellen und eine fatale

Neigung zur Vergeudung. Ein solcher Wohlstand dürfte schwerlich in das 21. Jahrhundert passen.

In mancherlei Hinsicht benehmen sich die Völker des Westens noch immer wie gewisse Neureiche, die erst lernen müssen, mit ihrem Wohlstand wirtschaftlich sinnvoll und sozial verträglich umzugehen. Noch wollen sie möglichst ungehemmt genießen. Dass dabei gelegentlich Maßstäbe verloren gehen, halten sie für verzeihlich. Das gehört bei Neureichen dazu. Sollen doch die anderen vor Neid platzen. Ein wenig ist das sogar gewollt. Anders jedenfalls lässt sich das Auftreten bestimmter Bevölkerungsgruppen und des Westens insgesamt mitunter nicht deuten. Die mit langsam gewachsenem Wohlstand und »altem Geld« oft einhergehende Bescheidenheit, das Bemühen, nicht zu zeigen, was man hat, um nicht die Missgunst anderer auf sich zu ziehen, sind keine Tugenden, die im Westen weit verbreitet sind.

Das gilt für alle gesellschaftlichen Schichten. Jede vergeudet materiellen Wohlstand auf ihre Weise. So wären die wirtschaftlich Schwächeren vermutlich erstaunt, was sie alles von ihren wöchentlichen Einkaufslisten streichen könnten, ohne die geringsten Wohlstandseinbußen zu erleiden. Kinder beispielsweise gedeihen auch ohne den massenhaften Konsum von Softdrinks. Wahrscheinlich gedeihen sie sogar besser.

Mit zunehmend verfügbaren Mitteln wächst die Vergeudung. Als Ende der 1970er Jahre der US-amerikanische Konzern IBM sich zum ersten Mal veranlasst sah, ein – wie er es nannte – »Sparprogramm« aufzulegen, erklärte einer seiner Sprecher entwaffnend, von Sparen könne eigentlich keine Rede sein. Zweck der Übung sei vielmehr, sinnlose Exzesse einzudämmen. Im Kleinen fand sich diese Art von »Sparsamkeit« dann in Hotels, die ihre Gäste baten, auf den täglichen Wechsel von Bettwäsche und Handtüchern zu verzichten, die Klimaanlage nicht bei geöffneten Fenstern laufen zu lassen oder bei Verlassen des Raums die Lampen auszuschalten. Eindämmung sinnloser Exzesse! Von ihnen gibt es mehr, als vielen bewusst ist. Oder warum kühlen vornehmlich US-Amerikaner an glutheißen Sommertagen ihre Büros auf

18 Grad Celsius herunter und heizen sie in kalten Winternächten auf 24 Grad auf? Offenbar meinen sie, sich das leisten zu können. Dabei wäre die umgekehrte Vorgehensweise allen zuträglicher. Wie hoch ist der exzessive, sinnlose, vergeudende Konsum im Westen? Frisst er ein Zehntel des Erwirtschafteten oder sogar noch mehr auf?

Hinzu kommt der reine Prestigekonsum, der keine andere Funktion hat, als auf archaisch-kindische Weise Rangordnungen zu dokumentieren. Wie viele Milliarden Kubikzentimeter Hubraum in deutschen Autos, wie viele hunderttausend Quadratmeter Wohnfläche in deutschen Städten haben ausschließlich diese Aufgabe? Oder wie viele Paar Schuhe braucht der Mensch, in diesem Fall die Frau, um glücklich zu sein? Müssen es wirklich 25 Paar sein?[45] Alle mögen die Autos fahren, die Wohnungen bewohnen und die Anzahl von Schuhen besitzen, die sie für angemessen halten! Aber keiner sollte glauben, dass er Schaden nähme, wenn er auf ein Stück dieses Wohlstands verzichtete. Im Zweifel würden er und sie es gar nicht bemerken. Und wenn doch, dann vermutlich nur deshalb, weil sie sich rundum wohler in ihrer Haut fühlten. Sie könnten sich abends mit dem guten Gefühl zur Ruhe begeben, nicht durch sinnlose Vergeudung elementare Lebenschancen von Mitmenschen beeinträchtigt zu haben.

Baustellen

Der westliche Wohlstand ist ausgeufert in Vergeudung und Überfluss. Sie einzudämmen bedeutet noch keine Beeinträchtigung des Wohlstands selbst. Vielmehr dürfte sich dadurch das Wohlbefinden der Völker der frühindustrialisierten Länder sogar erhöhen, wie sich das Wohlbefinden eines Fettleibigen erhöht, der überflüssige Pfunde verliert.

Der ausgeuferte Wohlstand sollte dem Westen Anlass sein, sein Wohlstandskonzept zu überdenken. Wie viel Vergeudung will er künftig noch hinnehmen, wie viel Überfluss anstreben? Wie viel Materielles hält er überhaupt auf Dauer für wünschenswert, und welche Ziele will er über die Mehrung seines materiellen Wohlstands hinaus verfolgen?

Bei der Beantwortung dieser Fragen dürften beträchtliche schöpferische Kräfte freigesetzt werden. Die bestehende Dominanz des rein Wirtschaftlichen könnte überführt werden in ein neues Gleichgewicht wirtschaftlicher und gesellschaftlicher Belange, was wiederum helfen könnte, die morsch gewordenen westlichen Gesellschaften zu festigen und ihren inneren Zusammenhalt zu verbessern.

Ein neues Gleichgewicht wirtschaftlicher und gesellschaftlicher Belange setzt allerdings voraus, dass Wirtschaft und Gesellschaft sehr viel klüger gestaltet werden als bisher. An einigen Beispielen soll verdeutlicht werden, wo Raum ist für Verbesserungen, die nicht nur nützlich, sondern auch zwingend notwendig sind.

Eines dieser Beispiele ist die Organisation von Mobilität. Was ist von einem Verkehrssystem zu halten, in dem, wie in den USA, jeder Verkehrsteilnehmer durchschnittlich 47 Stunden pro Jahr im Stau steckt? Wohnt er in Los Angeles, sind es jährlich sogar 130 Stunden – oder weit mehr als ein volles Kalenderjahr im Laufe eines Lebens. Die Schäden, die diese Staus verursachen, wurden für 2004 mit 63 Milliarden US-Dollar beziffert.[46] Das ist zehnmal so viel wie die gemessene volkswirtschaftliche Leistung der knapp 80 Millionen Äthiopier. Dabei sind die USA keineswegs ein Ausreißer. In Deutschland sind die Werte noch schlechter. Hier werden die jährlichen Stauschäden derzeit auf rund 90 Milliarden Euro veranschlagt.[47] Zum Teil ist diese Summe auf die im Vergleich zu den USA sehr viel höheren Treibstoffpreise zurückzuführen. Aber auch hinsichtlich der im Stau verbrachten Lebenszeit stehen die Deutschen den US-Amerikanern um nichts nach. Vielerorts sind die Verhältnisse ähnlich wie in Los Angeles.

Um diese Staus aufzulösen, müssten allein in den Vereinigten Staaten 400 Milliarden US-Dollar in zusätzliche Verkehrswege investiert werden. Aber so viel Geld hat selbst dieses reiche Land nicht. Der Bau zusätzlicher Verkehrswege hinkt der Zunahme des Straßenverkehrs seit Jahrzehnten hoffnungslos hinterher. Deshalb werden die Staus von Jahr zu Jahr länger und die Stauschäden höher. Das Gleiche gilt für alle anderen frühindustrialisierten Länder.

Von einem solchen System kann schwerlich gesagt werden, dass es wirtschaftlich effizient und sozial verträglich ist. Welche Zukunft hat es? Ist es möglich und sinnvoll, durch dichtbesiedelte Gebiete immer weitere Verkehrsschneisen zu schlagen und deren Bewohner hinter haushohe Lärmschutzwände zu verbannen? Oder müssen hier nicht dringlichst andere Wege gegangen werden? Ein zukunftsfähiges Verkehrskonzept wäre eine zivilisatorische und kulturelle Großtat, durch die der Westen die Menschheit ein gutes Stück voranbringen könnte. Aber noch ist dergleichen nicht in Sicht. Vielmehr folgen die aufstrebenden Länder blind den gespurten Wegen – in die Sackgasse.

Eine weitere Großbaustelle des Westens sind seine politischen und administrativen Strukturen. Diese Strukturen wucherten in Zeiten materiellen Überflusses. Mit deren Ende müssen sie zurückgeschnitten werden. Der Rückschnitt muss ganz oben, bei den Vereinten Nationen, beginnen und sich bis auf die lokale Ebene fortsetzen. Zwischenstationen sind die Europäische Union und supranationale Einrichtungen wie die NATO, die Nationalstaaten sowie innerstaatliche Organisationsformen, in Deutschland beispielsweise die Bundesländer.

Bei der Europäischen Union ist mittlerweile eine brandgefährliche Lage eingetreten. Dies ist nicht mehr nur eine Krise. Vielmehr kann und will der Souverän, die Völker dieser Union, nicht mehr mittragen, was da in seinem Namen verhandelt wird. Die EU bedarf einer Grundüberholung aller ihrer Einrichtungen, vor allem aber einer klaren Regelung ihrer Zuständigkeiten einschließlich ihrer Mittelverwendung.

Um der Europäischen Union gerecht zu werden, ist jedoch einzuräumen, dass sie nur der Spiegel der Selbstsucht sowie der Ideen- und Konzeptionslosigkeit ihrer Mitgliedsländer ist. Da diese die Zeichen der Zeit noch nicht erkannt haben und beispielsweise zäh an überholten Wirtschaftsstrukturen festzuhalten versuchen, kann sich auch die Union nur mühsam von der Stelle bewegen. Selbst ihre vielgescholtene Regelungswut ist nicht selten bloß Ausfluss nationalstaatlichen Drängens.

Damit die EU wieder gesunden kann, müssen sich deshalb zunächst die Mitgliedsländer einer schonungslosen Selbstprüfung unterziehen. Sie gilt, wie bei der Europäischen Union, Einrichtungen und Zuständigkeiten gleichermaßen. Bei den Einrichtungen haben sich im Laufe der Zeit Krusten gebildet, die ein flexibles und agiles Handeln außerordentlich erschweren. Das erklärt, warum in Deutschland zum Beispiel die Bundesagentur für Arbeit so bemerkenswert bescheidene Ergebnisse bei der Vermittlung von Stellen vorzuweisen hat. Bei den Zuständigkeiten hingegen ist in zahlreichen Ländern eine strikte Begrenzung geboten. Das gilt namentlich für den Sozialbereich. Hier hat der Staat ein Pflichtenheft angelegt, das er unter den sich ändernden innergesellschaftlichen und globalen Bedingungen nie und nimmer abarbeiten kann.

Schließlich gibt es noch innerstaatliche Baustellen, die von Land zu Land unterschiedlich, in der Regel aber groß sind. In Deutschland stehen die Neuordnung des Verhältnisses von Bundestag und Bundesrat sowie die Neugliederung der Bundesländer seit langem auf der Tagesordnung. Geschehen ist so gut wie nichts. Der materielle Überfluss erlaubte auch hier, wie in so vielen anderen Bereichen, den Dingen ihren Lauf zu lassen – ineffizient und aufwändig. Doch nun geht das nicht mehr. Von sechzehn Bundesländern sind mindestens acht zu viel.

Ein dritter großer Aufgabenbereich des Westens, dessen Bewältigung zugleich eine weitere zivilisatorische und kulturelle Großtat wäre, ist die Verminderung der sinnlosen Komplexität, die alle Lebensbereiche durchdrungen hat. Die Schwierigkeiten beginnen bei banalen Haushaltsgeräten und setzen sich bis in die gesetzlichen Regelwerke fort. Welchen Sinn hat es, für Laien elektronische Geräte zu bauen, die nur mit Hilfe einer zweihundert Seiten starken Betriebsanleitung benutzt werden können? Wenn Technik, Verwaltungsabläufe, Verkehrsführungen oder Gesetze ihre Einsichtigkeit verlieren, ist das zumeist ein Anzeichen, dass da Raum ist – Raum für klügere Lösungen.

Eine vierte, die Menschheit möglicherweise inspirierende Pioniertat des Westens wäre die Schaffung altengerechter Lebensbedingungen. Dabei geht es nicht vorrangig um Leichtgehhilfen oder barrierefreie Duschkabinen, so nützlich diese auch sind. Worum es wirklich geht, ist die weitgehend reibungslose Integration einer sehr großen Zahl von Menschen, die durchaus rüstig, aufgeschlossen, mobil und unternehmungslustig sind, aber altersgemäß schlechter sehen, hören, tasten und gehen können als Menschen in jugendlicheren Jahren. Wie sollen Hunderttausende von über Achtzigjährigen sich auf so manchen Großflughäfen bewegen, wie die schlechtbeleuchteten und in winzigen Zeichen gedruckten Fahrpläne auf so manchen Bahnhöfen lesen? Gibt es in einer Zeit, in der Menschen auf dem Mond und Sonden auf dem Mars landen, wirklich noch keine Sprecheinrichtungen, mit denen in Zügen oder Flugzeugen eine für das menschliche Ohr geeignete Kommunikation möglich ist? Sollte nicht irgendwo Schluss sein mit der Miniaturisierung von Schaltern, Knöpfen und Hebeln angesichts einer Bevölkerung, in der schon bald große Teile das sechzigste Lebensjahr überschritten haben werden? Fragen über Fragen, auf die es bislang keine überzeugenden Antworten gibt.

Noch verdrängen die westlichen Gesellschaften, wie steinalt sie schon in wenigen Jahrzehnten sein werden und wie sehr sie mit ihren materiellen wie immateriellen Ressourcen werden haushalten müssen. Andernfalls würden sie sich nicht so verhalten, wie sie sich verhalten. Wenn sie die Zukunft gewinnen wollen, müssen sie ihr Verhalten ändern. Die Menschen müssen sich öffnen für neue Ideen, veränderte Sichtweisen sowie zukunftsfähige Wirtschafts-, Gesellschafts- und Politikkonzepte. Das ist leicht gesagt, aber schwer getan. Doch wenn es nicht getan wird, wird der Westen im globalen

Ringen um die Zukunft unterliegen – gleichgültig, auf welchem hohen Sockel er heute noch steht.

Das ist die schwierigste Aufgabe, die der Westen zu meistern hat: Er muss binnen kurzer Zeit seine weithin brachliegenden geistigen und sittlichen Potentiale reaktivieren. Anfänge sind gemacht, und jede wohlgemeinte Aktion verdient Ermutigung. Im Westen wird wieder – wenn auch noch etwas verstohlen und hinter vorgehaltener Hand – über Werte gesprochen. Aber nur über sie zu sprechen genügt ebenso wenig wie an deutschen Schulen von der ersten Klasse an Englisch zu unterrichten. Das alles ist gut und richtig, aber allenfalls ein bescheidener Beitrag zur Lösung des Schlüsselproblems aller westlichen Gesellschaften: Ihnen fehlt es weithin an Bildung und Haltung.

Beide sind Frucht zivilisatorischer und kultureller Höchstleistungen. Denn Bildung ist mehr als ein erfolgreich bestandener Pisa-Test und Haltung mehr als das Befolgen der Etikette. Die Kultur, aus der Bildung und Haltung erwachsen, speist sich aus vielen Quellen: aus Religion, Philosophie, Geschichte, Kunst, Literatur, den Naturwissenschaften und nicht zuletzt der Einsicht jedes Einzelnen und der Gesellschaft insgesamt, jeweils nur Glied einer Kette zu sein, die es schon lange vor dem Heute gab und hoffentlich noch lange nach dem Heute geben wird.

Der Westen hat, ob ihm dies gefällt oder nicht, entscheidend zum heutigen Zustand der Menschheit beigetragen – im Guten wie im Schlechten. Und ob er dies will oder nicht: Von seinem Verhalten hängt es entscheidend ab, in welchem Zustand sich die Menschheit morgen befinden wird. Zwar schwinden seine Kräfte. Aber noch folgt die übrige Menschheit seinen Wegweisungen – bewusst oder unbewusst. Wie der Westen strebt sie nach materiellem Wohlstand, Wissen und Würde, nach Demokratie, Liberalität und Gleichberechtigung. Und wie er wird auch sie über diesem Streben älter und älter, bis sie schließlich vergreist sein wird. Dann wird die Menschheit fragen, was der Westen heute nicht fragen kann: Wie haben das eigentlich damals die Völker der frühindustrialisierten Länder gemacht, als sie an Zahl abzunehmen begannen, ihre Altenanteile stiegen und sie lernen mussten, mit ihren Mitteln und Möglichkeiten sparsam und klug umzugehen? Menschen sind Kopisten, weshalb es gut wäre, wenn der Westen auf diese Fragen nicht nur brauchbare, sondern vorbildliche Antworten geben könnte.

Wird der Westen die Zukunft gewinnen? Es wird schwer werden, aber mit Bildung und Haltung wird es leichter fallen. Dem Westen kommt es in der langen Menschheitsgeschichte noch einmal zu, Maßstäbe zu setzen. Von seinem Augenmaß, seiner Bescheidenheit und seinem Einfühlungsvermögen wird es abhängen, ob die Menschheit diese Maßstäbe annehmen wird. Global gilt nämlich das Gleiche wie im binnengesellschaftlichen Bereich: Der Starke sollte vom Schwachen weder verlangen noch erwarten, was er selbst zu tun oder zu unterlassen nicht bereit ist. Zugespitzt heißt das: Darf, kann und soll der Westen davon ausgehen, dass die Menschheit morgen will, was er ihr heute vorlebt? Da er diese Frage wohl kaum mit einem ehrlichen Ja beantworten kann, sollte er schnellstens seine Lebensweise ändern.

Schlussbemerkung

Wohlstand kann Verschiedenes bedeuten. In der Epoche, die jetzt in den frühindustrialisierten Ländern zu Ende geht, bedeutete er vor allem Materielles – gewogen und gemessen in Kilos und Tonnen, Metern und Kilometern, in der Zahl von Wohnungen, Automobilen, Videokameras und Mobiltelefonen. Diese Art von Wohlstand ist jungen, expansiven und dynamischen Gesellschaften gemäß. Doch das sind die Gesellschaften des Westens nicht mehr. Das gaukeln sie sich nur noch vor. Deshalb wird Wohlstand für sie künftig etwas anderes bedeuten als früher.

Wohlstand, das sind künftig Menschen, deren Lebenssinn über das Anhäufen materieller Güter hinausgeht; das sind Kinder, die körperlich und geistig gedeihen können; das sind Alte, die nicht vereinsamen; das sind viele Gebrechliche und Altersdemente, die menschenwürdig leben. Wohlstand, das ist mitmenschlicher Zusammenhalt. Zwar kann und wird das nicht alles sein. Aber ohne diese neue Qualität des Wohlstands sind rapide alternde, zahlenmäßig schwindende und abnehmend dynamische Gesellschaften trotz materiellen Reichtums arm.

Für die Völker des Westens ist jetzt die Zeit gekommen, die großen Schätze, die sie in Generationen angehäuft haben, nicht nur klug zu bewahren und wenn möglich zu mehren, sondern vor allem humaner und weiser zu nutzen als bisher. Diese Lektion müssen sie noch lernen. Wenn sie das tun, wird ihnen die Zukunft gehören.

Danksagung

Die breite Diskussion, die mein 2002 erschienenes Buch *Die deformierte Gesellschaft. Wie die Deutschen ihre Wirklichkeit verdrängen* auslöste, war mir Anlass, noch intensiver als zuvor der Frage nachzugehen, wie es eigentlich um andere frühindustrialisierte Länder bestellt ist. Dabei bestätigte sich, dass jedes Land seine Eigenheiten und Deutschland besonders viele davon hat. Zugleich wurde aber auch deutlich, dass der Westen eine Fülle von Gemeinsamkeiten aufweist, die alle in eine Richtung zeigen: Für ihn geht eine Epoche zu Ende und gibt einer neuen Epoche Raum.

Vorrangig möchte ich deshalb denen danken, die mich durch ihre Fragen und weiterführenden Überlegungen angespornt haben, bei meinen Untersuchungen über Deutschland hinauszugehen und den ganzen Westen in den Blick zu nehmen. Namentlich hervorheben möchte ich Martin Schulte, der die Hauptlast bei der Faktenrecherche und der Erstellung der Fußnoten getragen hat, sowie Stefanie Wahl und Adrian Ottnad, die den Text kritisch begleitet und mir wertvolle Anregungen und Hinweise gegeben haben. Danken möchte ich darüber hinaus meinem Lektor Hubert Leber sowie Ulrike Friedrich, vor allem aber Ursula Schopp, die erneut die technische Umsetzung des Ganzen besorgten.

Ein herzliches Wort des Dankes möchte ich aber auch Kurt Biedenkopf sowie den Kuratoren und Förderern des IWG BONN sagen, die durch ihr fortdauerndes Engagement zur Entstehung dieses Buches beigetragen haben.

Bonn, August 2005

Abkürzungen

AMECO	Annual Macro-Economic Database
BIP	Bruttoinlandsprodukt
BMBF	Bundesministerium für Bildung und Forschung
BMF	Bundesministerium der Finanzen
BMI	Bundesministerium des Innern
BMVEL	Bundesministerium für Verbraucherschutz, Ernährung und Landwirtschaft
BP	British Petroleum
DAK	Deutsche Angestellten-Krankenkasse
DIW	Deutsches Institut für Wirtschaftsforschung
dpa	Deutsche Presse-Agentur
DSW	Deutsche Stiftung Weltbevölkerung
EBDD	Europäische Beobachtungsstelle für Drogen und Drogensucht
ECU	European Currency Unit
HWWA	Hamburgisches Welt-Wirtschafts-Archiv
IEA	International Energy Agency
IW	Institut der deutschen Wirtschaft Köln
IWG BONN	Institut für Wirtschaft und Gesellschaft Bonn
OECD	Organization of Economic Cooperation and Development
StBA	Statistisches Bundesamt
UNEP	United Nations Environment Programme
UNICEF	United Nations International Children's Fund
VGR	Volkswirtschaftliche Gesamtrechnung
WHO	World Health Organization

Anmerkungen

Vorbemerkung

1 Der Begriff »Westen« ist im Nachfolgenden nur ausnahmsweise eine geographische Angabe. In der Regel werden unter diesem Begriff die frühindustrialisierten Länder Europas und Nordamerikas sowie Australien, Neuseeland, Japan und einige weitere zusammengefasst.

Prolog

1 Für alle Bevölkerungsdaten in der Vergangenheit, Gegenwart und Zukunft, wenn nicht anders kenntlich gemacht, vgl. Deutsche Stiftung Weltbevölkerung (DSW), *Datenreport*; Haub, *People*; United Nations / Population Division, *Prospects*; dies., *World Population*; dies., *Growth*.
2 Vgl. Genesis 3, 19.
3 Vgl. Diamond, *Chimpanzee*, S. 185 ff.
4 Schätzungen haben eine Bandbreite von 45 bis 90 Millionen. Vgl. Haub, *People*, S. 2.
5 Im Jahre 1900 lebten in Nordamerika etwa 75, in Mittel- und Südamerika 37, in Asien und Ozeanien 8 und in Afrika 2 Millionen Menschen europäischen Ursprungs. Schätzungen des IWG BONN auf der Grundlage von Cipolla/Borchardt, *Europäische Wirtschaftsgeschichte*, S. 462 f., sowie United Nations, *Growth*, S. 3.
6 Im Jahre 2000 lebten in Nordamerika etwa 230, in Mittel- und Südamerika 150, in Ozeanien 20 und in Afrika 5 Millionen Menschen europäischen Ursprungs. Vgl. MSN Encarta Enzyklopädie.
7 Vgl. United Nations / Population Division, *World Population*, S. 14.

8   Die folgenden Wohlstands- und Bevölkerungsangaben basieren auf Berechnungen des IWG BONN auf der Grundlage von Daten der Weltbank.
9   Eine dritte Variante, die höhere Geburtenraten ausweist, gilt als die unwahrscheinlichste. Vgl. United Nations / Population Division, *Prospects*.

KONFLIKTE

1   Vgl. Bild, *Patient Erde*.
2   Vgl. Stefanidis, *Himmel*, S. 6.
3   BUND/MISEREOR, *Zukunftsfähig*, S. 16.
4   Auf der dritten Klimaschutzkonferenz der Vereinten Nationen 1997 in Kyoto, Japan, verpflichteten sich die teilnehmenden Staaten, die gesamten Treibhausgase (u.a. Kohlendioxid, Methan, Fluorchlorkohlenwasserstoff) zwischen 2008 und 2012 um mindestens fünf Prozent gegenüber dem Niveau von 1990 zu senken. Inzwischen wurde das Kyoto-Protokoll von 127 Staaten unterzeichnet, die zusammen mehr als 55 Prozent der Emissionen (bezogen auf 1990) verursachen. Damit hat das Protokoll Anfang 2005 seine völkerrechtlich verbindliche Gültigkeit erlangt. Die USA mit einem Emissionsanteil von 36 Prozent sind dem Protokoll nicht beigetreten.
5   Nach einer Studie der australischen Forschungsorganisation CSIRO wurden 2003 weltweit 18,7 Milliarden Tonnen Kohlendioxid ausgestoßen. 2002 waren es erst 17,7 Milliarden Tonnen. Im Durchschnitt der zurückliegenden zehn Jahre lag der Ausstoß bei 13,3 Milliarden Tonnen. Vgl. http://www.koelnagenda.de/news.php?nr=04032704.
6   Vgl. BP, *World Energy*, Statistical Annex, sowie Ziesing, *Treibhausgasemissionen*.
7   Gemessen in Steinkohleeinheiten (SKE). Vgl. http://erdkunde-wissen.de/erdkunde/statistiken/energie.htm#Energieverbrauch.
8   Vgl. OECD/IEA, *World Energy Outlook*, S. 58.
9   Vgl. Follath/Jung, *Quelle*, S. 118.
10 Vgl. IW, *Preisrallye*, S. 6 f.
11 Inflationsbereinigt lagen die Rohstoffpreise ohne Energie gemessen am HWWA-Rohstoffpreis-Index im ersten Halbjahr 2004 bei 63 Prozent des Niveaus von 1970.
12 Vgl. BMVEL, *Waldzustandsbericht*, Tabelle im Anhang.

13 So UNEP-Direktor Klaus Töpfer bei der Vorstellung des UNEP-Berichts 2003. Vgl. UNEP, *Annual Report*.
14 Nach Untersuchungen des britischen Marine Biology and Ecology Research Center der Universität Plymouth. Vgl. Thompson, *Plastic*.
15 Zu allen folgenden Daten zum Rüstungsaufwand vgl. Stockholm International Peace Research Institute (SIPRI), unter: www.sipri.org.
16 Vgl. Hummel/Wulf, *Rüstung*, S. 275.
17 Vgl. Hujer, *Kapitalisten*.
18 Vgl. Brück, *Ökonomische Folgen*, S. 621 ff.
19 Vgl. beispielsweise Amendt, *War on Drugs*.
20 Gesetzestafeln des babylonischen Herrschers Hammurabi (1792–1750 v. Chr.).
21 Vgl. Zeiger/Bühler, *Wirtschaftskrieg*.
22 Vgl. Schmid, *Wirtschaftsspionage*.
23 Vgl. Kreyer, *Kriminalistisches Krisenmanagement*.
24 Vgl. Zeiger/Bühler, *Wirtschaftskrieg*.
25 Vgl. Zeiger/Bühler, *Wirtschaftskrieg*; Kreyer, *Kriminalistisches Krisenmanagement*.
26 Allein Softwarepiraterie verursachte 2003 weltweit einen Schaden von 29 Milliarden US-Dollar. Vgl. Business Software Alliance, *Piracy Study*, S. 4 f. und 10 f.
27 Vgl. Weiler, *Qualitätsbewusstsein der Fälscher*.
28 Vgl. Kreyer, *Kriminalistisches Krisenmanagement*, und Plagiarius, *Zahlen/Fakten*.
29 Vgl. Böge/Debiel, *Konfliktbewältigung*, S. 309 ff.
30 Vgl. Körber-Stiftung / Institut für Demoskopie Allensbach, *Globalisierung*.
31 So ist die erst 1998 in Frankreich gegründete globalisierungskritische Organisation Attac mittlerweile in 50 Ländern aktiv und zählt insgesamt 90 000 Mitglieder. Allein in Deutschland gibt es 160 Ortsgruppen. Vgl. www.attac.de/material/selbst.php.
32 Vgl. Thiede, *Fabriken*.
33 Epcos-Vorstandsvorsitzender Gerhard Regam im Gespräch mit der Financial Times. Vgl. Handelsblatt, *Epcos*.
34 Vgl. Forrester Research, *1 Million*, S. 1 ff., und Maher, *Arbeit*, S. 16.
35 Vgl. Afheldt, *Wirtschaft*.

36 So beispielsweise der Präsident des Hamburger Welt-Wirtschafts-Archivs (HWWA), Thomas Straubhaar, im Interview mit dem Handelsblatt. Vgl. Storbeck, *Outsourcing*.
37 Vgl. OECD, *Offshoring*, S. 35.
38 Vgl. Willenbrock, *Pfeffer*, S. 70.
39 Vgl. McKinsey u.a. (2003), *Perspektive Deutschland*.
40 Beispielsweise durch Frühverrentungsprogamme. Vgl. Eichhorst, *Benchmarking Deutschland*, S. 229.
41 Berechnungen des IWG BONN (unveröffentlicht).
42 Vgl. OECD, *Offshoring*, S. 36 f.
43 Vgl. Willenbrock, *Pfeffer*, S. 70 f.
44 Schätzung des IWG BONN auf Basis der mittleren Variante der UN-Bevölkerungsprojektion (http://esa.un.org/unpp) und unter der Annahme, dass jährlich 55 Prozent der Weltbevölkerung zwischen 15 und 24 Jahren in das Erwerbsleben eintreten und 55 Prozent der 55- bis 64-Jährigen ausscheiden.
45 Schätzung des IWG BONN auf Basis der mittleren Variante der UN-Bevölkerungsprojektion (http://esa.un.org/unpp) und unter der Annahme, dass bei konstanter Erwerbstätigenquote weltweit durchschnittlich 65 Prozent aller 15- bis 64-Jährigen erwerbstätig sind.
46 Vgl. The Boston Consulting, *Global Advantage*, S. 19. Umgerechnet mit einem Wechselkurs von 1 Euro = 1,2 US-Dollar.
47 Vgl. ebd., S. 36.
48 Vgl. Marin, *Eastern Enlargement*, S. 23.
49 Verlässliche Zahlen liegen erst für 1991 vor. Vgl. DIW u.a. (2002), *Weltwirtschaft*, S. 732.
50 Vgl. Marx/Engels, *Manifest*.
51 Vgl. Weidemann, *Gefühlsinflation*.
52 Nach Berechnungen des Istituto Nazionale di Statistica. Vgl. Sauer, *Italiens Angst*.
53 Nach einer Umfrage von McKinsey u.a. (2003), *Perspektive Deutschland*, gehen zwei Drittel der Bundesbürger von einer bevorstehenden Verschlechterung der Lebensverhältnisse aus. Einer Befragung des Emnid-Instituts im Auftrag der Zeitschrift »Brigitte Women« zufolge erwarten 78 Prozent der Mütter für ihre Kinder »keine leichte Zukunft«.
54 Vgl. Europäische Kommission / Eurostat, *Living Conditions*, S. 70.

55 Zur Arbeitsmarkt- und Wirtschaftsentwicklung in der Schweiz vgl. Schulte, *Musterland*, und Wahl/Schulte, *Arbeitslosigkeit abbauen*.
56 Zur Arbeitsmarkt- und Wirtschaftsentwicklung in Österreich vgl. Wahl, *Erfolgsmodell*, und Wahl/Schulte, *Arbeitslosigkeit abbauen*.
57 Vgl. Wahl, *Erfolgsmodell*, S. 28.
58 Vgl. OECD, *Employment*, S. 293 f.
59 2003 betrug die staatliche Schuldenquote am italienischen BIP 106 Prozent. Vgl. Europäische Kommission, *AMECO*.
60 Vgl. OECD, *Employment*, S. 293.
61 Der Anteil der Staatsschulden am französischen BIP stieg seit 1990 fast jährlich – insgesamt von 35 auf über 64 Prozent 2004. Vgl. Europäische Kommission, *AMECO*.
62 Die staatlichen Sozialleistungen liegen seit Jahren mit rund 30 Prozent des BIP deutlich über dem europäischen Durchschnitt und wurden zuletzt nur von Schweden übertroffen. Vgl. Abramovici, *Sozialschutz*, S. 2.
63 So ist in Deutschland der monatliche Nettolohn eines Durchschnittsverdieners zwischen 1993 und 2004 um real 3,5 Prozent zurückgegangen.
64 Nach einer Untersuchung von Foote Partner LLC, zitiert nach Zeller, *Outsourcing*.
65 Vgl. Clement/Natrop, *Standort*, S. 251.
66 Vgl. Deutscher Bundestag, *Arbeitswelt*, S. 12 ff.
67 Vgl. Köhn, *Opel*.
68 Vgl. Deutsche Botschaft Peking, *Wirtschaftsdaten*, S. 3.
69 Vgl. Harvey Nash GmbH, *IT-Outsourcing*.

WACHSTUMSMYTHOS – WOHLSTANDSWAHN

1 Vgl. CDU, *Wachstum*, S. 10.
2 Vgl. Süddeutsche Zeitung (online), *Wissen*.
3 Vgl. Marsh GmbH, *Risikomanagement*, S. 3.
4 Vgl. Pfeiffer/Simons, *Frühruhestand*, S. 31 f.
5 Vgl. Noelle-Neumann/Köcher, *Jahrbuch*, S. 182.
6 Vgl. Wahl/Schulte, *Arbeitslosigkeit abbauen*, S. 48.
7 Vgl. N24, *Feiertag*, sowie DIW u.a. (2003), *Weltwirtschaft*, S. 255 f.
8 Vgl. Miegel, *Irrwege*, S. 99.

9   Vgl. Wahl/Schulte, *Arbeitslosigkeit abbauen*, S. 48.
10 Vgl. BMF *Monatsbericht*, S. 108, und Europäische Kommission, *AMECO*.
11 1995 nahmen die 15 Länder der Alt-EU Kredite in Höhe von 339,3 Milliarden ECU auf. Die Zinszahlungen für die Altschulden betrugen 354,4 Milliarden ECU. Vgl. Europäische Kommission, *AMECO*.
12 Insbesondere Irland, Dänemark, Schweden und die Niederlande konnten ihre Staatsschuldenquoten erheblich verringern.
13 Zur Wirtschafts- und Arbeitsmarktpolitik in der Schweiz und Österreich im Folgenden vgl. Wahl/Schulte, *Arbeitslosigkeit abbauen*, sowie Wahl, *Erfolgsmodell*, und Schulte, *Musterland*.
14 Zwischen 1990 und 2000 trug der Finanzsektor etwa zur Hälfte zum Wachstum der Bruttowertschöpfung bei. Vgl. OECD, *Switzerland*, S. 163.
15 Vgl. Marsh GmbH, *Risikomanagement*, S. 3.
16 Europäische Kommission, *Lissabon-Strategie*.
17 Länder mit unterdurchschnittlichen Schuldenquoten wie Irland, Finnland, Schweden, Dänemark, die Niederlande und Großbritannien haben im Mittel höhere Wachstumsraten als solche mit hohen Schuldenständen wie Belgien, Italien oder Japan.
18 Angaben des Bureau of Economic Analysis, zitiert nach Globus Infografik GmbH (2004), Ve-9651.
19 Vgl. Europäische Kommission, *AMECO*.
20 Schätzung des IWG BONN auf der Grundlage von Daten des DIW und der Deutschen Bundesbank.
21 Vgl. StBA, *VGR*, S. 12, und Dieter/Silva-Garbade, *Höhenflug*, S. 14.
22 Vgl. Intrum Justitia, *Finanzielle Situation*, S. 4.
23 Vgl. Seven One Media, *Kassensturz*, S. 15.
24 Zahlen für 2003. Vgl. Institut für Jugendforschung, *Finanzkraft*.
25 Vgl. Neubauer, *Verhältnisse*, S. 30.
26 Vgl. Mulke, *Junge Leute*.
27 Vgl. ebd.
28 Vgl. Creditreform, *Insolvenzen*, S. 9.
29 Vgl. Unverzagt/Hurrelmann, *Kompensatorischer Konsum*, S. 246 ff.
30 Vgl. hierzu und im Folgenden: Schilling-Strack, *Generation*; International Obesity Task Force, *Obesity*; General-Anzeiger, *Amerikaner*.

31 So Prof. Dr. Eberhard Standl, Präsident der Deutschen Diabetes-Union beim Weltdiabetestag 2004 in Magdeburg, zitiert nach General-Anzeiger, *Zuckerkrankheit*.
32 Vgl. Shafy, *Zuckerepidemie*.
33 Dies ergaben Untersuchungen von Prof. Dr. Andreas Plagemann. Vgl. Ullrich, *Diabetes-Forschungspreis*.
34 Vgl. Oeltjen, *Wunderdiät*, S. 22.
35 Vgl. Deutsche Hauptstelle für Suchtfragen, *Daten und Fakten*, und Deckers, *Alkoholkonsum*.
36 Vgl. General-Anzeiger, *Alkohol bei Jugendlichen*.
37 Vgl. Globus Infografik GmbH (2004), Sc-9292.
38 Vgl. Strategy Unit, *Report*, S. 31 und 48, sowie Süddeutsche Zeitung, *England*.
39 Vgl. Frankfurter Allgemeine Zeitung, *Tabak und Alkohol*.
40 Vgl. Europäische Kommission/Eurostat, *Eurobarometer*.
41 So der Leiter des deutschen Teils der internationalen Vergleichsstudie im Auftrag der WHO, Prof. Dr. Klaus Hurrelmann. Vgl. Hurrelmann u.a., *Jugendgesundheitssurvey*.
42 Zahlen des Comité National Contre le Tabagisme (CNCT).
43 Unterstellt sind ein durchschnittlicher Zigarettenkonsum je Raucher von 5620 pro Jahr (Wert von 1999) und ein Zigarettenpreis von 0,20 Euro. Vgl. Innovacare, *Raucherentwöhnungsprogramm*.
44 U.S. Surgeon General Richard Carmona bei der Vorlage einer Studie der Obersten Amerikanischen Gesundheitsbehörde über die Folgen des Rauchens. Vgl. U.S. Centers for Disease Control and Prevention / Office on Smoking and Health, *Report*.
45 So der Direktor der Europäischen Beobachtungsstelle für Drogen und Drogensucht (EBDD), Georges Estievenart, bei der Vorstellung des Jahresberichts 2003. Vgl. EBDD, *Jahresbericht*.
46 Vgl. Leurs u.a., *Große Pause*, S. 75.
47 Vgl. Fröhlingsdorf, *Rausch*, S. 74.
48 Vgl. Graupner, *Ohne Drogen*.
49 Vgl. Fröhlingsdorf, *Rausch*, S. 74.
50 Vgl. Leurs u.a., *Große Pause*, S. 79 ff.
51 Schmidt, *Kinderkrankheiten*, S. 7.
52 Vgl. Deutscher Allergie- und Asthmabund.

53 So DAK-Vorstandsvorsitzender Heribert Rebscher bei der Vorlage des Gesundheitsreports 2005. Vgl. DAK, *Gesundheitsreport*.
54 The WHO World Mental Health Survey Consortium, *Mental Disorders*.
55 Vgl. DAK, *Gesundheitsreport*.
56 Vgl. Reicherzer, *Ausgebrannt*, S. 28.
57 Vgl. ebd.
58 Vgl. Kapitel »Bedrängte Erde«, S. 35.
59 Nach einer Untersuchung des Deutschen Städtetages auf der Grundlage einer Umfrage bei 26 deutschen Städten. Vgl. Geis, *Farbschmierereien*.
60 Vgl. Gill/Spriggs, *Impact of CCTV*.
61 In den skandinavischen Ländern vertrauen rund zwei Drittel der Bevölkerung ihren Mitmenschen. In Deutschland trifft dies nur auf ein Drittel, in Frankreich auf ein Fünftel und in Portugal sogar nur auf ein Achtel zu. Vgl. IW, *Argwohn*, S. 3.
62 Vgl. Stadler, *Sicherheit*, S. 5 ff., und IW, *Argwohn*, S. 3.
63 Umfragen zufolge vertrauen nur drei Prozent der Bevölkerung den Parteien uneingeschränkt. Dem ADAC sprechen dagegen 62 Prozent das Vertrauen aus. Vgl. McKinsey u.a. (2004), *Perspektive Deutschland*.
64 Vgl. Zurheide, *Kriminalität*.
65 Vgl. Gebauer, *Schwarzarbeit*, S. 2.
66 Von 1994 bis 2003 erhöhte sich die Zahl der Verfahren wegen Korruption in Deutschland von jährlich 258 auf 1100. Vgl. Bundeskriminalamt, *Korruption*, S. 7.
67 Vgl. Schmitt, *Bakschisch*, S. 92.
68 Vgl. Thomas Hobbes (1588–1679): »Homo homini lupus«.
69 Vgl. Opaschowski, *Zeitwohlstand*.
70 Vgl. Seven One Media, *Sehdauer*.
71 Aufheben hat in der Hegel'schen Dialektik (Georg Wilhelm Friedrich Hegel, 1770–1831) die drei Bedeutungen »Beseitigen«, »Bewahren« und »Hinaufheben«.
72 Vgl. Pfeiffer/Braun, *Lebensökonomie*, S. 45.
73 Vgl. Pohl, *Mehr Kinder*, S. 43.
74 Vgl. Friedemann/Giger/Horx, *Future Living*.
75 Vgl. Lutz/Milewski, *Ideale Kinderzahl*, S. 2.
76 Berechnungen des IWG BONN (unveröffentlicht).
77 Vgl. StBA, *Kinder*, S. 31.

78 Berechnungen des IWG BONN (unveröffentlicht).
79 Vgl. z.B. Struck u.a., *Wendezeit*, S. 18.
80 Vgl. Wahl, *Geburtenverhalten*, S. 6.
81 Vgl. Engelken, *Verdummen*.
82 So Prof. Dr. Ernst-Ulrich Huster von der Evangelischen Fachhochschule Rheinland-Westfalen-Lippe auf dem 8. Godesheimer Jugendhilfeforum am 14. November 2001. Vgl. Hagenberg-Miliu, *Wohlhabende Familien*, S. 9.
83 Vgl. Wettach, *Lernfreie Zone*, S. 66.
84 Vgl. Ministerium für Frauen, Jugend, Familie und Gesundheit des Landes NRW, *Landesgesundheitsbericht*, sowie Heimeier, *Mangelhaft*.
85 Z.B. in den Grundschulen des Saarlandes. Vgl. Ministerium für Bildung, Kultur und Wissenschaft des Saarlandes, *respect & co*.
86 So Untersuchungen von Prof. Dr. Roland Schleiffer vom Seminar Heilpädagogische Psychologie und Psychiatrie der Universität zu Köln. Vgl. Schleiffer, *Heimerziehung*.
87 Vgl. Frey-Vor/Schumacher, *Medien*.
88 So Dr. Sabine Grüsser-Sinopoli bei der Vorstellung ihrer Untersuchung über die Computernutzung von Kindern. Vgl. Thalemann u.a., *Exzessives Computerspielen*.
89 Studie des amerikanischen Familienverbands Kaiser Foundation auf der Grundlage einer Umfrage bei amerikanischen Eltern. Vgl. Frankfurter Allgemeine Zeitung, *Kleinkind*.
90 Vgl. Hubertus, *Analphabetismus*, S. 82.
91 1999 gaben dies 16 Prozent als Grund für den Abbruch der Ausbildung an. Vgl. BMBF, *Berufsbildungsbericht*, S. 93.
92 Vgl. Klein/Hüchtermann, *Schulsystem*, S. 139 und 161, sowie Prenzel, *PISA 2003*, S. 29.
93 So Prof. Dr. Michael Wagner vom Forschungsinstitut für Soziologie der Universität zu Köln bei der Vorstellung einer Schülerumfrage. Vgl. Wagner, *Schulverweigerung*.
94 Deshalb haben sogenannte Knigge- oder Coach-Seminare Konjunktur. Vgl. Schenz, *Rücksichtnahme*.
95 Berechnungen des IWG BONN (unveröffentlicht).
96 Vgl. BMI, *Ehe*.
97 Vgl. StBA, *Leben und Arbeiten*, S. 27 ff.
98 Angaben für den Rhein-Sieg-Kreis. Vgl. Manhold, *Keine Zeit*, S. 11.

99 Nach einer Studie von UNICEF und dem Rheinisch-Westfälischen Institut für Wirtschaftsforschung. Vgl. Corak/Fertig/Tamm, *Child Poverty*, sowie StBA, *Sozialhilfe*, S. 12 f.
100 Formulierung, die einem führenden Vertreter der Clinton-Administration zugeschrieben wird.

Die Zukunft gewinnen

1 So gestand Heide Simonis, die damalige Ministerpräsidentin von Schleswig-Holstein, in einem ARD-Beitrag vom 16. Februar 2005, dass sie depressiv werde, wenn sie in der Öffentlichkeit nicht sofort erkannt werde.
2 Der Parteitag der Republikaner zur Präsidentschaftsnominierung von George W. Bush kostete schätzungsweise 300 Millionen Dollar. Das Wahlkampfteam verteilte Zehntausende Fähnchen, ließ 100 000 Luftballons herabschweben und verschoss 140 Kilogramm Konfetti und Luftschlangen. Zudem traten mehrere Musical-, Rock- und Westernstars auf. Öffentliche Diskussionen über politische Inhalte oder gar Kampfabstimmungen gab es keine. Vgl. Trankorits, *Bush-Show*.
3 Im US-Staat Kalifornien ist die Amtszeit von Gouverneur und Senat auf acht Jahre, die der Parlamentsabgeordneten auf sechs Jahre begrenzt. In Louisiana und Ohio gelten ähnliche Regelungen.
4 So der damalige nordrhein-westfälische Finanzminister Jochen Dieckmann im Herbst 2004.
5 Vgl. Diamond, *Chimpanzee*, S. 110 ff.
6 Beispielsweise in Venezuela und Kolumbien mit 69 bzw. 74 Prozent.
7 Vgl. Horx, *Der gute Krieg*.
8 Vgl. Brockhaus-Enzyklopädie.
9 Mit Ausnahme des japanischen Luftangriffs auf Pearl Harbour, Hawaii, am 7. Dezember 1941, der zum Eintritt der Vereinigten Staaten in den Zweiten Weltkrieg führte.
10 Das schließt nicht aus, dass alternde Gesellschaften deliktanfälliger werden. Vgl. Miegel, *Deformierte Gesellschaft*, S. 78.
11 Vgl. Cincotta u.a., *Civil Conflict*.

12 Noch 2003 setzte die PDS in ihrem Parteiprogramm zwischenmenschliche Konkurrenz mit Selbstausbeutung und Überarbeitung gleich.
13 Wegen des Verdachts auf ungerechtfertigte Gaspreiserhöhungen leitete das Bundeskartellamt Ende 2004 gegen sechzehn deutsche Ferngasunternehmen Ermittlungsverfahren ein und rang mehreren Versorgern Zugeständnisse ab. Dem hessischen Wirtschaftsministerium zufolge waren im Juli 2005 bei zwölf Energieversorgungsunternehmen die Preise um bis zu 19 Prozent überhöht. Vgl. Flauger, *Gasversorger*.
14 Z.B. Thomas Manns »Buddenbrooks. Verfall einer Familie« (1901).
15 So eine empirische Untersuchung des Instituts für Jugendforschung von 2004, zitiert nach Globus Infografik GmbH (2005), Zb-9829.
16 Das »Blaue Band des Ozeans« war von 1838 bis 1952 eine Auszeichnung für Schiffe, die den Nordatlantik in Rekordzeit überquerten.
17 So etwa in Großbritannien oder der Schweiz.
18 Vgl. Gallup GmbH, *Engagement Index*, S. 2.
19 Vgl. z.B. Gratzon, *Lazy Way*.
20 Vgl. Engels, *Menschwerdung*.
21 Vgl. Brockhaus-Enzyklopädie / Deutsches Wörterbuch.
22 Vgl. Gallup GmbH, *Engagement Index*, S. 1.
23 Die prähistorischen Jäger und Sammler verbrachten lediglich zwei bis drei Stunden täglich mit Arbeit. Die übrige Zeit diente der Kontaktpflege. Vgl. Hunt, *Nächstenliebe*.
24 2004 hatte reichlich ein Drittel der Arbeitslosen keine abgeschlossene Ausbildung. Durch die Einbeziehung der arbeitslosen Sozialhilfeempfänger im Rahmen von Hartz IV ist der Anteil noch weiter gestiegen.
25 Berechnungen des IWG BONN (unveröffentlicht).
26 So stoßen extreme Parteien, wie die rechtsgerichtete Front National in Frankreich oder das neue Linksbündnis aus PDS und WASG in Deutschland, in der Bevölkerung auf beträchtliche Zustimmung.
27 Vgl. dpa, *Streik*.
28 In Deutschland sank die reale Kaufkraft der Nettostandardrente zwischen 1991 und 2004 um mehr als vier Prozent. In der Pflegeversicherung verringerte sich der Wert der Leistungs-

sätze, gemessen am Verbraucherpreisindex, seit 1995 sogar um knapp zwölf Prozent.
29 In Deutschland bringen zehn Prozent der steuerpflichtigen Personen über die Hälfte des Einkommensteueraufkommens auf. Vgl. BMF, *Steuerpolitik*, S. 21.
30 Vgl. Kommission »Soziale Sicherheit« (Herzog-Kommission), *Reform*, S. 59.
31 So die Rentenreformmaßnahmen seit 2001.
32 Vgl. z.B. Miegel/Wahl, *Grundsicherung*.
33 In den westeuropäischen Ländern sind im Schnitt rund ein Drittel der Haushalte Ein-Personen-Haushalte. In Asien und Südamerika liegt dieser Anteil zumeist unter zehn Prozent. Annähernd jede zweite Ehe wurde in der EU 2002 geschieden. Vgl. StBA, *Jahrbuch Ausland*, S. 44 und 230 f.
34 In keinem westlichen Land befindet sich die Geburtenrate auf bestandserhaltendem Niveau. Vgl. StBA, *Jahrbuch Ausland*, S. 223.
35 Vgl. Institut für Demoskopie Allensbach, *Geburtenrate*, S. 14 ff.
36 So ein Experte der Verbraucherzentrale Rheinland-Pfalz. Vgl. Kowalski/Contoli, *Drei Bausteine*, S. 166.
37 Entsprechend dem kategorischen Imperativ (Immanuel Kant): »Handle so, dass die Maxime deines Willens jederzeit zugleich als Prinzip einer allgemeinen Gesetzgebung gelten könne.«
38 Artikel 1 Grundgesetz.
39 Fred Baader im Interview mit dem Hamburger Abendblatt. Vgl. Hamburger Abendblatt, *Geschmack*.
40 Ute Biernat in einem Interview mit dem Focus. Vgl. Focus, *Menschenverachtung*.
41 Vgl. Parade Magazine, *What People Earn*.
42 Vgl. Die Welt, *Beckham*.
43 Durchschnittliche Gage pro Film und jährliche Werbeeinnahmen von Catherine Zeta Jones. Vgl. Financial Times Deutschland, *Reichste im Land*.
44 Vgl. Der Stern, *Letzte Ruhe*.
45 Nach einer repräsentativen Umfrage der Zeitschrift »Laura« besitzen 45 Prozent der Frauen mehr als 25 Paar Schuhe. Vgl. General-Anzeiger, *Abwechslung*.
46 Vgl. Schrank/Lomax, *Mobility Report*.
47 Berechnungen des ADAC für 2002. Vgl. Sommer, *Verkehrspolitik*, S. 41 f.

Bibliographie

Abramovici, Gérard, »Sozialschutz in Europa«, in: *Statistik kurz gefasst*, Thema 3, 6/2004

Afheldt, Horst, *Wirtschaft, die arm macht. Vom Sozialstaat zur gespaltenen Gesellschaft*, München 2003

Amendt, Günter, *Die internationale Bilanz des »War on Drugs«*. Vortrag auf dem Kongress »Neue Wege der europäischen Drogenpolitik und Suchtforschung«, Hamburg 1999

Bild, »Patient Erde. Ist die Katastrophe noch zu stoppen?«, 8. November 2004

Böge, Volker / Debiel, Tobias, »Kriege und Konfliktbewältigung«, in: Stiftung Entwicklung und Frieden, *Globale Trends. Fakten, Analysen, Prognosen*, Frankfurt a.M. 2003, S. 309–330

The Boston Consulting Group, »Capturing Global Advantage«, *BCG Report*, 2004, unter: www.bcg.com

British Petroleum (BP), *Statistical Review of World Energy 2001*, London 2002

Brück, Tilmann, »Die ökonomischen Folgen des neuen globalen Terrorismus«, in: *DIW-Wochenbericht 37/2002*, S. 619–624

BUND / MISEREOR (Hrsg.), *Zukunftsfähiges Deutschland. Ein Beitrag zu einer global nachhaltigen Entwicklung*, Berlin 1996

Bundeskriminalamt (BKA), *Lagebild Korruption Bundesrepublik Deutschland 2003*, Wiesbaden 2004

Bundesministerium der Finanzen (BMF), Datensammlung zur Steuerpolitik, *Fachblick*, Berlin 2004

-, Monatsbericht des BMF, März 2005

Bundesministerium des Inneren (BMI), »Jede 3. Ehe wird geschieden«, unter: www.bmi.bund.de/cln_012/nn_332454/Internet/Content/Themen/Bevoelkerungsentwicklung/Einzelseiten/Jede__3__Ehe__wird__geschieden.html

Bundesministerium für Bildung und Forschung (BMBF), *Berufsbildungsbericht 1999*, Bonn 1999

Bundesministerium für Umwelt, Naturschutz und Reaktorsicherheit (BMU), *Klimaschutz – global und lokal*, Berlin 2004

Bundesministerium für Verbraucherschutz, Ernährung und Landwirtschaft (BMVEL) (Hrsg.), *Waldzustandsbericht 2004*, Bonn/Berlin 2004

Business Software Alliance (BSA) (Hrsg.), *Global Software Piracy Study*, Washington, D.C. 2004

CDU, *Wachstum – Arbeit – Wohlstand*. Beschluss des 18. Parteitags der CDU Deutschlands, 6./7. Dezember 2004, Düsseldorf 2004

Cincotta, R.P. / Engelmann, R. / Anastasio, D., »The Security Demographic. Population and Civil Conflict after the Cold War«, *Population Action International*, Washington, D.C. 2003

Cipolla, Carlo M. / Borchardt, Knut (Hrsg.), *Europäische Wirtschaftsgeschichte*, Band 4, Stuttgart/New York 1985

Clement, Rainer / Natrop, Johannes, »Offshoring – Chance oder Bedrohung für den Standort Deutschland?«, in: *Wirtschaftsdienst 8/2004*, S. 519–528

Comité National Contre le Tabagisme (CNCT) (ohne Jahr), Resultats, unter: http://cnct.org

Corak, Miles / Fertig, Michael / Tamm, Marcus, »A Portrait of Child Poverty in Germany«, in: UNICEF / Innocenti Research Centre, *Innocenti Working Paper 3*, New York 2005

Creditreform, Insolvenzen, Neugründungen und Löschungen, 1. Halbjahr 2004, Neuss 2004

Deckers, Daniel, »Politiker wollen Alkoholkonsum verringern«, in: *Frankfurter Allgemeine Zeitung*, 19. November 2001

Deutsche Angestellten-Krankenkasse (DAK), *Gesundheitsreport 2005*, Hamburg 2005

Deutsche Botschaft Peking, Wirtschaftsdaten Kompakt, WI-2-400.00, 1. September 2004

Deutsche Hauptstelle für Suchtfragen, Daten und Fakten, unter: www.dhs.de

Deutsche Presse-Agentur (dpa), »Streik lähmt Griechenland«, 11. Mai 2005

Deutsche Stiftung Weltbevölkerung (DSW), DSW-Datenreport 2004. Soziale und demographische Daten zur Weltbevölkerung, Hannover 2004

Deutscher Allergie- und Asthmabund, unter: www.daab.de/index.cfm

Deutscher Bundestag, »Wandel der Arbeitswelt und Modernisierung des Arbeitsrechts«, Drucksache 15/2932, 19. April 2004

Deutsches Institut für Wirtschaftsforschung (DIW) / Hamburgisches Welt-Wirtschafts-Archiv (HWWA) / ifo Institut für Wirtschaftsforschung / Institut für Weltwirtschaft (IfW) / Institut für Wirtschaftsforschung Halle (IWH) / Rheinisch-Westfälisches Institut für Wirtschaftsforschung (RWI), »Die Lage der Weltwirtschaft und der deutschen Wirtschaft im Herbst 2002«, in: *DIW-Wochenbericht 43/2002*, S. 703–757

-, »Die Lage der Weltwirtschaft und der deutschen Wirtschaft im Frühjahr 2003«, in: *DIW-Wochenbericht 16/2003*, S. 227-275

Diamond, Jared, *The Third Chimpanzee: The Evolution and Future of the Human Animal*, New York 1992

Dieter, Heribert / Silva-Garbade, Caroline, »Das Ende des Höhenflugs? Krisenpotentiale der amerikanischen Ökonomie und Konsequenzen für die Volkswirtschaft«, in: Stiftung Wissenschaft und Politik (Hrsg.), *SWP-Studie*, Dezember 2004, Berlin 2004

Eichhorst, Werner / Thode, Eric / Winter, Frank, »Benchmarking Deutschland 2004. Arbeitsmarkt und Beschäftigung«, Bericht der Bertelsmann-Stiftung, Berlin u.a. 2004

Engelken, Eva, »Deutschland droht zu verdummen«, in: *Handelsblatt*, 13. Juli 2004

Engels, Friedrich, *Anteil der Arbeit an der Menschwerdung des Affen*, Berlin 1984

Europäische Beobachtungsstelle für Drogen und Drogensucht (EBDD), Stand der Drogenproblematik in der Europäischen Union, Jahresbericht 2003, Luxemburg 2003

Europäische Kommission, Lissabon-Strategie, 2000, unter http://europa.eu.int/comm/lisbon_strategy/intro_de.html

Europäische Kommission / Eurostat, Eurobarometer 52.1-1999, Luxemburg

-, AMECO-Datenbank, unter: http://europa.eu.int/comm/economy_finance/indicators/annual_macro_economic_da tabase/ameco_en.htm

-, Living Conditions in Europe, *Statistical Pocketbook 1998–2002*, Luxemburg 2003

Financial Times Deutschland, »Wer ist die Reichste im Land?«, 20. Juli 2004

Flauger, Jürgen, »Gasversorger läuten in Deutschland neue Preisrunde ein«, in: *Handelsblatt*, 4. Juli 2005

Focus, »Menschenverachtung ist subjektiv«, 25. Oktober 2004, S. 184 f.

Follath, Erich / Jung, Alexander, »Die Quelle des Krieges«, in: *Der Spiegel* 22/2004, S. 106–119

Forrester Research, »Two Speed Europe: Why 1 Million Jobs will Move Offshore«, 18. August 2004

Frankfurter Allgemeine Zeitung, »Jedes vierte Kleinkind sieht fern«, 30. Oktober 2003

-, »Weniger Tabak und Alkohol«, 13. Januar 2005

Frey-Vor, Gerlinde / Schumacher, Gerlinde, »Kinder und Medien 2003«, in: *Media Perspektive 9/2004*, S. 426–440

Friedemann, Christine / Giger, Andreas / Horx, Matthias, *Future Living. Lebensstile und Zielgruppen im Wandel*, Kelkheim 2002

Fröhlingsdorf, Michael, »Grenzenloser Rausch«, in: *Der Spiegel* 27/2004, S. 74

Gallup GmbH, Engagement Index 2003, Pressemitteilung, 29. Oktober 2003

Gebauer, Andrea, Kommentar zum Entwurf eines Gesetzes zur Intensivierung der Bekämpfung der Schwarzarbeit, in: *ifo-Schnelldienst* 9/2004, S. 10–17

Geis, Christine, »Städte werden aktiv gegen illegale Farbschmierereien«, in: *Der Städtetag* 4/2002

General-Anzeiger, »Anstieg der Zuckerkrankheit trägt Züge einer Epidemie«, 4. November 2004

-, »Im Rausch der Abwechslung«, 12. Mai 2005

-, »Konsum von Alkohol bei Jugendlichen enorm gestiegen«, 23. Juli 2004

-, »Zwei von drei Amerikanern sind zu dick«, 15. Dezember 2001

Gill, Martin / Spriggs, Angela, »Assessing the Impact of CCTV«, in: Home Office Research, Development and Statistics Directorate, *Home Office Research Study 292*, London 2005

Globus Infografik GmbH, diverse Jahrgänge, Hamburg

Gratzon, Fred, *The Lazy Way to Success. Ohne Anstrengung ALLES erreichen*, Bielefeld 2004

Graupner, Heidrun, »Keine Party ohne Drogen«, in: *Süddeutsche Zeitung*, 24. Juni 2004

Hagenberg-Miliu, Ebba, »Arme Kinder in wohlhabenden Familien«, in: *General-Anzeiger*, 17./18. November 2001

Hamburger Abendblatt, »Geschmack der Masse entscheidet«, 13. Dezember 2004

Handelsblatt, »Epcos treibt Verlagerung voran«, 13. April 2004

Harvey Nash GmbH, Offshore IT-Outsourcing, 2004, unter: www.insieme-network.com/offshore_outsourcing.pdf

Haub, Carl, »How Many People Have Ever Lived on Earth?«, in: *Population Today*, November/Dezember 2002, S. 3 f.

Heimeier, Katharina, »Mangelhaft für Ausdruck und Hörvermögen von Erstklässlern«, in: *General-Anzeiger*, 19. Dezember 2003

Horx, Matthias, »Der gute Krieg«, in: *Die Weltwoche* 4/2003

Hubertus, Peter, »Zur Größenordnung des funktionalen Analphabetismus in Deutschland. Kommentar aus der Alphabetisierungspraxis«, in: Stark, Werner u.a. (Hrsg.), *Wer schreibt, der bleibt! Gesellschaftliche, pädagogische und persönlichkeitsbildende Aspekte des Schreibens als Beitrag zur Überwindung des Analphabetismus und Sicherung einer Grundbildung für alle*, Stuttgart u.a. 1998, S. 82–92

Hujer, Marc, »Kampf gegen Kapitalisten«, in: *Süddeutsche Zeitung*, 3. August 2004

Hummel, Hartwig / Wulf, Herbert, »Rüstung und Sicherheit«, in: Stiftung Entwicklung und Frieden, *Globale Trends. Fakten, Analysen, Prognosen*, Frankfurt a.M. 2003, S. 273–292

Hunt, Morton, *Das Rätsel der Nächstenliebe*, Frankfurt a.M. 1992

Hurrelmann, Klaus u.a., *Jugendgesundheitssurvey. Internationale Vergleichsstudie im Auftrag der Weltgesundheitsorganisation (WHO)*, Weinheim/München 2003

Innovacare, Raucherentwöhnungsprogramm, unter: www.innovacare.de/programme/raucherentwoehnung/fakten.shtml

Institut der deutschen Wirtschaft (IW), »Stahlmarkt: Industrie leidet unter Preisrallye«, in: *iwd 7/2005*, S. 6 f.

-, »Wachstumsfaktor Vertrauen. Argwohn bremst Aufschwung«, in: *iwd 5/2005*, S. 3

Institut für Demoskopie Allensbach, Einflussfaktoren auf die Geburtenrate. Ergebnisse einer Repräsentativbefragung der 18- bis 44-jährigen Bevölkerung, Allensbach 2004

Institut für Jugendforschung (IJF), *Die Finanzkraft der 13- bis 24-Jährigen in der Bundesrepublik Deutschland 2003*, München 2003

International Obesity Task Force, *Obesity in Europe, 15. März 2005*, Brüssel 2005

Intrum Justitia Inkasso GmbH (Hrsg.), *Finanzielle Situation deutscher Konsumenten*, Darmstadt 2004

Klein, Helmut, E. / Hüchtermann, Marion, »Schulsystem: Indikatoren für Leistung und Effizienz«, in: Klös, Hans-Peter / Weiß, Reinhold (Hrsg.), *Bildungs-Benchmarking*

Deutschland, Was macht ein effizientes Bildungssystem aus?, Köln 2003, S. 87–208

Köhn, Rüdiger, Opel-Sanierung. »Nach der Einigung: Sind die deutschen Standorte gesichert?« in: *Frankfurter Allgemeine Zeitung*, 10. Dezember 2004

Kommission »Soziale Sicherheit«, *Bericht zur Reform der sozialen Sicherungssysteme*. Im Auftrag des Bundesvorstandes der CDU und unter Leitung von Bundespräsident a. D. Roman Herzog, Berlin, 29. September 2003

Körber-Stiftung / Institut für Demoskopie Allensbach, »Angst vor der Globalisierung wächst«, 2004, unter: www.stiftung.koerber.de

Kowalski, Matthias / Contoli, Melanie, »Das Geheimnis der drei Bausteine«, in: *Focus* 9/2005, S. 156–168

Kreyer, Rolf D., Kriminalistisches Krisenmanagement, unter: www.krisennavigator.de/akf010-d.htm

Leurs, Rainer / Meyer, Cordula / Neumann, Conny / Schmidt, Caroline / Ulrich, Andreas, »Ein Joint für die große Pause«, in: *Der Spiegel* 27/2004, S. 70–82

Lutz, Wolfgang / Milewski, Nadja, »Als ideal angesehene Kinderzahl sinkt unter zwei«, in: *Demographische Forschung* 2/2004, S. 1 f.

Maher, Kris, »Amerikas Arbeit wandert aus«, in: *Der Tagesspiegel*, 29. März 2004

Manhold, Jörg, »Die Eltern haben keine Zeit für ihre Kinder«, in: *General-Anzeiger*, 26. November 2001

Marin, Dalia, »A Nation of Poets and Thinkers« – Less so with Eastern Enlargement? Austria and Germany, in: Department of Economics/LMU, *Discussion Paper 6*, München 2004

Marsh GmbH, *Risikomanagement in Europa 2002. Eine Untersuchung mittelständischer Unternehmen*, Frankfurt a. M. 2002

Marx, Karl / Engels, Friedrich, *Manifest der kommunistischen Partei*, London 1848

McKinsey / Stern / ZDF / AOL, *Perspektive Deutschland*, verschiedene Jahrgänge, unter: www.perspektive-deutschland.de

Miegel, Meinhard, *Arbeitsmarktpolitik auf Irrwegen. Zur Ausländerbeschäftigung in der Bundesrepublik Deutschland*, Stuttgart 1984
-, *Die deformierte Gesellschaft. Wie die Deutschen ihre Wirklichkeit verdrängen*, Berlin/München 2002
Miegel, Meinhard / Wahl, Stefanie, *Solidarische Grundsicherung – Private Vorsorge. Der Weg aus der Rentenkrise*, München 1999
Ministerium für Bildung, Kultur und Wissenschaft des Saarlandes, respect & co, Materialien für Schulen, unter: www.aktion-respekt.saarland.de
Ministerium für Frauen, Jugend, Familie und Gesundheit des Landes Nordrhein-Westfalen, *Gesundheit von Kindern und Jugendlichen in Nordrhein-Westfalen. Landesgesundheitsbericht 2002*, Bielefeld 2002
MSN Encarta Enzyklopädie, unter: http://de.encarta.msn.com
Mulke, Wolfgang, »Immer mehr junge Leute überziehen ihr Konto«, in: *General-Anzeiger*, 23. November 2001
N24 (online), »Feiertag gestrichen – Clement bestätigt Abschaffung des 3. Oktobers«, 4. November 2004, unter: www.n24.de/politik/inland/index.php/a2004110409373123643
Neubauer, Rita, »Wir leben über unsere Verhältnisse«, in: *General-Anzeiger*, 3./4. Juli 2004
Noelle-Neumann, Elisabeth / Köcher, Renate (Hrsg.), *Allensbacher Jahrbuch der Demoskopie* 1998–2002, München 2002
Oeltjen, Sabine, »Abnehmen ohne Wunderdiät«, in: *Securvital* 6/2004, S. 22–24
Opaschowski, Horst W., »Zeitwohlstand«: Der neue Luxus, in: BAT-Freizeitforschungsinstitut, *Forschung aktuell 182*, 24. August 2004
Organization of Economic Cooperation and Development (OECD), »Offshoring«, Arbeitsplätze und Strukturpolitik, in: *OECD Wirtschaftsausblick 75/2004*, S. 34–38
-, OECD *Employment Outlook*, Paris 2004
-, OECD *Economic Surveys: Switzerland*, Paris 2004

Organization of Economic Cooperation and Development (OECD) / International Energy Agency (IEA), *World Energy Outlook 2002*, Paris 2002

Parade Magazine, »What People Earn«, 14. März 2004

Pfeiffer, Ulrich / Braun, Reiner, *Private Lebensökonomie und staatlicher Einfluss. Neue Strategien zur Vermögensbildung*, hrsg. vom Deutschen Institut für Altersvorsorge (DIA), Köln 2003

Pfeiffer, Ulrich / Simons, Harald, *Frühruhestand vor dem Ende. Die kurzfristigen Auswirkungen auf den Arbeitsmarkt*, hrsg. vom Deutschen Institut für Altersvorsorge (DIA), Köln 2004

Plagiarius, Zahlen/Fakten, 2005, unter: www.plagiarius.com/d_index.html

Pohl, Britta, *Mehr Kinder. Mehr Leben*. Ergebnisse einer repräsentativen forsa-Befragung im Auftrag von *Eltern* und *Eltern for family*, Oktober 2004

Prenzel, Manfred u.a. (Hrsg.), *PISA 2003 – Ergebnisse des zweiten internationalen Vergleichs*. Zusammenfassung, 2004, unter: http://pisa.ipn.uni-kiel.de/Ergebnisse_PISA_2003.pdf

Reicherzer, Judith, »Ausgebrannt und angefeindet«, in: *Süddeutsche Zeitung*, 14. Juni 2004

Sauer, Ulrike, »Italiens Angst vor dem Abstieg«, in: *Süddeutsche Zeitung*, 26. März 2004

Schenz, Viola, »Die hohe Kunst der Rücksichtnahme. Der Trend geht zu den Soft Skills: Immer mehr junge Leute erkennen, dass sie mit schlechten Manieren nicht weit kommen und sitzen nach«, in: *Süddeutsche Zeitung*, 20. Dezember 2004

Schilling-Strack, Uwe, »Eine ganze Generation erstickt am eigenen Fett«, in: *General-Anzeiger*, 28. Mai 2004

Schleiffer, Roland, *Der heimliche Wunsch nach Nähe. Bindungstheorie und Heimerziehung*, Münster 2001

Schmid, Gerhard, »Wirtschaftsspionage – Mediengespenst oder ernsthafte Bedrohung?«, Gastvortrag an der Universität Passau, 6. Februar 2004

Schmidt, Ulla, »Die neuen Kinderkrankheiten. Gesundheitsrisiken der jungen Generation«, in: *Frühe Kindheit* 6/2004, S. 7

Schmitt, Jörg, »Kampf dem Bakschisch«, in: *Der Spiegel* 8/2005, S. 92–94

Schrank, David / Lomax, Tim, The 2005 Urban Mobility Report, Texas Transportation Institute, 2005, unter: http://mobility.tamu.edu/ums/

Schulte, Martin, »Musterland mit Schwächen, Wirtschafts- und Arbeitsmarktentwicklung in der Schweiz«, *IWG-Impulse*, Dezember 2004, unter: www.iwg-bonn.de/deutsch/aktuelles_ts.php

Seven One Media, »Kassensturz: Finanzielle Lage privater Haushalte«, *Market Analyses*, 20. April 2005

-, »Sehdauer 2004 zum fünften Mal in Folge gestiegen«, Pressemitteilung, 4. Januar 2005

Shafy, Samiha, »Tödliche Zuckerepidemie ruiniert Gesundheitssystem«, in: *General-Anzeiger*, 13. Mai 2004

Sommer, Renate, »Auf dem Weg zu einer umweltverträglichen Verkehrspolitik«, in: *Schriften zur Europäischen Integration*, hrsg. von der CDU/CSU-Landesgruppe im Europäischen Parlament, 4/2002, S. 41–45

Stadler, Rainer, »Mit Sicherheit ein gutes Gefühl«, in: *Süddeutsche Zeitung Magazin*, 9. Juli 2005

Statistisches Bundesamt (StBA), *Leben und Arbeiten in Deutschland. Ergebnisse des Mikrozensus 2004*, Wiesbaden 2005

-, *Sozialhilfe in Deutschland. Entwicklung, Umfang, Strukturen 2003*, Wiesbaden 2003

-, *Statistisches Jahrbuch für das Ausland*, Wiesbaden 2004

-, Volkswirtschaftliche Gesamtrechnung (VGR), *Fachserie 18, Reihe 1.1*, Wiesbaden 2005

-, *Zeit für Kinder. Betreuung und Ausbildung von Kindern und Jugendlichen*, Wiesbaden 2003

Stefanidis, Alexandros, »Himmel und Hölle«, in: Gesamtverband der Deutschen Versicherungswirtschaft (GDV) (Hrsg.), *Positionen zu Politik, Wirtschaft und Gesellschaft* 38/2004, S. 4–7

Der Stern, »Letzte Ruhe im All«, 2004, unter: www.stern.de/wissenschaft/natur/526875.html?nv=cp_L1_aa

Storbeck, Olaf, »Outsourcing hilft dem Standort Deutschland«, in: *Süddeutsche Zeitung*, 7. April 2004

Strategy Unit (Hrsg.), *Interim Analytical Report*, London 2003

Struck, Olaf / Rasztar, Matthias / Sackmann, Reinhold / Weymann, Ansgar / Wingens, Matthias, *Die Generation der Wendezeit*, Arbeitspapier 49 des Sonderforschungsbereichs der Universität Bremen, 1998

Süddeutsche Zeitung, »Englands neue Krankheit«, 24. Juni 2004

- (online), Wissen, 2005, unter: www.sueddeutsche.de/wissen/special/921/43878/3/

Thalemann, Ralf / Thalemann, Carolin / Albrecht, Ulrike / Grüsser, Sabine M., »Exzessives Computerspielen im Kindesalter«, in: Deutsche Gesellschaft für Psychiatrie, Psychotherapie und Naturheilkunde, Kongress 2004, *Nervenarzt* 75/2004, S. 186 ff.

Thiede, Meite, »Fabriken werden anderswo gebaut«, in: *Süddeutsche Zeitung*, 29. Dezember 2003

Thompson, R.C. u.a., *Lost at Sea: Where Does All The Plastic Go?*, London 2004

Trankorits, Laszlo, »Bush-Show in Manhattan«, *dpa*, 3. September 2004

Ullrich, Kerstin, Europäischer Diabetes-Forschungspreis für Geburtsmediziner der Charité, 2004, unter: www.charite.de/presse/de/archive/meldungen04_72.html

United Nations / Environment Programme (UNEP), *UNEP Annual Report 2003*, New York 2003

United Nations / Population Division, World Population Growth from Year 0 to 2050, in: United Nations / Population Division, World Population Prospects: *The 1998 Revision*, New York 1998

-, *World Population to 2300*, New York 2004

-, World Population Prospects: *The 2004 Revision*, Population Database, 2005, unter: http://esa.un.org/unpp

Unverzagt, Gerlinde / Hurrelmann, Klaus, »Kaufen zwischen Lust und Frust. Kompensatorischer Konsum«, in: *Universitas* 57/2002, S. 246–255

U.S. Centers for Disease Control and Prevention / Office on Smoking and Health, *The Health Consequences of Smoking: A Report of the Surgeon General*, Washington, D.C. 2004

Wagner, Michael, *Verbreitung und Determinanten der Schulverweigerung in Köln. Erster Zwischenbericht für die GEW Stiftung Köln*, Forschungsinstitut für Soziologie der Universität zu Köln, 2002

Wahl, Stefanie, »Erfolgsmodell oder Mittelmaß? Arbeitsmarkt- und Wirtschaftsentwicklung in Österreich«, *IWG-Impulse*, Dezember 2004, unter: www.iwg-bonn.de/deutsch/aktuelles_ts.php

-, »Geburtenverhalten in Deutschland und anderen ausgewählten Ländern«, *IWG-Impulse*, Bonn 2003, unter: www.iwg-bonn.de/deutsch/aktuelles_ts.php

Wahl, Stefanie / Schulte, Martin, *Arbeitslosigkeit abbauen – Von Besseren lernen! Hintergründe der Beschäftigungsunterschiede in Deutschland, Österreich und der Schweiz*, München 2005

Weidemann, S., »Das abrupte Ende der Gefühlsinflation«, in: *Handelsblatt*, 17. August 2004

Weiler, Peter-Paul, »Das neue Qualitätsbewusstsein der Fälscher«, in: *General-Anzeiger*, 10./11. April 2004

Die Welt, »Zweifel an angeblicher Beckham-Geliebten«, 16. April 2004

Wettach, Silke, »Lernfreie Zone«, in: *Wirtschaftswoche* 52/2001, S. 64–69

The WHO World Mental Health Survey Consortium, »Prevalence, Severity and Unmet Need for Treatment of Mental Disorders in the World Health Organization World Mental Health Surveys«, in: *JAMA* 291/2004, S. 2581–2589

Willenbrock, Harald, »Wo der Pfeffer wächst«, in: McKinsey (Hrsg.), *McK Wissen* 9/2004, S. 64–71

Wuppertaler Institut für Klima, Umwelt und Energie, *Zukunftsfähiges Deutschland*, Basel 1996
Zeiger, Jürgen / Bühler, Bernd-Oliver, *Wirtschaftskrieg in Deutschland. Neue Risiken verlangen neue Antworten*, 2003, unter: www.ifdt.de/0401/Artikel/zb.htm
Zeller, Thomas, *Offshore-Outsourcing: Der Inder als Gehaltsbremse*, 2004, unter: www.cio.de/news/803949/index.html
Ziesing, Hans-Joachim, »Treibhausgasemissionen nehmen weltweit zu – keine Umkehr in Sicht«, in: *DIW-Wochenbericht* 39/2003, S. 577–587
Zurheide, Jürgen, »Studie: Lockere Einstellung zu Kriminalität«, in: *General-Anzeiger*, 19. März 2002

»Die vielleicht wichtigste Publikation dieser Jahre«
Süddeutsche Zeitung

Meinhard Miegel, einer der profiliertesten Sozialforscher Deutschlands, stellt unsere Gesellschaft auf den Prüfstand: das Gemeinwesen, die Wirtschaft, die Sozialsysteme. Sein Fazit: Von einer zukunftsorientierten Leistungsgesellschaft sind die Deutschen weit entfernt. Sie verdrängen ihre Wirklichkeit und wiegen sich in Wohlstandsillusionen. Dabei fordert der dramatische Wandel der Grundlagen unserer Gesellschaft ein rasches Umsteuern auf allen Ebenen.

»Diesem Buch wünscht man möglichst viele Leser.«
FAZ

»Ein großer Wurf«
Die Zeit

Die deformierte Gesellschaft
Wie die Deutschen ihre Wirklichkeit verdrängen
ISBN-13: 978-3-548-36440-7
ISBN-10: 3-548-36440-3

ULLSTEIN

»Hoch informativ, sehr persönlich und durchaus bewegend«
FAZ

Im Dezember 2001 empfing Helmut Schmidt in seinem Haus in Hamburg sechs junge Leute, um sich mit ihnen über Politik zu unterhalten. Die Gesprächsleitung übernahm Sandra Maischberger. Bis spät in die Nacht stand Schmidt Rede und Antwort und scheute sich nicht, Dinge beim Namen zu nennen und manches private Detail beizusteuern. Selten kommt man einem Spitzenpolitiker so nah wie in diesem Buch.

»Ein Buch voller Menschlichkeit, spannend zu lesen, leise und nachdenklich, witzig, schlagfertig und vor allem ehrlich. Das Vermächtnis eines großen Politikers.«
Deutschlandradio

Hand aufs Herz
ISBN-13: 978-3-548-36460-5
ISBN-10: 3-548-36460-8

ULLSTEIN

»Eines der wichtigsten
Wirtschaftsbücher
der vergangenen Jahre«
Süddeutsche Zeitung

Steigende Abgabenlast, marode Renten- und Krankenkassen, Unternehmenspleiten und hohe Arbeitslosigkeit – Deutschland ist zum kranken Mann Europas geworden. Doch Politik, Wirtschaft und Gewerkschaften zeigen sich unfähig, mutige Reformen zu wagen. Hans-Werner Sinn analysiert die Ursachen des Niedergangs und zeigt, was getan werden muß, um Deutschland zu retten.

»Sinn ist der Star unter den deutschen Ökonomen.«
Frankfurter Allgemeine Sonntagszeitung

Ist Deutschland noch zu retten?
ISBN-13: 978-3-548-36711-8
ISBN-10: 3-548-36711-9

ULLSTEIN